W0469723

GEORG BRUN

GRENZENLOSE GIER

Olga Swatschuks dritter Fall

Bookspot
EDITION 211

© Jeannine-Bachmann

In München im Jahr 1958 geboren, ist **Georg Brun** mit einigen Abstechern stets ein »Münchner Kindl« geblieben. Auf mehrere Jahre im Bayerischen Landeskriminalamt und das Jura-Studium folgte eine langjährige Tätigkeit im Wissenschaftsministerium. Als Georg Brun im Jahr 1988 mit »Das Vermächtnis der Juliane Hall« sein erstes Buch veröffentlichte und dafür den Bayerischen Förderpreis für Literatur erhielt, begann sein erfüllendes Doppelleben als Jurist und Schriftsteller.
»Grenzenlose Gier« ist nach »Bodenloser Fall« und »Gewissenlose Wege« die Fortsetzung seiner München-Krimi-Reihe rund um die Anwältin Olga Swatschuk.
Im Jahr 2022 veröffentlichte Georg Brun den Auftakt zu einer Krimi-Reihe mit dem pensionierten Kriminalkommissar Nathan Weiss »Spüre meinen Zorn«, ebenfalls erschienen im Bookspot-Verlag.

Mehr über den Autor unter www.georgbrun.de

Alle Rechte vorbehalten, insbesondere das Recht der mechanischen, elektronischen oder fotografischen Vervielfältigung, der Einspeicherung und Verarbeitung in elektronischen Systemen, des Nachdrucks in Zeitschriften oder Zeitungen, des öffentlichen Vortrags, der Verfilmung oder Dramatisierung, der Übertragung durch Rundfunk, Fernsehen oder Video, auch einzelner Text- und Bildteile.

Alle Akteure des Romans sind fiktiv, Ähnlichkeiten mit lebenden oder verstorbenen Personen wären rein zufällig und sind vom Autor nicht beabsichtigt.

Copyright © 2023 bei *Edition 211*, ein Imprint von Bookspot Verlag GmbH
1. Auflage

Lektorat: Johanna Gerhard
Korrektorat: Andreas März
Satz/Layout: Martina Stolzmann
Covergestaltung: Martina Stolzmann
Titelmotiv: © Pixabay

Druck: CPI – Clausen & Bosse, Leck
Made in Germany

ISBN 978-3-95669-195-9
www.bookspot.de

CO_2-Compensation
2023 Print Product
with FirstClimate.com

München im Jahr 2023

Im Gegensatz zu Märchen beginnen Romane im 21. Jahrhundert zu Recht nicht mit den Worten *Es war einmal* – selbst dann, wenn in fiktiven Geschichten wie der folgenden Ähnlichkeiten mit Geschehnissen der Zeit- und Wissenschaftsgeschichte naheliegen.

In München gibt es kein *Bavarian Research Center for Oncological Studies and Immunology* und an einem vergleichbaren Institut in Regensburg wird hervorragende Arbeit nach besten wissenschaftlichen Standards geleistet. Weder dieses Institut noch eine in Heidelberg beheimatete Forschungseinrichtung standen für die nachfolgende Erzählung Pate.

Fakt ist allerdings, dass der internationale Wettbewerb im Wissenschaftssystem in Einzelfällen zu Missbrauch und Fehlverhalten führt, welches von den Medien hinlänglich skandalisiert wird. Daneben gibt es in beachtenswertem Ausmaß Wissenschaftsspionage und Konkurrenzausspähung im Forschungskontext.

Dies alles sind geeignete Zutaten für eine frei erfundene Kriminalerzählung, bei der Ähnlichkeiten mit lebenden Personen sehr zufällig wären.

Prächtig habt ihr gebaut. Du lieber Himmel! Wie treibt man,
nun er so königlich erst wohnet, den Irrtum heraus?

Johann Wolfgang von Goethe

Für den Bücherschrank

*Fiat justitia, pereat mundus!**

Wie jeder weiß: eine Dauerbaustelle

Für Thomas O. Höllmann
als Dank für eine nicht gehaltene Rede

&

Für Lisa
anstelle vieler ungeschriebener Briefe

* Übersetzung: Es soll Gerechtigkeit geschehen, und gehe die Welt darüber zugrunde.

1

Der Himmel hing bleiern über München. Es regnete Bindfäden. Der Blick aus dem Fenster machte trübsinnig, der Blick in den Kalender machte Angst. Kein einziger Eintrag heute. Weder ein Gerichtstermin noch ein Mandantengespräch, nicht einmal eine Frist in einem banalen Einspruchsverfahren. Die Seite dieses 13. September war schlicht und einfach leer. Folgerichtig hatte Angela sich für den heutigen Freitag freigenommen. Sie nutzte die Gunst des blanken Kalenders für ein verlängertes Wochenende, das sie mit ihrem Freund in Südtirol verbringen wollte. Dort war, wenn man *meteoblue* glaubte, das Wetter schön.

Olga dagegen saß nun ohne ihre Anwaltsgehilfin allein in ihrem Büro und blätterte lustlos in der Akte zu einem Verkehrsdelikt. Der Mandant wollte sich partout gegen einen Bußgeldbescheid über 240 Euro und ein Monat Fahrverbot wehren, obwohl die Beweislage eindeutig gegen ihn sprach. Bei dem mageren Mandantenstamm, den sie hatte, konnte sie diesen Rechthaber nicht vergraulen und den Einspruch nicht zurückziehen. Sollte das Amtsgericht ruhig einen Termin für die mündliche Verhandlung festsetzen.

Sie legte den Vorgang zur Seite und kümmerte sich um den notorischen Ladendieb, für den sie die Pflichtverteidigung übernommen hatte. An sich ein tragischer Fall. Ein gestrauchelter Lokführer, den vor vielen Jahren ein Lebensmüder aus der Bahn geworfen hatte. Aus einem Gebüsch hervorgesprungen, als der Zug noch hundert Meter entfernt war, erschien der Selbstmörder dem Eisenbahner seitdem Nacht für Nacht als Gespenst. Er konnte keinen Führerstand mehr betreten und war letztlich vollkommen arbeitsunfähig geworden. Die Frührente reichte nur fürs Nötigste. Bald befriedigte ihr Mandant seine Konsumbedürfnisse auf unlautere Art und Weise. Dreimal war er mit einem blauen Auge davongekommen, doch jetzt ließ der Amtsrichter keine Gnade mehr vor Recht ergehen: Er bestand auf einer Hauptverhandlung, die für den Ladendieb mit einer Freiheitsstrafe enden könnte. Olga würde mit allen Mitteln versuchen, aus dem Lebenslauf des Lokführers Kapital zu schlagen, um eine Bewährungsstrafe zu erreichen. Sie notierte sich einige wesentliche Lebensdaten, um ihr Plädoyer geschickt aufbauen zu können, als es an der Kanzleitür schellte. Olga ging zum Empfang und bediente die Gegensprechanlage. Niemand meldete sich. Stattdessen klopfte es an der Tür. Olga schaute durch den Spion und sah eine hagere junge Frau. *Keine Gefahr,* dachte Olga und schalt sich im gleichen Atemzug dafür. Seit ihrem Abenteuer in Istanbul vor zweieinhalb Monaten war sie ängstlich.

»Sie wünschen?«, fragte sie und ließ die Frau eintreten.

»Ein Beratungsgespräch mit Ihrer Chefin«, antwortete diese und ging mit schlurfenden Schritten an den verwaisten Tresen. Dunkelblonde Haare hingen fettig und strähnig auf den schmächtigen Schultern, das linke Bein zog sie ein wenig nach, die Jeans schlotterte um die schmalen Hüften – alles in allem ein Anblick des Jammers.

»Um was geht es, wenn ich fragen darf?«

Mit der knochigen Hand stützte sich die Frau am Tresen ab und wandte sich Olga zu. Ein kantiges Gesicht schaute ihr entgegen, hohlwangig mit spitzem Kinn, schmallippig, lodernde Augen über dunklen Tränensäcken, ausgemergelt und unsympathisch.

»Das würde ich gern mit der Rechtsanwältin persönlich besprechen.«

Die Reibeisenstimme war eine halbe Oktave zu hoch geraten und ebenfalls nicht dazu angetan, in Olga Zuneigung auszulösen. *Meine Güte,* dachte sie, *was für Leute schickt mir dieser saudumme Freitag? Wäre ich nur zu Hause geblieben.* Andererseits konnte sie es sich derzeit nicht leisten, Mandate oder Aufträge abzulehnen. Der Umsatz ihrer Einzelkämpferkanzlei war über die Sommermonate drastisch eingebrochen. Wenn das so weiterginge, müsste sie aufgeben und sich eine Stelle in einer Großkanzlei suchen. Gegen dieses Schicksal, das ihr vor gut drei Jahren viele anlässlich ihrer Niederlassung in München prophezeit hatten, bäumte sie sich mit aller Macht auf und zwang sich daher, freundlich zu antworten. Sie ging auf die extrem schlanke Frau zu, streckte ihr die Hand entgegen und stellte sich vor. »Olga Swatschuk. Ich bin die Rechtsanwältin, die Sie suchen.«

»Nina Kaul«, sagte sie und ergriff Olgas Hand. Die grünen Augen lächelten mit den dünnen Lippen um die Wette.

Vielleicht doch nicht so unsympathisch, dachte Olga und war neugierig, was Kaul zu ihr führte.

»Eine Bekannte hat Sie mir empfohlen. Haben Sie Zeit für mich?«

Olga kontrollierte die Uhrzeit. Es waren noch fast zwei Stunden, bis sie ins Fitnessstudio gehen wollte, und sie hielt nichts von dem Wichtigtuer-Spiel, einen randvollen Terminkalender vorzuschützen und potenzielle Mandanten erst mal einige Tage schmoren zu lassen.

»Kommen Sie in mein Besprechungszimmer und erzählen mir, um was es geht.«

»Cool. Sie sind echt lässig. Irgendwie hab ich Sie mir älter vorgestellt.«

Olga ging in den kargen Raum, den sie gerade wegen seiner Schlichtheit mochte, bot der Besucherin einen Stuhl an und setzte sich ihr gegenüber.

Die Augen blickten wach aus einem müden Gesicht, das mangels Körperfett scharfe Konturen aufwies, überbetont von einer schmalen Nase über dem spitzen Kinn. Der Hals war lang und sehnig, knochig lugte das Brustbein hervor. Von den Nasenflügeln herunter hatten sich Furchen eingegraben, ebenso eine steile Falte zwischen den Augenbrauen, die erstaunlich buschig wirkten. Die gesamte Erscheinung strahlte eine eigenartige Mischung aus Müdigkeit und Energie aus. Olga fühlte sich in ihrer Spontandiagnose bestätigt: ehrgeizig und vielleicht magersüchtig.

Wie immer, wenn sie einer neuen Mandantin gegenübersaß, schwieg Olga und wartete auf das, was zwangsläufig irgendwann gesagt wurde. Stets stellte sich später als besonders interessant heraus, was verschwiegen wurde. Genau aus dieser Diskrepanz zog Olga ihre Schlüsse.

»Bleibt, was ich Ihnen erzähle, unter uns?«

»Soweit Sie es mir in Ausübung meines Berufs erzählen.«

»Was kostet mich eine Beratung?«

»Das kommt darauf an. Worum geht es denn?«

»Haben Sie eine Stunde?«

»Hundertzwanzig Euro. Bar.«

»Cool«, antwortete Kaul, zog einen abgewetzten Geldbeutel aus ihrer Jeans und legte den geforderten Betrag auf den Tisch.

»Gut. Legen Sie los.«

»Ich bin Fachärztin für Innere Medizin und arbeite im Bereich der Immun-Biologie als Arbeitsgruppenleiterin des *Bavarian Research Center for Oncological Studies and Immunology*, kurz *BaRCOSI.* Draußen in Martinsried, in enger Nachbarschaft zum Universitätsklinikum.«

Diese Einleitung überraschte Olga. Zwar war Nina Kaul in der Tat schwer zu schätzen, aber allein der Beruf verriet ein höheres Lebensalter, als Olga gedacht hätte. Nun war sie gespannt, was kommen würde.

»Wir forschen an der Grenze des Wissens und sind führend in Europa. Gemeinsam mit einem Institut in den Vereinigten Staaten und einem in China stehen wir weltweit an erster Stelle. Wir werden die Grundlagenforschung im Bereich der Immunologie auf ein neues Level heben. Wir werden in einem bemerkenswerten Umfang personalisierte Medikamente entwickeln, die schwere Krankheiten lindern und heilen oder gar Leben retten.« Kaul schaute Olga Beifall heischend an. »Unsere Arbeit kostet viel Geld und wird ein Vermögen einbringen. Hier geht es um Millionen. Sponsoren rennen uns die Türen ein.« Wieder ein erwartungsvoller Blick, den Olga regungslos erwiderte. »Die Begehrlichkeiten sind enorm. Da geht nicht alles mit rechten Dingen zu. Kurzum, ich fürchte, wir haben einen Spion in unserem Team, der einige unserer Geheimnisse verrät. Meine Befürchtung ist, dass sich dieser Verräter in meiner Umgebung tummelt.«

Olga enthielt sich jeglichen Kommentars, auch, weil ihr nicht klar war, wie sie als Rechtsanwältin ins Spiel kommen sollte. Industrie- und Forschungsspionage gehörten keinesfalls zu ihrem Portfolio; sie war eine bescheidene Strafverteidigerin, die nebenbei einfach gelagerte zivilrechtliche Angelegenheiten erledigte. Sie würde der Frau einige Minuten zuhören und ihr dann die hundertzwanzig Euro wieder über den Tisch schieben. Aber was wollte man von einem Freitag, den Dreizehnten schon erwarten?

»Diesem Spion will ich eine Falle stellen«, fuhr die Immunbiologin fort. »Dazu brauche ich anwaltlichen Beistand.«

»Tut mir leid«, antwortete Olga. »Ich wüsste nicht, was ich für Sie tun könnte. Wie kommen Sie überhaupt auf mich? Wer hat mich Ihnen empfohlen?«

»Sie haben Professor Atasoy in einer delikaten Angelegenheit vertreten«, erwiderte Kaul. »Meine Bekannte meinte, Sie hätten eine hervorragende Figur abgegeben. Also ist Ihnen die Welt von uns Universitätsmedizinern vertraut.«

Diese Antwort kam für Olga unerwartet. Ihr letzter Fall hatte nichts mit Forschungsspionage zu tun gehabt. Olga rätselte daher, wie sie Kaul helfen könnte.

»Sie müssen mich beraten, wie weit ich gehen darf, wenn ich dem Spion eine Falle stelle. Sie sollen meine Gewährsfrau sein für meine lauteren Absichten, wenn etwas schiefgeht.«

»Sie sehen mich ratlos«, entgegnete Olga und hob die Hände.

»Ganz einfach, Frau Anwältin: Ich will das Spiel *betrogener Betrüger* spielen, und ich bin bereit zu höchstem Einsatz.«

2

Sie saß am Schreibtisch und arbeitete an ihrem Vortrag »Immunzellen als *living drugs*«, den sie nächsten Dienstag in der Bayerischen Akademie der Wissenschaften halten durfte. Traditionell setzte sich das dortige Publikum aus wissbegierigen älteren Menschen und einigen Studenten und Nachwuchswissenschaftlern zusammen. Aus der einschlägigen Sektion IV der Natur- und Lebenswissenschaften und Medizin wohnten meist einige Mitglieder diesen Publikumsvorträgen bei. Hinter vorgehaltener Hand wurde gemunkelt, die Einladung zu so einem Vortrag habe den Charakter einer Bewerbungsvorlesung mit Blick auf die nächsten Zuwahlen in diese traditionsreiche Gelehrtengesellschaft. Da kam es auf viel Fingerspitzengefühl in der Formulierung an. Das Laienpublikum sollte verstehen, über was sie sprach, und den Spezialisten im Auditorium musste sie nebenbei knallharte Forschungsergebnisse präsentieren. Je Sektion gab es nur dreißig ordentliche Mitglieder, die auf Lebenszeit gewählt waren und die – außer durch Tod – die Mitgliedschaft nur durch Wegzug aus Bayern verloren.

In ihrer Sektion war momentan ein Platz frei. Den wollte Cleo Berenike Ascher für sich. Unbedingt. Das sollte die vorläufige Krönung ihrer beruflichen Laufbahn sein und zugleich der Startschuss für den finalen Höhenflug, denn eines Tages wollte sie in die Medizingeschichte eingehen als eine moderne Marie Curie der Onkologie. Den Grundstein hierfür hatte sie in den letzten drei Jahren gelegt. Quartal für Quartal war es ihr gelungen, aufsehenerregende Aufsätze in *Nature, Nature Biomedical Engeneering, Nature Medicine* und *Science* zu veröffentlichen und mit etlichen weiteren Publikationen in kleineren Spezialzeitschriften in die vorderen Reihen der meistzitierten Autoren zu gelangen. Der Lohn war die Berufung auf den Lehrstuhl für Gen-Immuntherapie der Münchner Exzellenzuniversität samt Direktorenposten am *Bavarian Research Center for Oncological Studies and Immunology*, einem weltweit führenden Institut für Immunmedizin. Bei der Besetzung des freien Platzes in der Sektion für Lebenswissenschaften der Akademie führte kein Weg an ihr vorbei.

Cleo spürte den Stolz in ihrer Brust als wohltuende Aufregung. Mochte es draußen regnen, so viel es wollte, hier an ihrem Schreibtisch schien die Sonne, denn die Redaktion ihres Vortrags ging ihr gut von der Hand. Zufrieden streichelte sie Cashina, die schnurrend auf ihrer Schulter saß, über den Rücken und genoss das weiche Gefühl an der Wange, als sich die Birma-Katze an sie schmiegte. Sie fühlte sich im Einklang mit ihrer Katze und war glücklich.

Weniger glücklich war sie mit den Ergebnissen einer Experimentreihe, mit der sie einen bestimmten Typus von Fresszellen der Immunabwehr für gezielte Angriffe auf Pankreastumorzellen programmieren wollte. Zwar zeigten sich in einer Reihe von Einzelfällen erstaunliche Therapieerfolge, aber bei der Mehrheit der Patienten blieben die spezifischen Medikamentengaben erfolglos. Das war inakzeptabel. Gerade in diesem Bereich bestand ein herausragendes Interesse mehrerer Pharmafirmen, ein wirksames Präparat zu entwickeln. Cleo stand mit einem großen amerikanischen Unternehmen in Kontakt, das im Erfolgsfall viel Geld in die Hand nehmen würde. Gelänge hier ein Durchbruch, stünden ihr alle Wege offen. Sie würde sich mit ihrem Kooperationspartner am Klinikum über eine Veränderung des Versuchsdesigns unterhalten müssen, schließlich war es in Ausnahmefällen notwendig, die Fragen vernünftig an den Antworten zu orientieren. Darin hatte sie es in den letzten Jahren zu wahrer Meisterschaft gebracht. Sie hielt es schon länger mit dem Motto: Es gibt keine dummen Antworten, nur dumme Fragen.

Einen internationalen Spitzenwissenschaftler zeichnete es aus, sich mit den richtigen Problemstellungen auseinanderzusetzen.

Selbstverständlich war der reine Erkenntnisgewinn aller Ehren wert, aber erfolgreich forschen konnte nur, wer für ein klar definiertes Problem eine zutreffende Lösung fand. Cleo wusste, dass sie sich damit in Widerstreit zur herrschenden Meinung setzte, weshalb sie in diesem Punkt – entgegen ihren sonstigen Gepflogenheiten – ihre Position nicht offenlegte. Vielmehr setzte sie alles daran, ihre Lösungsansätze so zu präsentieren, dass sie dem Mainstream gehorchten.

Bis vor Kurzem war ihre Strategie anstandslos aufgegangen. Kern ihrer Optimierungsmethoden war die intelligente Begrenzung der Fallzahlen. Ihr kam zugute, dass bei Forschungen an der Grenze des Wissens die Zahl potenzieller Patienten für die klinische Studie immer gering war und es mehr als eine namhafte Veröffentlichung gab, die mit acht bis zwölf Patienten Ergebnisse lieferte. Ein Verfahren musste sich erst etablieren, ehe man groß angelegte Studien durchführen konnte, die, auch das keine Seltenheit, dann zu differenzierten Ergebnissen mit manchmal erstaunlichen Nebenwirkungen gelangten. Vor ihren Studenten zitierte sie in diesem Zusammenhang gern die Entdeckung von Viagra als Wundermittel für den müden Mann: Der Wirkstoff Sildenafil war als Mittel für koronare Herzerkrankungen entwickelt worden, um die Gefäße im Herzen zu entspannen, hatte sich dann aber erstaunlicherweise als hervorragend geeignet zur Behebung von Erektionsstörungen erwiesen.

Jetzt stand Cleo vor einem weniger trivialen Problem, denn am Dienstag hatte sie einen anonymen Brief in ihrer Post vorgefunden. Der Verfasser wies sie auf zwei ihrer Studien hin, die mit jeweils deutlich weniger Patienten publiziert worden waren, als das Untersuchungspanel ursprünglich an Patienten umfasst hatte. Unerklärlicherweise verfügte der Verfasser über die gesamten Rohdaten der beiden Studien. Rätselhaft deshalb, weil Cleo die Rohdaten stets gründlich redigierte. Fraglich blieb auch, was der Verfasser mit seinem Brief bezweckte. Er endete mit den kryptischen Worten: *Von einem entgegenkommenden Wohlverhalten zu gegebener Zeit wird ausgegangen.*

Keine Frage, sie wurde erpresst, und der Erpresser kam höchstwahrscheinlich aus den Reihen des Instituts. Drei Tage lang hatte sie überlegt, wie ernst sie diesen Erpressungsversuch nehmen musste, und wer dafür verantwortlich sein könnte. Der Personenkreis derer, die unmittelbar Zugang zu ihren Versuchsdaten hatten, war zwar überschaubar, aber aufgrund der optimalen Vernetzung des gesamten Institutsmaterials kaum vernünftig eingrenzbar. Sie musste entweder abwarten, was für eine Forderung kommen würde, oder herausbekommen, wer ihr schaden wollte.

Einfacher war die Frage nach der Ernsthaftigkeit der Bedrohung zu beantworten. Bei der einen Studie ließ sich mit geringem Aufwand schlüssig begründen, warum die Teilnehmerzahl von dreißig Ausgangspatienten auf zwölf begrenzt worden war; hier drohte ihrer Meinung nach keine Gefahr. Anders sah es bei einer Studie über den Nachweis einer speziellen Tumorerkrankung aus. Hier hatte Cleo ursprünglich rund achtzig Patienten im Versuch gehabt, von denen knapp die Hälfte keinerlei Ergebnisse geliefert hatte, während bei den anderen die Ergebnisse zuverlässig reproduzierbar waren. Das möglicherweise plausible Unterscheidungskriterium lag beim Lebensalter, wenngleich mit einer kaum tolerablen Varianz. Daher hatte sie sich entschieden, die Versuchspersonen ab einem gewissen Alter auszuscheiden, was mit den verbleibenden Fehlerquoten und einigen kleineren Eingriffen in die Datenstruktur zu einem nach wie vor beeindruckenden, statistisch signifikanten Erfolg ihrer Nachweismethode führte. Das könnte bei strenger Betrachtungsweise allerdings zu tiefgreifender Kritik an ihren Ergebnissen führen und die Studie und den vor einem Monat erschienen Artikel wertlos machen. Ein herber Rückschlag, den es zu verhindern galt, zumal sie sich fast am Ziel wähnte, ein entsprechendes Testverfahren der klinischen Erprobungsphase zuzuführen. Sollte ihr dies gelingen, wäre das ein herausragender Erfolg für sie persönlich und das gesamte Institut. Was diese Studie anging, erkannte Cleo mit Herzklopfen, war sie in der Tat erpressbar.

Der Erfolg war Cleo keinesfalls in die Wiege gelegt worden. Im Gegenteil. Alles hatte sie sich als Kind einer bildungsfernen Familie hart erarbeiten müssen. Ihr Vater war einfacher Postbeamter, ihre Mutter verdingte sich als Kassiererin in diversen Supermärkten, wenn sie nicht gerade mit einem der vier Geschwister beschäftigt war, die in annähernd regelmäßigen Abständen von zweieinhalb Jahren das Licht der Welt erblickten. Die Dreieinhalb-Zimmer-Wohnung war zu klein für die siebenköpfige Familie, aber in den Postwohnblöcken im Norden Münchens gab es keine größeren Wohnungen, und am freien Markt war es aussichtslos, eine erschwingliche Wohnung zu bekommen.

So teilte sich Cleo das größere Kinderzimmer mit ihren zwei Schwestern, die beiden Brüder bewohnten das kleinere. Die Eltern schliefen in dem Neun-Quadratmeter-Raum und das Wohnwar zugleich Esszimmer, denn die Küche war winzig und nur zum Kochen da.

Als für Cleo die Frage anstand, ob sie auf das Gymnasium wechseln dürfe, war ihre Schwester Femke gerade drei Monate alt und die Mutter überfordert. Der Vater war ein Gegner der höheren Schule. Wenn Cleos Klassenlehrer nicht Dampf gemacht hätte, hätte sie statt des Käthe-Kollwitz-Gymnasiums die Rudolf-Diesel-Realschule besucht und wäre vermutlich Fernmeldetechnikerin bei der Post geworden.

In der Familie blieb sie mit ihrem Bildungsweg ein Fremdkörper und war es bis heute. Das Einzige, was sie mit ihren Geschwistern verband, waren die ausgefallenen Vornamen, ein verrückter Spleen ihrer Mutter, die für ihre Kinder unverwechselbare Namen wollte. An die Hänseleien, die mit Vornamen wie Cleo Berenike, Femke Isalie, Ava Runa, Enno Damian und Veit Silas gang und gäbe waren, hatte Mutter nie gedacht.

Mittlerweile hatte Cleo sich mit ihrem Namen ausgesöhnt, unterzeichnete mit dem Kürzel CBA und wurde von etlichen Freunden und Bekannten auch so gerufen. Die Kollegstufe überstand sie dank Schüler-BAföG, was Vaters Groll besänftigte, dass sie ihm auf der Tasche lag. Für ihr Medizinstudium flüchtete sie aus München. Tübingen war Gott sei Dank weit genug entfernt, um vor Besuchen der Eltern geschützt zu sein. Mit Ausbildungsförderung und Krankennachtwachen hielt sie sich leidlich über Wasser. Als sie das erste Mal ein Skalpell in der Hand hielt und einen Nerv aus einem Unterarm herauspräparierte, wusste sie: Ich will in die Forschung.

Sie wollte immer schon den Erfolg, wollte die Erste sein – nicht nur das erste Kind von fünf Geschwistern. Als Erstgeborene lernte sie rasch, sich durchzusetzen und an vorderster Front zu kämpfen. Nummer eins, das war ihr Ding von klein auf. Klassenbeste, Jahrgangsbeste, Preise und Stipendien, das wollte sie erreichen. Für Wertschätzung und Anerkennung war sie bereit, alles zu geben. Bedingungsloser Erfolg war das Ziel, dem sie ihr Leben unterordnete. Eines Tages ganz oben zu stehen, dafür lohnte jeder Krafteinsatz. Mit jeder Faser ihres Körpers arbeitete sie daran, höchste Höhen zu erklimmen.

Keinesfalls würde sie sich von einem anonymen Feigling aus der Erfolgsspur drängen lassen. Ihre Hand griff kräftig in Cashinas weiches Fell; die Katze fauchte und fuhr die Krallen aus. Diese Krallen würde der Erpresser schmerzhaft zu spüren bekommen. Sie würde sich wehren, zur Not mit allen Mitteln. Erpressung? Nicht mit Cleo Berenike Ascher!

3

Der Regen hatte nachgelassen, und so war Olga beinahe trocken im Fitnessstudio angekommen. Zwar klemmte sie einen Kriminalroman unter das Gummiband auf dem Display des Crosstrainers, aber die Geschichte einer Frau, die einer anderen das Neugeborene stiehlt, um endlich selbst ein Baby großzuziehen, erschien ihr schon nach einigen Seiten weniger spannend als das Anliegen von Nina Kaul.

Die Forscherin war, entgegen dem ersten Eindruck von Müdigkeit und Magersucht, ein Energiebündel und wild entschlossen, einem Geheimnisverräter in den Reihen des Instituts auf die Schliche zu kommen. Nach kurzem Zögern hatte sich Olga bereit erklärt, das Beratungsmandat zu übernehmen und im schlimmsten Fall als Kauls Vertreterin für Schadensersatzklagen oder strafrechtliche Anschuldigungen zur Verfügung zu stehen. Dabei war ihr nach wie vor unklar, auf was genau sie sich einließ.

Die Grundüberlegung schien simpel: Kaul würde zu einer Studie, die Potenzial für ein Millionengeschäft bot, gefälschte Daten anlegen. Der Trick war, diese Daten mit einer besonderen Kennzeichnung zu versehen, die eine lückenlose Nachverfolgung ermöglichte. Dann würde sie abwarten, was mit diesen Daten geschah. Gesetzt, der vermutete Geheimnisverräter fiel darauf herein, würde er sich selbst enttarnen. Das Problem an dieser Art der Fallenstellung lag in der Fälschung der Daten. Diese könnten möglicherweise bei berechtigter Verwendung Eingang in Studien finden, welche dann kontaminiert wären – mit allen möglichen rechtlichen Konsequenzen. Olga sollte als Absicherung des *Agent provocateur* fungieren und als neutrale Beobachterin den Prozess dokumentieren, damit Kaul nicht wegen wissenschaftlichen Fehlverhaltens oder gar Forschungsbetrugs belangt werden konnte.

So weit, so gut. Prickelnd erschien Olga bei der Sache, und das bereitete ihr durchaus ein mulmiges Gefühl, dass im Hintergrund erhebliche finanzielle Interessen tangiert wurden und große Unternehmen beteiligt waren. Etwaige Schadensersatzansprüche könnten eine horrende Größenordnung und damit eine Dimension erreichen, der sie sich nicht gewachsen fühlte. Das hatte sie Kaul deutlich gemacht. Allerdings hielten weder der Hinweis, für die gewünschte Prozessbegleitung bei einem Notar rechtssicherer aufgehoben zu sein, noch ihre mangelnde Erfahrung in Wirtschaftsspionage dieses eigenartige Energiebündel davon ab, auf Olgas Mandatierung zu bestehen.

Das Leben hält stets Überraschungen parat, fand Olga und stellte den Widerstand des Crosstrainers höher. Jedenfalls war dieses Jahr voll davon. Nicht nur, dass sie über zwei Mandate in kitzlige Verfahren verwickelt worden war, sondern auch die unerwartete Wendung in ihrem Privatleben machten dieses Jahr zu einem besonderen. Früher, wenngleich zurückhaltend, den Männern zugewandt, lebte sie nun schon knapp drei Monate in einer Beziehung mit einer Frau. Manchmal fühlte sich das noch eigenartig an, aber die Zweifel, die sie anfangs verunsichert hatten, waren einer wohltuenden Selbstverständlichkeit gewichen, und wenn sie von der irritierenden Reaktion ihrer Mutter absah, hatte ihr privates Umfeld Sonja bestens aufgenommen.

»Wo bleiben denn dann meine Enkelkinder?«, hatte die Mutter verstört gefragt. Dabei müsste sie wissen, wie wenig Olga geneigt war, ihrerseits Mutter zu werden. Das vertrug sich nicht mit ihrem Ehrgeiz, beruflich auf eigenen Beinen zu stehen, und noch weniger mit ihrer sportlichen Leidenschaft des herausfordernden alpinen Kletterns, mit der sie Sonja binnen weniger Tage angesteckt hatte. In einer Woche würden sie gemeinsam die erste Kletterwoche im alpinen Gelände in den Dolomiten verbringen.

Leider konnten sie zurzeit nicht trainieren. Sonja, die ihr erfolgreiches Start-up-Unternehmen für Spracherkennung an Investoren verkauft und die operative Geschäftsführung behalten hatte, stand unter immensem Zeitdruck, ein neues Programm fertigzustellen. Sie saß beinahe rund um die Uhr vor ihrem Computer. Unfreiwillig machte daher ihre Beziehung eine Verschnaufpause. So verbrachte Olga die Abende meistens in der eigenen Wohnung und stellte fest, dass sie sich schon an das gemeinsame Leben mit Sonja gewöhnt hatte.

In Augenblicken des Zweifels fragte sie sich, ob es gut war, ihre Eigenständigkeit in dieser Beziehung aufgehen zu lassen, aber solange sie nicht das Gefühl hatte, sich zu verlieren, sondern sich schlicht und einfach geborgen fühlte, gab sie den Zweifeln keinen Raum.

Trotzdem würde sie morgen, wenn der Wetterbericht recht behielt, mit ihrem Kletterkumpel Frieder in die Berge fahren und am Zugspitzmassiv eine Big-Wall-Route in Angriff nehmen. Wenigstens sie wäre trainiert, wenn es in acht Tagen nach Wolkenstein ging.

Nachdem sie ausgiebig geduscht hatte, gab sie ihrem Kaffeevollautomaten eine Chance, sich mit seinem vertrauten Knarzen mit einer Crema um ihr leibliches Wohl verdient zu machen, und beschloss, an diesem langweiligen Freitag nicht mehr in die Kanzlei zu gehen. Während sie sich an den Küchentisch setzte, dachte sie an Muriel. Die Goldschmiedin, mit der Olga oft Espresso getrunken und über Gott und die Welt gesprochen hatte, war aktuell auf Weltreise. Wie sie die Neuigkeit von Sonja aufnehmen würde? Olga öffnete ihr Tablet und klickte auf Muriels Reiseblog. Der letzte Eintrag datierte von vorgestern und war ein begeisterter Bericht über einen nächtlichen Ausflug auf den Mount Bromo. Muriel wusste das Leben zu genießen.

Fasziniert blätterte Olga durch die Reiseberichte der letzten Wochen, als der Klingelton ihres Smartphones ertönte. *Anonym* stand auf dem Display. Kurz unschlüssig nahm Olga das Gespräch entgegen.

»Hier Kaul. Können Sie zu mir kommen?« Ihre neue Mandantin klang aufgeregt.

»Warum?«

»Bei mir wurde eingebrochen.«

»Haben Sie die Polizei verständigt?«

»Keine Polizei.«

»Warum?«

»Keine Polizei, da bin ich allergisch«, antwortete Kaul panisch.

»Darf ich einen Freund mitbringen?«, fragte Olga irritiert.

»Wer wäre das?«

»Mein Privatermittler.«

»Einverstanden.«

Es war eine halbe Stunde mit dem Fahrrad. Gut, dass die Kaltfront abgezogen und es wieder trocken geworden war. Während Olga durch die Stadt radelte, versuchte sie, Alex Sorger zu erreichen, mit dem sie schon zwei spannende Fälle recherchiert hatte. Nach dem vierten Klingeln nahm Alex das Gespräch entgegen und versprach, in einer halben Stunde in Großhadern zu sein, um den Einbruch zu begutachten.

Kaul erwartete Olga bereits vor der Haustür und führte sie in die Erdgeschoßwohnung. Olga hatte kreatives Chaos erwartet, aber auf den ersten Blick schien alles in den spartanisch eingerichteten Zimmern in Ordnung zu sein. Kaul, die einen gefassten Eindruck vermittelte, führte sie ins Wohnzimmer und zeigte auf das kreisrunde Loch in der Glastür. »Hier hat jemand einen Glasschneider angesetzt und die Tür geöffnet«, erläuterte sie mit zittriger Stimme. Auf dem mit weißen Fliesen ausgelegten Terrassenboden waren zwei Schuhabdrücke zu erkennen. Der Einbrecher hatte sich offensichtlich keine Mühe gemacht, seine Spuren zu verwischen.

»Der wusste genau, was er wollte«, fuhr Kaul fort. Sie deutete auf die Regalwand an der Stirnseite des Wohnzimmers. Die beiden unteren Reihen waren mit weiß verblendeten Schubladen versehen, eine davon stand offen. »Da liegt immer mein Laptop. Jetzt ist er verschwunden.«

»Fehlt sonst etwas?«

Kaul schüttelte den Kopf.

Es schellte an der Wohnungstür. Sie empfingen Alex Sorger, Olga stellte die beiden einander vor. Er trug einen Aktenkoffer bei sich und fragte, wo der Eindringling die Wohnung betreten habe. Er ging ins Wohnzimmer, sah die Abdrücke auf der Terrasse und nahm diese mit zwei Klebefolien auf. Dann staubte er mit einer *Magna Brush* das Glas der Balkontür ein und fand einen Fingerabdruck, den er ebenfalls mit einer Folie sicherte.

»Wenn wir einen Verdächtigen hätten«, bemerkte er, »könnten wir ihn überprüfen. Haben Sie einen Verdacht?«

»Es muss jemand aus dem Institut sein, der schon einmal bei mir zu Hause war«, antwortete Kaul. »Wie sonst könnte der Einbrecher sofort meinen Laptop gefunden haben?«

»Fehlt mehr?«

»Nein. Wenn ich es richtig sehe, hat er an keiner anderen Stelle gesucht. Alles unberührt, soweit ich es beurteilen kann.«

»Warum wollen Sie den Einbruch nicht von der Polizei aufnehmen lassen?«, fragte Alex. »Sie bräuchten das Protokoll für Ihre Versicherung.«

»Erstens bin ich nicht versichert«, antwortete Kaul, »und zweitens will ich keine Aufmerksamkeit auf mich und meine Probleme lenken. Meine Rechtsanwältin weiß, wovon ich spreche. Es geht um Forschungsspionage und meinen Versuch, selbstständig eine Aufklärung zu erreichen.«

»Auf Ihrem Laptop befinden sich begehrte Unterlagen?«

»Worauf Sie wetten können. Die Dateien sind in den richtigen Händen Millionen wert.« Nina Kaul verknotete die Finger ineinander und schaute Alex durchdringend an. »Frau Swatschuk sagte, Sie seien Privatdetektiv. Stimmt das?«

»Ja.«

»Dann holen Sie mir mein MacBook zurück!«

»Wo soll ich suchen?«

»Ich könnte Ihnen eine Namensliste geben.«

»Ich verfüge über keinerlei Befugnisse.«

»Fantasie wäre sowieso besser«, erwiderte Kaul kaltschnäuzig. »Nehmen Sie den Auftrag an?«

Die nassforsche Art der Ärztin verblüffte Olga.

Alex schaute fragend, ehe er gedehnt erwiderte: »Vielleicht sollten wir vorher die Honorarfrage klären?«

»Zweihundert Euro Fixum, zweitausend im Erfolgsfall«, war Kaul sofort mit einem Angebot bei der Hand.

Alex lachte schallend und schüttelte den Kopf. »Sie müssten mich stundenweise zahlen, und zwar unabhängig vom Erfolg. Nein, wir kommen nicht ins Geschäft. Hier, die Abdrucksicherung schenke ich Ihnen, und für alles andere wünsche ich Ihnen viel Erfolg. Auf Wiedersehen.« Alex drückte ihr die drei Folien in die Hand, schloss den Aktenkoffer mit den Utensilien der Spurensicherung und ging aus dem Zimmer.

»Halt«, rief Kaul. »Ich akzeptiere Ihre Bedingungen!«

»Sie wissen ja gar nicht, wie viel ich will«, wehrte Alex ab, drehte sich zu ihr um und schaute ihr in die Augen.

»Werd's mir leisten können.« Das klang trotzig.

»Weil Sie es sind, 80 Euro die Stunde.«

Das klang ironisch. Alex wandte sich zum Gehen.

»Abgemacht.« Sie streckte ihm die Hand entgegen.

Er zwinkerte Olga zu und schlug ein.

4

Seite an Seite radelte Alex mit Olga zurück Richtung Schwabing, ehe sie sich kurz vor Olgas Wohnung voneinander verabschiedeten. Was an Abstimmung zunächst erforderlich war, hatten sie im leichten Fahrtwind geklärt. Nun fuhr Alex in sein Innenstadtbüro, wo er sich an den Computer setzte und die Homepage des *BaRCOSI* studierte.

Von dem Ziel des Instituts, fundamentale Therapieansätze gegen Krebs, Infektionen und Autoimmunerkrankungen zu erforschen und erfolgreiche Medikamente zu entwickeln, war Alex tief beeindruckt. Obwohl die Details für ihn ein Buch mit sieben Siegeln waren, konnte er sich lebhaft vorstellen, wie viel Geld mit diesen hochmodernen Arzneien verdient werden konnte. Forschungsspionage lohnte sich. Er hielt es für folgerichtig, dass sich Kaul mit ihrer Suche nach dem Verräter in den eigenen Reihen persönlich engagierte. Trotzdem war sie ihm suspekt, ohne sagen zu können, was ihm an ihr fragwürdig vorkam. Sie wirkte von Anbeginn an unsympathisch in ihrer etwas ungepflegten Erscheinung. Trotzdem durfte das keinen Einfluss auf ihn haben. Das forderte er von sich selbst, gerade weil ihm bewusst war, wie sehr ihn Sympathie und Antipathie berührten.

Eher war es ihre kompromisslose Art, mit der sie an die Sache heranging. Ihr Vorhaben, als *Agent provocateur* einen Verräter zu überführen und dabei das Risiko auf sich zu nehmen, mit gefälschten Forschungsdaten möglicherweise ins Visier von Ombudsleuten für gute wissenschaftliche Praxis zu geraten, erschien ihm befremdlich. Was trieb Nina Kaul an? Warum wollte sie so viel riskieren? Wofür? Feinde hatte sie sich schon gemacht, wie sonst erklärten sich der Einbruch in ihrer Wohnung und der Diebstahl des Laptops?

Viele Fragen und zunächst keine Antworten. Das wiederum

reizte Alex, und er machte sich daran, die Namen von Kauls Liste durchzuarbeiten. Zu jeder Person fanden sich einige Zeilen im Mitarbeiterverzeichnis des Instituts. Nicht nur ein Mensch darunter erwies sich als interessante Persönlichkeit. Alex fing an, Blut zu lecken.

Vor zweieinhalb Monaten hatte er bei der Suche nach einem vermissten Arzt gelernt, wie aufschlussreich es sein konnte, bei wissenschaftlichen Aufsätzen die Reihe der jeweiligen Co-Autoren zu studieren. Daraus ließen sich die Netzwerke erschließen, in welche die unterschiedlichen Wissenschaftler eingebunden waren. Die Homepage des *BaRCOSI* wies ausführliche Listen aller Artikel auf, die in den letzten Jahren von Mitarbeitern des Instituts veröffentlicht worden waren. Eine wahre Fundgrube. Alex wertete Publikation für Publikation aus und erarbeitete nach und nach ein Diagramm für die unterschiedlichen Autorengruppen. Dabei stellte er bereits bei der Auswertung eines Jahrgangs fest, dass sich die Arbeitsgruppen des Instituts in den Autorengruppen spiegelten und es etliche Querverbindungen unter den Institutsabteilungen gab. Zudem war eine beträchtliche Anzahl der Co-Autoren anderen Einrichtungen zuzurechnen. Nach zwei Stunden Recherche legte Alex seine Übersicht zufrieden beiseite. Feierabend. In einer Stunde war er mit seiner Freundin zum Abendessen verabredet.

»Na, süßer Sherlock«, begrüßte Dorothee ihn auf der Straße vor der Brasserie und drückte ihm einen trockenen Kuss auf die Lippen. »Was hat dieser Freitag für dich gebracht?«

»Lass uns hineingehen«, antwortete Alex und hakte sie unter. »Bei einem Glas Wein spricht es sich leichter.«

Sie gab ihm, was sie gerne tat, einen Klaps auf den Hintern und ließ sich in das französische Lokal führen, dessen Mobiliar an eine Kneipe in den Banlieues von Paris erinnerte, beinahe wie ein Fernfahrerlokal, das weit über das Departement hinaus für sein vorzügliches Essen bekannt war. Ohne Vorbestellung ging hier an einem Freitagabend gar nichts. Henry und Christophe tischten Woche für Woche provencalische Köstlichkeiten auf, die sie mit Kreide auf eine Tafel schrieben und gern mündlich erläuterten. Dorothee liebte diese Brasserie und genoss es, mit Henry oder Christophe – je nachdem, wer von beiden aus der Küche kam, um die Gäste zu verführen – französisch zu parlieren und einen kulinarischen Flirt einzugehen, dessen Ergebnis Alex dann ungefragt serviert bekam.

Freitags wurde er allerdings nicht allzu sehr überrascht, denn Freitag war bei Henry und Christophe Bouillabaisse-Tag. Mit dieser köstlichen Fischsuppe hatten die beiden es – sehr zu Dorothees Bedauern – schon in die Restaurantempfehlungen einer großen Münchner Tageszeitung geschafft, weshalb man seitdem am Freitag nicht mehr spontan hierher gehen konnte.

»Nun, mein Fotograf?«, insistierte Dorothee und spielte auf ihr Kennenlernen in einem Münchner Biergarten vor rund elf Wochen an.

Er hatte nicht rundheraus verraten wollen, mit welcher Arbeit er seine Brötchen verdiente, sondern sich zunächst als Fotograf vorgestellt, und in der Tat hatte sich in den letzten Wochen an einigen Kleinigkeiten gezeigt, dass seine Art der Interpretation eines Privatermittlers ab und zu das Missfallen der engagierten Staatsanwältin erregte. Dabei hatte Alex es tunlichst vermieden, ihr über den einen oder anderen Kunstkniff der Erkenntnisgewinnung reinen Wein einzuschenken. Manchmal hätte Alex es vorgezogen, ihr gar nichts von seiner Arbeit zu erzählen. Doch erstens war Dorothee notorisch neugierig und zweitens war sie in vielerlei Hinsicht hilfreich mit ihren oft unkonventionellen Ideen. Sie brachte sich gern in seine Ermittlungen ein, solange sie den Eindruck hatte, alles gehorche Recht und Gesetz. Von daher war jede Unterhaltung mit Dorothee über seine spannenden Fälle ein Ritt auf der Rasierklinge. Obwohl Alex inzwischen über fünfzig Jahre alt und mehr als zehn Jahre im Privatermittlergewerbe war, ignorierte er Rechtsvorschriften, wenn es im übergeordneten Sinn der Gerechtigkeit diente.

Heute hatte er jedoch keine Bedenken, Dorothee ins Bild zu setzen. Sie lauschte über das *Amuse-Bouche* hinaus aufmerksam seinem Bericht.

»Forschungsspionage entwickelt sich zunehmend zu einem wichtigen Ermittlungsfeld«, bemerkte Dorothee. »Wir haben bei den Verfolgungsbehörden viel zu wenig Expertise. Warum will diese Doktor Kaul keine Polizei?«

»Sie ist nicht versichert und will keine Aufmerksamkeit.«

»Ist die Dame paranoid?«

Alex zuckte mit den Achseln. »Kann sein, aber es geht um wertvolle Ergebnisse. Immerhin wurde bei ihr eingebrochen, irgendjemand ist also hinter ihren Erkenntnissen her.«

»Verspricht ein spannender Fall zu werden. Handfester als die Sache mit den Organspenden in dem Schweizer Privatklinikum.«

»Ärgert es dich immer noch, dass die Kollegen kein Interesse gezeigt haben, mit den Schweizern Ermittlungen aufzunehmen?«

»Ach Sherlock, mich ärgert vieles an meiner Behörde. Schwamm drüber.« Sie trank ihr Weinglas leer und winkte Henry.

»Madame?«, fragte er mit kokettem Unterton.

Wenn Alex nicht gewusst hätte, dass Henry und Christophe seit Jahren ein unzertrennliches Paar waren und sofort, nachdem es möglich geworden war, eine eingetragene Lebensgemeinschaft eingegangen waren, wäre er vermutlich eifersüchtig geworden. So aber ließ er Dorothee für die Fischsuppe einen üppigen Chardonnay ordern und freute sich, dass sie an seinem Fall Anteil nahm.

»Erst neulich«, wechselte Dorothee zurück zu Kauls Problem, »habe ich auf der Seite des sächsischen Verfassungsschutzes Hinweise zu Wissenschaftsspionage gelesen. Das ist echt ein heißes Eisen.«

»In der Tat werden vom Ausland wohl immer wieder Nachwuchswissenschaftler bei uns eingeschleust, die dann nach Hause berichten«, pflichtete Alex ihr bei. »In Kauls Institut tummeln sich etliche Amerikaner und Chinesen, die man verdächtigen könnte. Was hältst du von Kauls Plan, dem Verräter mit gefälschten Daten eine Falle zu stellen?«

»Pfiffig, aber riskant.«

»Inwiefern?«

»Es stellt sich die grundsätzliche Frage, ob das Bereitstellen gefälschter Forschungsdaten rechtswidrig ist. Falls ja, wäre zu prüfen, ob die Absicht, einen Geheimnisverräter zu überführen, die Rechtswidrigkeit aufhebt.«

»Klingt kompliziert.«

»Ist es. Über diese Fallgestaltung habe ich noch nicht nachgedacht.«

»Vielleicht besser so«, erwiderte Alex, der befürchtete, Dorothee könnte im Verlauf der Diskussion Einwände entwickeln, die ihn möglicherweise daran hinderten, Olga zu unterstützen. Doch er hatte die Rechnung ohne Dorothees Leidenschaft an strafrechtlichen Fragestellungen gemacht.

»Nein, das interessiert mich jetzt, und spätestens nächste Woche habe ich dazu eine Meinung«, bekräftigte Dorothee ihren Anspruch, möglichst vielen Dingen auf den Grund zu gehen.

Alex bemerkte das Funkeln in ihren Augen und stellte einmal mehr fest, wie schwierig es war, ihr etwas zu verheimlichen.

»Solange du dich von Datenmanipulationen fernhältst, habe ich gegen deinen Auftrag keine Bedenken«, beschwichtigte sie ihn.

»Gott sei Dank, dann musst du mich nicht verhaften lassen.«

Alex lachte gequält und war froh, dass Christophe die Bouillabaisse servierte.

Sofort fokussierte sich die Wahrnehmung auf die grandiose Fischsuppe, deren eines Geheimnis in den zarten festen Fischstücken vieler unterschiedlicher Meeresfische lag, die Henry und Christophe erst gegen Ende in die Suppe legten. Das zweite Geheimnis versteckte sich in der Zubereitung des Gemüses, und kein Augenaufschlag der Welt konnte Henry oder Christophe die Details entlocken. Jedenfalls schmeckte die Bouillabaisse derart köstlich, dass Alex und Dorothee eine Viertelstunde kaum über *Hmmms* und *Aahhs* und *Oohhs* hinauskamen.

Diese lustvolle Art zu genießen mochte Alex an Dorothee, die er in den elf Wochen ihrer Beziehung als unverkrampfte und selbstbewusste Frau erlebt hatte. Sie wusste, was sie wollte, und sie wusste es sich zu nehmen. Manchmal brachte sie ihn damit an den Rand seines Leistungsvermögens, sowohl intellektuell als auch körperlich. Das waren die Momente, die seine versteckten Zweifel nährten, ob sie für längere Zeit zueinanderpassten. Sie war klüger und gebildeter als er, ihr beruflicher Ehrgeiz kannte wenig Grenzen und schien, seit sie von ihrem Fahrradunfall vor zehn Wochen genesen war, eher angewachsen zu sein.

Im Gegensatz dazu hielt sich Alex für genügsam. Zwar machte es ihm Freude, neben dem Alltagsgeschäft, das darin bestand, untreuen Ehemännern aufzulauern, die eine oder andere ungewöhnliche Ermittlung durchzuführen, doch in erster Linie reichte es ihm aus, mit seinem Detektivbüro seinen Lebensunterhalt zu verdienen. Wenn es einen Bereich gab, in dem er sich für engagiert hielt, war es jener, den er mit dem Wort *Gerechtigkeit* umschreiben würde. Wo sich schreiende Ungerechtigkeit zeigte, drängte es ihn, etwas dagegen zu unternehmen. Aber da ging es um wenige Einzelfälle, für das große Ganze sah er sich mit nüchternem Blick als viel zu kleines Rädchen im Getriebe des Welttheaters.

Dorothee war aus anderem Holz geschnitzt. Außerdem interessierte sie sich viel mehr für Politik und Kultur als er selbst. Alex vermeinte bereits eine gewisse Enttäuschung bei ihr zu spüren, dass er sich nicht zu einem Theaterfreak entwickelt hatte. Wenn es nichts zu tun gab, erfreute sich Alex an gemütlichen Wochenenden, die er gern am Tegernsee beim Stand-up-Paddeln verbrachte oder mit geruhsamen Wanderungen auf die eine oder andere Alm. Auch da fehlte ihm etwas von der Energie, die Dorothee auszeichnete.

Trotz seiner Zweifel war er nach wie vor verliebt. Dabei zuzuschauen, wie sie ihren Löffel mit Fischsuppe genussvoll an den Mund führte, löste Zärtlichkeitsgefühle in ihm aus. Gerade spielte ihre Zungenspitze mit dem Löffel, eine kokette Geste als Versprechen für den restlichen Abend. Er prostete ihr augenzwinkernd mit dem letzten Schluck Chardonnay zu.

»Wenn sie keine Polizei will, hat sie etwas zu verbergen«, sagte Dorothee und bewies damit, wie sehr sie Lunte gerochen hatte. »Es würde mir Spaß machen, deine Auftraggeberin ein wenig in die Mangel zu nehmen.«

»Ach Bärchen, du siehst weiße Mäuse«, winkte Alex ab. »Die Polizei findet ihren Laptop noch weniger als ich.«

»Oh, bin ich Sherlock auf die Zehen getreten«, hänselte sie ihn. »Hoffentlich bist du nicht geknickt.« Sie grinste verschmitzt.

Alex warf ihr eine Kusshand zu.

5

Olga schlief unruhig und wachte von ihrem Albtraum auf, der sie seit ihrem Sturz am Grand Capucin verfolgte. Ein Blick auf die roten Leuchtzahlen ihres altmodischen Radioweckers und sie wusste, es war zu früh zum Aufstehen. 01:17 Uhr. Zum Einschlafen war es zu spät. Unwillkürlich tastete sie neben sich; das Bett war leer. Am Abend noch hatte Sonja ihr abgesagt. Sie kam nicht von ihrem Computer los, weil sie für den Investor, der ihr Start-up übernommen hatte, ein Programm finalisieren musste.

Wehmütig stellte Olga fest, wie sehr ihr die Freundin fehlte. Aber heute wollte sie sich keiner Melancholie hingeben. In knapp zwei Stunden würde Frieder an der Tür klingeln und sie würde sich von ihm nach Ehrwald fahren lassen. Eine herausfordernde Klettertour stand auf dem Programm. Endlich wieder eine Big-Wall-Kletterei.

Olga schälte sich aus der Bettdecke, schlurfte in die Küche und schaltete die Kaffeemaschine ein. Dann sprang sie unter die Dusche und setzte sich erfrischt in ihrer Küche an den Tisch zu einem kargen Frühstück. Mitten in der Nacht brachte sie außer Kaffee kaum etwas hinunter, kaute nachdenklich auf einem Toastbrot herum und studierte die topografische Skizze für die *Aquaria*.

Olga spürte einen Hauch von Nervenkitzel, denn die gut 1.000 Höhenmeter zu klettern war eine Herausforderung. *Wenigstens werde ich heute Abend rechtschaffen müde sein*, dachte sie und trank eine weitere Crema. Dabei schweiften ihre Gedanken zu ihrer neuen Mandantin. Um den gestohlene Laptop würde sich Alex kümmern. Der frühere Kriminalkommissar half ihr öfter bei Recherchen zu anspruchsvollen Fällen. Sie schätzte seine pfiffigen Ideen ebenso wie seinen ausgeprägten Gerechtigkeitssinn, dem er ab und zu sogar seine Rechtstreue unterordnete. Besonders hilfreich war das vor drei Monaten gewesen, als sie im Rahmen einer Pflichtverteidigung nur durch unlautere Ermittlungen einem perfiden Betrüger-Duo auf die Schliche gekommen waren.

Allerdings, bedauerte Olga, *muss Alex mehr als früher die Regeln des Rechtsstaats respektieren, seit er mit einer Staatsanwältin liiert ist.* Das könnte im weiteren Verlauf der Ermittlungen zu dem Wissenschaftsspion im Umfeld von Nina Kaul spannend werden. Wie viel würde Alex seiner Freundin erzählen und was würde sie zu Kauls Plan sagen, dem Verräter mithilfe gefälschter Daten auf die Schliche zu kommen? *Sie dürfte skeptisch sein,* überlegte Olga und kam selbst ebenfalls zu einer vorsichtigen Haltung. Was, wenn die gefälschten Daten Eingang in die Ergebnisse der jeweiligen Untersuchungen fänden? Wären die entsprechenden Studien dann wertlos? Drohte der Verlust von Fördergeldern? Wären Schadensersatzansprüche zu befürchten? Fragen über Fragen, die sich nicht ohne Weiteres klären ließen.

Olga beschlich ein mulmiges Gefühl. Vielleicht wäre es besser gewesen, Kaul keine Unterstützung zuzusichern. Im Übrigen wurde sie aus ihrer Mandantin nicht recht schlau. So zerbrechlich sie auf den ersten Blick wirkte, so zäh und unnachgiebig schien sie in Wahrheit zu sein. Die Aussage, bei dem Geheimnisverrat gehe es um alles, erschreckte Olga.

Seit ihrem letzten Fall kannte sie eine besondere Form von Angst: die Furcht vor einer unbekannten Bedrohung, die von kriminellen Netzwerken ausgehen konnte. Was, wenn sich im Bereich der Wissenschaftsspionage mafiöse Strukturen gebildet hatten? In was für ein Wespennest stach Kaul möglicherweise mit ihrem Versuch, einen Forschungsspion zu enttarnen? In dem Fall steckte unbestreitbar kriminelles Potenzial, das zeigte der Einbruch überdeutlich. Hier wollte jemand unbedingt an Material gelangen, das ihm nicht zustand.

Hoffentlich kann Alex den Täterkreis eingrenzen, damit wir bald wissen, mit wem wir es zu tun haben.

Einige Stunden später, nach einem schweißtreibenden Zustieg mit Stirnlampe, waren alle Gedanken an die Arbeit weggefegt. Olga verschmolz mit dem Erklimmen der von Wasserrillen durchzogenen Kalkplatten, wurde eins mit ihren Kletterschuhen, auf denen sich dank großartiger Reibung im fast senkrechten Fels stehen ließ. Sie genoss die Rauheit des Felsens, der an etlichen Stellen unzuverlässig war. Aber mit gehöriger Vorsicht konnte sie mit Frieder auch im brüchigen Fels perfekt klettern.

Als die eigentlichen Schwierigkeiten anstanden, wärmte ihnen die Sonne bereits den Rücken. Sie stiegen wie Gämsen dem Gipfel entgegen und erreichten nach einer längeren Abseilpassage das Zugspitzplatt zwei Stunden früher als geplant.

Erst auf dem Weg bergab kehrten die Alltagsgedanken zurück in Olgas Bewusstsein. Nun war ihr Körper ausgearbeitet, und ihr Geist war locker und befreit. Diesen Zustand liebte sie mehr als jeden anderen im Leben.

Als sie am Gatterl Abschied nahmen vom weiten Schotterrund des Zugspitzplateaus, dankte sie Frieder für die Tour.

»Mir musst du nicht danken«, erwiderte er. »Sie ist ein Geschenk der Schöpfung an uns alle.«

»Wenn du mich nicht überredet hättest, mitzukommen, hätte ich es nicht erlebt.«

»Heuer bist du mir mit der Marmolata ausgebüchst. Doch einmal Big-Wall pro Jahr muss sein. Marco würde das freuen.«

Marco. Da war es wieder, dieses schicksalsbeladene Stichwort. Wenn Olga Marcos Namen hörte, durchzuckte sie ein kurzer Schmerz wie bei einem unbedachten Griff in einen Rosenstiel. Sie würde vermutlich nie ohne Wehmut an Marco denken können. Sein tödlicher Absturz am Wilden Kaiser in der letzten Abseillänge war das Unglück ihres Lebens, das beinahe dazu geführt hatte, mit dem Kletter- und Bergsport aufzuhören. Frieder hatte recht: Marco hätte auf jeden Fall gewollt, dass sie der Bergleidenschaft weiter Raum gewährte.

Olga wischte sich eine Träne aus dem Augenwinkel und antwortete Frieder mit belegter Stimme: »Widmen wir unsere Tour Marco.«

Einige Minuten stiegen sie schweigend hinab in das wildromantische Tal, das den Wettersteinstock von der Mieminger Kette trennte, dann hatte sich Olga gefasst und die traurige Erinnerung abgeschüttelt.

»Wie geht es eigentlich deiner Übersetzung von diesem isländischen Klimaforscher?«, fragte sie Frieder und wechselte zu einem emotional unverfänglichen Thema.

Auf der Fahrt zu ihrer letzten Tour hatte er begeistert von dem Buch berichtet, das sich mit den Effekten befasste, welche das zunehmende Schmelzen des Arktis- und des Grönlandeises bewirkten.

»Habe ich vor drei Wochen abgeschlossen«, antwortete Frieder. »War sehr interessant. Mein forschender Wikinger hat den Finger am Puls der Zeit. Bei der Abgabe des Manuskripts hat mir der Verlag mitgeteilt, dass es im kommenden Winter eine internationale ›Mosaic‹-Expedition in die Arktis mit dem deutschen Forschungsschiff ›Polarstern‹ geben wird. Das Schiff will sich an einer Eisscholle festzurren und mit dieser die gesamte Drift des arktischen Eises mitmachen. Mein Autor wird einige Wochen dabei sein und möglicherweise seine Erkenntnisse vertiefen. Am liebsten würde ich mitfahren.«

Das gefiel Olga an Frieder, dass er mit Begeisterung über Manuskripte reden konnte, die ihn ansprachen. Da lebte der kleine Junge in ihm.

»Wenn du dir die Erkenntnisse anschaust, die die Wissenschaftler mit ihren Klimauntersuchungen gewinnen«, fuhr Frieder fort, »kannst du nicht verstehen, dass es überhaupt einen Menschen gibt, der den Klimawandel leugnet. Die Borniertheit vieler Politiker geht mir echt auf den Geist, und die Großindustrie denkt an nichts anderes als ans Geldverdienen«, ereiferte er sich. »Da muss ein kleines Mädchen kommen, um der Welt die Augen zu öffnen. Wie verrückt ist das denn?«

»Ich finde es gut, dass die jungen Leute auf die Straße gehen und zeigen, was sie bewegt. Es ist ihre Zukunft.«

»Es ist auch unsere, Olga. Wenn das so weitergeht, können wir in den Alpen bald keine Eistouren mehr unternehmen.«

»Traurig, aber wahr.«

»Weil viel zu viele an ihren Reibach denken. Das widert mich an.«

»Ach Frieder, Geld regiert die Welt. Davon könnte ich dir ein Lied singen.«

»Wieso? Hast du wieder einen verzwickten Fall an der Backe?«

»Könnte man so sagen«, erwiderte Olga. »Angeblich geht es um Forschungsspionage, nicht gerade mein Spezialgebiet. Wenn der Verdacht meiner Mandantin zutrifft, könnte die Pharmaindustrie ihre Finger im Spiel haben.«

»Oha, das klingt beinahe noch spannender als deine Organgeschichte. Ist da eigentlich irgendetwas herausgekommen?«

»Mit meinem Mandanten ist alles bereinigt und ansonsten: nichts.«

»Unbefriedigend, oder?«

»Wir können nicht immer die Welt retten.«

»Sollten es trotzdem versuchen«, erwiderte Frieder und erging sich in ein minutenlanges Lamento über die abschmelzenden Gletscher.

»Eigentlich dürften wir nicht mehr mit dem Auto in die Berge fahren«, stoppte ihn Olga schließlich. »Trotzdem tun wir es, weil wir andernfalls auf viele Touren verzichten müssten; auf die heutige zum Beispiel.«

Frieder schaute sie nachdenklich an und schwieg einige Minuten. Er beschleunigte seine Schritte, woran Olga erkannte, dass ihre Bemerkung in ihm arbeitete. Sie verspürte selbst den Widerspruch in ihrem Handeln zu den Wünschen, die Natur zu schonen, und tröstete sich damit, in der Stadt völlig auf das Auto zu verzichten und jede mögliche Strecke mit dem Fahrrad zurückzulegen.

»Mein Minivan verbraucht bei meiner gemütlichen Fahrweise knapp sechs Liter«, brummelte Frieder, als sie an der Alm vorbeiliefen. »Damit transportiere ich mein gesamtes Material und zwei Menschen in die Berge. Zu dieser Individualität stehe ich, aber es bewegt mich in der Tat, wie ich klimafreundlicher unterwegs sein könnte.«

»Sorry, ich wollte dich nicht kritisieren ...«

»Habe ich auch nicht so aufgefasst«, unterbrach sie Frieder. »Du hast völlig recht, wir müssen ein geschärftes Bewusstsein entwickeln. Darüber denke ich seit Monaten nach. Solange die E-Autos eine so geringe Reichweite haben ... Weißt du, ich will mit einer Ladung ohne Zwischenstopp an jedes Bergziel kommen.«

»Weil du so oft in die Westalpen fährst«, neckte ihn Olga.

»In den Ostalpen muss der Strom für Hin und Zurück reichen«, schmollte Frieder.

»Ist ja gut«, beschwichtigte Olga. »Was hältst du von einem Hybrid?«

»Nichts«, antwortete Frieder wie aus der Pistole geschossen. »Die Ökobilanz der Hybridfahrzeuge ist zweifelhaft und für meine Zwecke ist der Antriebsmix ungeeignet. In der Stadt fahre ich nicht Auto und auf der Langstrecke wäre überwiegend der Verbrenner im Einsatz. Nein, was ich brauche ist ein E-Auto mit vernünftiger Reichweite.«

Frieder war ein weiteres Mal in seinem Element und gestaltete mit detaillierten Ausführungen zu Ökostrom, Batterietechnik und Umweltverträglichkeit der Herstellung die letzte halbe Stunde des Abstiegs zwar techniklastig, aber kurzweilig.

Wieder zu Hause rief Olga bei Sonja an und stellte enttäuscht fest, zur Mailbox umgeleitet zu werden. Sie legte auf und ärgerte sich gleich darauf über sich selbst, keine Nachricht aufgesprochen zu haben. Sie hatte von klein auf eine eigenartige Scheu, Nachrichten auf Anrufbeantwortern zu hinterlassen. Während sie beruflich professionell mit dieser Technik umging, benötigte sie privat im Vorhinein eine Formulierung; spontan blieb die Sprechblockade unüberwindbar. Dabei freute sie sich selbst über jeden Satz, den ihr Sonja auf die Mailbox sprach.

Sie goss sich einen Gin Tonic ein, setzte sich auf den Balkon und lauschte dem Hintergrundrauschen der Stadt. Olga erinnerte sich an ein Gespräch mit ihrer Juraprofessorin am Rande eines rechtsphilosophischen Seminars. Damals war Gudrun Möller die einzige Ordinaria an der Juristischen Fakultät gewesen, eine gnadenlos analytische Strafrechtlerin, die sich die Anerkennung ihrer Herren Kollegen mit herausragenden Publikationen erkämpft hatte. Als zweifache Mutter hatte sie sich nicht nur der Forschung, sondern auch der Lehre verpflichtet gefühlt und heißbegehrte rechtsphilosophische Wochenendseminare veranstaltet.

Olga war damals stolz gewesen, einen Zuhörerplatz im Möllerschen Seminar erhalten zu haben und ein Referat halten zu dürfen zu Hegels Ansichten über die Schuld. Sie hatte sich ein berühmtes Zitat zum Ausgangspunkt genommen: *Wenn die Philosophie ihr Grau in Grau malt, dann ist eine Gestalt des Lebens alt geworden, und mit Grau in Grau lässt sie sich nicht verjüngen, sondern nur erkennen; die Eule der Minerva beginnt erst mit der einbrechenden Dämmerung ihren Flug.*

Darüber hatte sie mit der Professorin abends lange diskutiert, als die anderen längst ins Bett gegangen waren.

Olga sah ihre Professorin vor sich, eine im Leben stehende Erfolgsfrau, die sich Recht und Gerechtigkeit verpflichtet fühlte. Oft hatte sie auch später noch mit ihr über Schuld, Moral und rechtliche Vernunft diskutiert. Olga hatten Möllers analytische Ansichten gefallen. Sie war versucht gewesen, Möllers Angebot anzunehmen, bei ihr über den Begriff der Gerechtigkeit bei Hegel in Bezug auf die moderne Jurisprudenz zu promovieren. Doch dann war ihr Wunsch größer gewesen, rasch in die Rechtspraxis einzusteigen. Außerdem hatte sie das Thema verunsichert. Soweit sie es bis dahin verstanden hatte, knüpfte Hegel allzu sehr an das Gesetz an. Hegel sah Recht nur als Recht, wenn es Gesetz war. Wenn er auf dem Umweg über die Sittlichkeit zu dem Punkt gelangte, an dem ein Gesetz fragwürdig werden konnte, hing Olga plötzlich in der Luft. So hatte sie es mit dem Promovieren gut sein lassen.

Die Professorin hatte Olgas Absage akzeptiert und signalisiert, die Tür offen zu halten. Ob sie doch noch hindurchgehen sollte? Olga fragte sich, inwieweit es richtig war, dass sie beim Eintreten für Gerechtigkeit in gewissen Fällen absichtsvoll gegen das Gesetz verstieß. *Wir haben einmal Racheengel gespielt,* gestand sich Olga ein und empfand einen Anflug von schlechtem Gewissen, schließlich hatte sie standesrechtliche Pflichten. Und es war kein Einzelfall: Mandate wie das heutige nahm sie auch auf das Risiko hin an, Grauzonen von Recht und Gesetz zu betreten.

Vielleicht sollte ich mich wirklich rechtsphilosophisch mit diesem Thema auseinandersetzen.

Was mit diesem Mandat alles auf sie zukommen konnte, überblickte Olga noch nicht. Aber da ihre Gedanken nun dort angelangt waren, wurde sie neugierig, ob Alex schon etwas herausgefunden hatte, und schrieb ihm eine SMS: *Hallo Alex, bist Du schon fündig geworden?*

Allerdings hatte sie wenig Hoffnung, am Samstagabend, eine Antwort zu erhalten. *Sicher steckt er mit Dorothee zusammen.* Umso erfreuter war Olga, als nach einigen Minuten ihr Handy-Display aufleuchtete: *Für ein Kirschweizen reicht's* ☺

Eine halbe Stunde später trafen sie sich am Tresen von Olgas Lieblingsgrillbar, bestellten Tapas und zwei Kirschweizen. Das war seit Jahren Olgas Lieblingsgetränk an warmen Tagen, Hefeweißbier gemischt mit Kirschsaft: gut gekühlt herrlich erfrischend.

»Schön, euch wieder bei mir zu sehen«, begrüßte sie Ben. »Tut mir leid, dass ich keinen Tisch für euch habe, aber heute bleibt es bis zum Schluss brechend voll.«

Olga winkte ab. Sie saß gern in der Ecke an der Bar, sozusagen auf dem Notfallplatz für Stammgäste. Sie prostete Alex zu, trank einen kräftigen Schluck und fragte: »Nun?«

»Du wirst es nicht glauben, aber aus unserem letzten Fall habe ich viel gelernt.«

Olga schmunzelte. Alex machte es gern spannend. Sie blieb sich treu und tat, was sie am liebsten tat: schweigen und warten. Alex würde von sich aus berichten.

»Ich habe die Autorenlisten der Publikationen des Instituts durchforstet und bin auf einige interessante Querverbindungen gestoßen. Um es kurz zu machen: Es gibt einen Mitarbeiter aus China, einen aus den USA und einen aus Großbritannien. Jeder von ihnen verdient es, unter die Lupe genommen zu werden.«

»Das ist ein Anfang«, hielt sich Olga mit Lob zurück. »Wie willst du vorgehen?«

»Die Namen habe ich Kaul vor einer halben Stunde geschickt. Abwarten, wie sie darauf reagiert.«

Olga prostete Alex zu. Sie schätzte seine pragmatische Art, an Probleme heranzugehen, und seine Kreativität, immer wieder einen Lösungsansatz zu finden. Ein Glücksfall, dass er ihr seit zwei Jahren als Privatermittler half. Ab und zu hatte sie geargwöhnt, er könne in sie verliebt sein, aber seit er mit der Staatsanwältin Dorothee Hauber liiert war, schienen die Fronten geklärt. Allerdings bezweifelte sie, dass das Verhältnis der beiden lange gut gehen konnte. Olga kannte Hauber als eine knallharte Staatsanwältin. Alex wiederum missachtete ab und zu die Buchstaben des Gesetzes, wenn er für die Gerechtigkeit auf dem Kriegspfad war.

»Darüber hinaus habe ich mich mit den Knaben schon ein wenig beschäftigt«, fuhr Alex fort. »Am interessantesten scheint mir der Engländer zu sein. Ein smartes Kerlchen. Er würde dir gefallen.«

Olga runzelte die Stirn.

Alex hob abwehrend die Hände. »Nicht so, wie du denkst. Er hat ein unattraktives Vollmondgesicht, ein frettchenhaftes Babyface erster Güte. Aber sein Lebenslauf: erste Sahne!«

»Lass hören.«

»Aufgewachsen in London im Stadtteil Brixton. Das ist eher eine Gegend für ärmere Leute. Er ist zunächst in die *Corpus Christi Catholic Primary School* gegangen und hat wohl in der *Evelyn Grace Academy* Bekanntschaft mit Schüler-Guerilla gemacht. Erstaunlicherweise ist er dann auf einer sehr guten Privatschule gelandet und hat anschließend von einer renommierten britischen Pharmafirma ein Stipendium für Oxford bekommen. Dort hat er mit Auszeichnung den *B. A. Biomedical Sciences* und im Anschluss mit exzellentem Ergebnis den *M. Sc. Clinical and Therapeutic Neuroscience* erworben. Mit diesen Top-Empfehlungen hat es ihn nach München verschlagen, wo er an seiner Doktorarbeit feilt, finanziert von einem Pharmastipendium.«

»Das heißt, er ist ehrgeizig und hochintelligent. Wieso hältst du ihn für besonders interessant?«

»Er kommt aus kleinen Verhältnissen und hat sich nach oben gekämpft. Aufgewachsen ist er in einem Problemviertel mit hoher Kriminalität. Ihm ist vermutlich nichts fremd, und seinem Stipendiengeber schuldet er besonderen Dank. Genügt das, um deine Aufmerksamkeit zu erregen?«

»Erst einmal spricht diese Entwicklung für ihn. Warten wir ab, was Kaul dazu sagt.«

Olga wehrte sich gegen die Vorurteile, die Alex' Analyse zu beeinflussen schienen. Sie entstammte selbst einem bildungsfernen Elternhaus, hatte sich mit verbissenem Ehrgeiz durch Schule und Studium gearbeitet und war stolz auf das Erreichte. Es gab keinen vernünftigen Anhaltspunkt, jemanden mit so einer Entwicklung für moralisch anfechtbarer zu halten als Menschen mit akademischem Familienhintergrund.

Im Gegenteil: Wer sich hochgekämpft hat, der weiß das Erreichte besonders zu schätzen, wusste Olga aus eigener Erfahrung, *und wird es nicht mit zwielichtigen Handlungen gefährden.*

»Wie heißt der Knabe?«, fragte sie, und ihre Stimme klang ein wenig unwirsch.

»Conor Leneghan.«

»Wer sind die anderen beiden?«

»Da haben wir Fang Guangzhao von der *Shanxi University* in Taiyuan und William Lancaster von der *Columbia University* in New York. Letzteres eine exzellente Adresse, auch für Medizinstudenten. Dagegen ist die *Shanxi University* gerade einmal auf Platz 85 der chinesischen Universitäten.«

»Warum sind die beiden aus deiner Sicht verdächtig?«

»Lancaster schickt sich an, mit seinen Publikationen einen der vorderen Plätze auf dem Gebiet der genbasierten Bluttests einzunehmen. Er ist mit Abstand der am besten vernetzte Mitarbeiter des Instituts und hat bereits zwei Patente angemeldet. Ich weiß nicht, ob das mit rechten Dingen zugeht. Lancaster ist gerade einmal achtundzwanzig Jahre alt. Fang Guangzhao ist der Sohn des Direktors einer Pharmafirma in Taiyuan.«

»Den würde ich sofort ausschließen«, bemerkte Olga. »Der wäre mir zu offensichtlich verdächtig.«

»Manchmal ist das Offensichtliche die beste Tarnung«, erwiderte Alex grinsend und trank sein Kirschweizen leer.

6

Den ganzen Samstag hatte sich Cleo den Kopf zerbrochen, wer von den Mitarbeitern des *BaRCOSI* für den Erpressungsversuch infrage käme. Es müsste jemand sein, der wenig zu verlieren, aber viel zu gewinnen hatte. Also schied sie alle Arbeitsgruppenleiter und alle Postdocs aus. Blieben die Doktoranden, leider eine beeindruckende Zahl. Allein in ihrer Abteilung arbeiteten fünf Frauen und drei Männer an ihren Dissertationsprojekten. Ähnlich sah es in den anderen Abteilungen aus. Also war sie die Lebensläufe von einunddreißig ehrgeizigen jungen Forscherinnen und Forschern durchgegangen und hatte drei Kategorien gebildet, ähnlich, wie sie es von gutachterlichen Verfahren kannte: grün, gelb und rot. Allerdings stand grün hier nicht fürs Weiterkommen, sondern die Menschen aus der grünen Gruppe hielt sie für integer. Diese sortierte sie für die weiteren Überlegungen aus. Bei den Gelben war sie sich unschlüssig, die Roten erschienen ihr gefährlich.

Fünf Männer und zwei Frauen waren auf der roten Liste gelandet. Auf diese sieben Namen fokussierte sich ihre Aufmerksamkeit. Cleo witterte ihre Beute. Ihre Hand zitterte leicht, als sie Cashina hinter den Ohren kraulte und das angenehme Schnurren vernahm. Sie würde der Erpressung die Stirn bieten, und ja, sie würde denjenigen oder diejenige vernichten.

Cleo verscheuchte Cashina von ihrer Schulter und stand vom Schreibtisch auf. Den Samstagabend würde sie keinen weiteren Recherchen opfern. Allzu lange hatte sie das Tanzparkett vernachlässigt, von einem heißen Flirt ganz zu schweigen. Seit Tagen spürte sie das Kribbeln in sich, das dem bedingungslosen Verlangen vorausging. Höchste Zeit, den Schalter von der herausfordernden Intellektualisierung umzulegen auf die körperliche Kreatürlichkeit.

Oft genug schimpfte sie sich dafür, ihrem akademischen Ehrgeiz alles unterzuordnen und dabei zu vergessen, auch Frau zu sein. Jetzt ließ sie die Wanne volllaufen und legte sich mit einer Flasche Pale Ale in das Lavendelschaumbad. Das war die richtige Vorbereitung auf die Latin-Party im Haidhauser Tanzschuppen. Sie wollte endlich wieder in das Gewühl eines hitzigen Salsa-Abends eintauchen und zum rhythmischen Beat auf die Jagd gehen.

Sie schloss die Augen und sog den schaumigen Duft ein. Trotz der Vorfreude sah sie die Bilder der Doktorandinnen und Doktoranden von der roten Liste an sich vorüberziehen. Besonders prägnant stand ihr Pihla Meskanen vor Augen, eine lebhafte Finnin aus der Arbeitsgruppe von Kaul. Die zierliche junge Frau war Cleo bereits vor Monaten aufgefallen, weil sie sich mit ihrem drolligen Akzent munter und intelligent in die Teambesprechungen einbrachte. Vor ihren Nachfragen war nichts sicher. Ihr Wissensdurst schien unerschöpflich und ihre Fähigkeit zum vernetzten Denken war bemerkenswert. Damit passte sie bestens zu Kaul, die ihrerseits eine von Ehrgeiz getriebene Wissenschaftlerin war, für die keine Welt außerhalb des Instituts zu existieren schien.

Hätte Kaul nicht viel zu viel zu verlieren, wäre sie unweigerlich auf Cleos roter Liste gelandet. So gehorchte es einer gewissen inneren Logik, die vielversprechende Doktorandin zu verdächtigen, die nur dank eines Drittmittelprojekts mit einer britischen Pharmafirma am *BaRCOSI* untergekommen war. Ihr Dissertationsthema zeigte einige Berührungspunkte zu Cleos Studie über den Nachweis einer speziellen Tumorerkrankung. Meskanen konnte unverfänglich mit den Daten dieser Studie hantieren. Zudem entstammte die junge Finnin einem staatlichen Förderprogramm für sozial bedürftige Familien, hatte also wenig zu verlieren, aber immens viel zu gewinnen. Andererseits strahlte Pihlas mädchenhaftes Gesicht mit den grünbraunen

Augen eine unbekümmerte Offenheit und Unbescholtenheit aus, die Cleo an ihrem Verdacht zweifeln ließ.

Heute komme ich nicht mehr weiter, sagte sie sich und stieg aus der Badewanne.

Wohlwollend nahm sie von den Blicken Notiz, die ihr beim Gang an die Bar folgten. Ihre langen Beine in der schwarzen Netzstrumpfhose erfüllten wie in Studententagen ihre Funktion als Hingucker. Die zu einem kessen Puschel hochgebundenen Haare setzten ein jugendliches Ausrufezeichen. Das war auch notwendig, konstatierte Cleo auf ihrem Weg durch die erste Tanzebene, denn das Publikum war augenscheinlich ein ganzes Stück jünger als sie selbst. Allerdings mochte das daran liegen, dass auf Ebene eins zu früher Stunde ein Salsa-Schnupperkurs angeboten wurde, den Anfänger eifrig besuchten. Das wiederum kam Cleo entgegen, verminderte es doch das Risiko, auf ein bekanntes Gesicht zu treffen.

Zielstrebig steuerte sie auf den Platz neben einem passablen Twen zu und fragte, ob sie sich neben ihn setzen dürfe. Er nickte schüchtern und rückte einige Zentimeter zur Seite. *Gerade der richtige Junge,* sagte sich Cleo, *zum Warmflirten.* Sie bestellte einen alkoholfreien Fruchtcocktail und musterte ihren Sitznachbarn. Er hatte eine niedliche Stupsnase und für einen Männermund erstaunlich volle Lippen, ein weiches Kinn und angewachsene Ohrläppchen. Letzteres war schade, denn Cleo liebte es, mit spitzen Zähnen an den Ohrläppchen zu knabbern. Aber als Beute kam der schüchterne Knabe sowieso nicht in Betracht. *Am Ende,* und bei diesem Gedanken lächelte sie ihren Nachbarn an, *müsste ich ihn noch anlernen.* Immerhin lächelte er zaghaft zurück und nahm Blickkontakt auf. In seinen graublauen Augen lag eine niedliche Naivität.

Früher hatte ihr das an Männern gefallen, inzwischen schätzte sie die härteren, geradlinigeren Blicke mehr. Zwar wollte Cleo den Männern überlegen sein, aber nicht allzu offensichtlich. Der

Reiz der Dominanz verlor sich bei spürbarer Unterwürfigkeit. Ein gehemmter Mann taugte bloß zum Sparringspartner.

Ihr Gegenüber zwang sich sichtlich, ihr Dekolleté mit seinen Blicken zu meiden. Das schmeichelte Cleo, denn sie hatte nach dem Bad viel Mühe darauf verwendet, Dessous und Bluse auszuwählen und mit einem geöffneten Knopf das Geheimnis verheißungsvoll anzudeuten. Die Männer sollten ahnen, was es zu entdecken gab, aber sie sollten kaum etwas sehen. Frauen, die zu offenherzig herumliefen, hatte Cleo schon als Studentin für einfallslos gehalten, und ihr selbst war ein dadurch erzielter Erfolg immer zu billig erschienen. Zudem hatte sie die Erfahrung gemacht, dass neugierige Männer die besseren Liebhaber abgaben. Und das schien der junge Mann, der ihr endlich mit seinem Longdrink zuprostete, zu sein: neugierig.

Sie schlug die Beine so übereinander, dass der Saum ihres knielangen Rockes ein wenig hochrutschte, und beobachtete seine Reaktion. Logisch, seine Augen gingen kurz nach unten.

»Tanzbeine«, hauchte Cleo mit bemüht dunkler Stimme.

Da errötete er tatsächlich.

Cleo drückte den Oberkörper durch und fragte: »Dein erster Salsa-Abend?«

»Mein zweiter, ich bin ein Grünschnabel«, erwiderte er mit ironischem Unterton in einer erstaunlich erwachsen klingenden Stimme.

Sollte sie sich in ihm täuschen, war er vielleicht schon trocken hinter den Ohren? Jedenfalls löste seine Stimme ein leichtes Kribbeln in ihr aus, über das sie beinahe erschrak. *Bin ich so ausgehungert,* fragte sie sich streng, erwiderte aber, ohne nachzudenken: »Für einen Schnabel hast du ziemlich volle Lippen.«

Da er jetzt richtig rot anlief, legte sich das Flirren im Unterleib wieder. *Also nur ein Sparringspartner,* beruhigte sie sich, rutschte mit dem Barhocker eine Handbreit näher an ihn heran, erhob das Glas und stellte sich vor: »Berenike – und altmodisch.«

Auf ihr Augenzwinkern hin lachte er: »Leopold – und postmodern.«

»Klingt nach Kunstgeschichte.«

»Architektur, derzeit Altbausanierung.«

Cleo sah den Schalk in seinen Augen aufblitzen und fühlte sich einen Augenblick verunsichert. Spielte er auf ihr Alter an? *Nein, so treffsicher und schlagfertig ist der Knabe nicht,* beruhigte sie sich. »Welche Art von Altbauten sanierst du?«

»Herrje«, winkte Leopold ab, »ich bin der dritte Hilfszeichner für die Generalsanierung des Europäischen Theaters. Es ist meine erste Stelle, und die habe ich bloß bekommen, weil das Architekturbüro unter Druck steht. Vielleicht hast du mitbekommen, dass es dort viele Probleme gab und das erste Büro pleite gegangen ist.«

Cleo schüttelte den Kopf. »Sorry. Theater interessiert mich nicht besonders. Wollen wir tanzen?«

Er war in der Tat Anfänger, aber talentiert. Von Song zu Song wurden seine Bewegungen geschmeidiger. Allmählich streifte er seine Schüchternheit ab, wagte in den Grundpositionen mehr Nähe, spielte die neckischen Spiele in den einfachen Figuren mit und bewies so viel Ausdauer, dass Cleos Cocktail, als sie endlich zurück zur Bar gingen, warm geworden war.

»Darf ich dir noch einen spendieren?«, fragte Leopold. In seinen Augen lag eine intensive Bitte.

Während sie nickte, öffnete sie den zweiten Knopf ihrer Bluse und genoss seinen Blick. Schön, dass ihm gefiel, was er sah: rote Spitze auf heller Haut, immer noch genug Geheimnis, aber bereits mehr als eine Ahnung.

Er bestellte den alkoholfreien Cocktail, ein gutes Zeichen. Cleo wankte in ihrem Entschluss, Leopold nur als Sparringspartner zu benutzen. Sie mochte seinen Geruch, sowohl das Eau de Toilette, das er aufgelegt hatte, als auch die kaum wahrnehmbare

Säure seines Schweißes. Wenn ein Mann beim Tanzen schwitzte, durfte er keinesfalls übel riechen. Da war Cleo empfindlich. Eine unangenehme Duftnote war ein K.-o.-Kriterium. Schlanke Finger dagegen fand sie sexy.

Während sie auf den Cocktail warteten, stellte sie sich vor, wie seine Finger begannen, ihr Geheimnis zu enthüllen. Das Kribbeln stellte sich wieder ein, intensiver nun, und sie spürte, wie die Lust in ihr heranwuchs, ernsthaft mit Leopold in den Ring zu steigen. Er hatte Bewegungstalent und Mutterwitz, das gefiel ihr. Außerdem war er älter, als er aussah. Trotzdem zu jung. Aber sie sollte nicht zu wählerisch sein, schließlich hatte sie starken Appetit. Und es war nur für eine Nacht. Sie hasste Wiederholungen. Beziehungen gaben ihr nichts. Einmal hatte sie sich darauf eingelassen. Was für ein Fiasko.

Norbert war auf ihr Studium eifersüchtig gewesen, hatte andauernd Zeit mit ihr verbringen wollen und genörgelt, wenn sie ihre Lehrbücher seiner Gesellschaft vorgezogen hatte. Außerdem hatte er immer oben sein und den Taktgeber spielen wollen. Das und seine notorische Besserwisserei hatte sie bloß ertragen, weil er goldene Hände hatte und ihre sensiblen Punkte mit traumwandlerischer Sicherheit zu kosen verstand. Als sie nach einigen Monaten von ihm gelernt hatte, was ihr gefiel, hatte sie zum Befreiungsschlag ausgeholt und es nie bereut. Seitdem nahm sie sich, worauf sie Lust hatte. Inzwischen gelang nicht mehr jeder ernsthafte Flirt, vermutlich deswegen, weil sie zu wählerisch war. Aber an Leopold gab es nichts auszusetzen. Zeit, ihn auf Herz und Nieren zu testen.

Die Lippen hatte er keineswegs nur als Schaustücke. Verdammt, konnte er gut küssen. So sehr Cleo ihre Erinnerung strapazierte, ihr fiel kein Vergleichsfall ein, mit dem dieser Tanz von Lippen und Zungen jemals annähernd so viel Spaß gemacht hätte.

Altbausanierung vom Feinsten, grinste Cleo in sich hinein, und schmolz bei der Rockballade in Leopolds Armen dahin. Natürlich registrierte sie sein Bemühen, ihr seine Erregung zu verbergen. Auch der Versuchung, die Hände woanders hinzubewegen als auf Schulter, Rücken und Hüfte, widerstand er gentlemanlike. *Hoffentlich bist du später nicht so zurückhaltend,* flehte Cleo innerlich und atmete das Flirren in ihrem Unterleib weg. Sie gab sich den Küssen hin und verspürte weder das Verlangen, ihn zu dominieren, noch den Drang, ihrem heftigen Hunger nachzugeben und ihre Hand in seinen Schritt zu schieben. Sie überraschte sich selbst mit dieser doppelten Zurückhaltung, zumal sie ihn vor drei Stunden für zu jung, zu unerfahren und zu schüchtern gehalten hatte. *So kann man sich täuschen,* dachte sie und löste sich mit dem Ausklingen der Ballade widerwillig aus seinen Armen.

»Wollen wir die Location wechseln?«, fragte sie mit belegter Stimme.

Er schaute auf die Armbanduhr und wiegte den Kopf. »Was hast du dir vorgestellt?«

»In meinem Kühlschrank steht eine Flasche Champagner.«

»Steht die morgen Abend auch noch dort?«

Was für eine Frage? Willst du kneifen? Irritiert schaute sie ihm in seine graublauen Augen. *Das konnte er unmöglich ernst meinen. Sie bei »A Whiter Shade of Pale« so heiß machen und dann nicht mitkommen. Nein, das kam nicht infrage.*

»Mir ist jetzt heiß«, flüsterte sie ihm ins Ohr, mit deutlicher Betonung auf *Jetzt*.

Er zog sie an sich, legte die Lippen sanft wie Wattebäuschchen auf ihren Mund und raunte: »Lassen wir es darauf ankommen.« Er zog eine Visitenkarte aus seiner Brusttasche und steckte sie ihr in den Ausschnitt. »Ruf mich morgen an, wenn du magst. Ich würde mich freuen.«

Aufgewühlt saß Cleo in ihrer Küche und trank ihr drittes Pale Ale. Sie konnte es immer noch nicht fassen: Dieser Kerl war nach dem letzten Kuss tatsächlich gegangen. Hatte sie am Rand der Tanzfläche stehen lassen wie ein Schulmädchen. Unfassbar. Aber anstatt wütend auf ihn zu sein, drehte sie die mit altmodischem Bleisatz gedruckte Visitenkarte zwischen den Fingern und überlegte ernsthaft, ihm eine Nachricht zu schreiben. Hatte sie beim engumschlungenen Tanzen dieses Flirren im Unterleib verspürt, erfüllte nun ein elektrisierendes Knistern ihren Körper. Sie konnte sich nicht erinnern, jemals so eine Erregung erlebt zu haben.

Schon griff sie nach ihrem Smartphone. *Nein*, befahl sie sich, *so mache ich mich zum Affen.* Sie konnte ihm jetzt keine SMS schreiben. Welchen Inhalts? *Komm sofort!* Geht gar nicht. Altbausanierung! Cleo schüttelte den Kopf. Wo war die Wut, die sie auf ihn haben müsste? Wann war sie jemals so abgeblitzt?

Ihr war die Kontrolle entglitten. Der Sparringspartner hatte sie lächerlich gemacht. Heiß und kalt war es ihr über den Rücken gelaufen, nachdem er gegangen war. Aber sie fühlte keine Wut, im Gegenteil: Ihre Erregung wuchs von Minute zu Minute. Sie legte das Smartphone zurück auf den Tisch, griff nach der Bierflasche, trank sie leer und ging ins Schlafzimmer. Lange betrachtete sie sich im Spiegel. Was sie sah, gefiel ihr. Da stand eine attraktive, gut gekleidete Frau Anfang vierzig mit langen Beinen, einem dezenten, gleichwohl verführerischen Dekolleté und einem ausdrucksstarken femininen Gesicht. Nicht zu vergessen die Frisur, die sie mindesten fünf Jahre jünger machte. Außerdem hatte es ihr Ehrgeiz immer noch nicht geschafft, ihr Gesicht mit Furchen und Falten zu verunzieren.

Cleo war zufrieden mit ihrem Körper, und sie war sich sicher, dass Leopold begierig darauf wäre, ihre Geheimnisse zu entblättern. Warum also war er gegangen? Wollte dieser Grünschnabel die Kontrolle behalten? *Will er mich dominieren? Spielt er mein Spiel, nur besser?*

Sie ging ins Bad und duschte kalt, bis sie fror. Allmählich ebbte das Knistern ab. Als die Gänsehaut auf ihrem Körper maximale Ausprägung angenommen hatte, stieg sie aus der Wanne, rubbelte sich trocken und legte sich ins Bett.

Sie erwachte von einem hässlichen Traum. Ein zottiger Fratzenteufel hatte versucht, ihr die Haut abzuziehen, und jetzt, da sie wach war, fand sie das letzte Bild, an das sie sich erinnerte, skurril. Das Ungetüm, erstaunlich ähnlich manchem Fastnachtskostüm, hatte einen großen Rolldietrich, den Cleo von ihrer Kindheit her als Öffner für Ölsardinendosen kannte, in der Hand und versuchte, am Schlüsselbein die Haut so weit abzuziehen, dass sie durch die Öse des Roll-Dietrich gezogen werden konnte, um dann die Haut herunterzudrehen wie früher den Deckel von der Dose.

Ehe der Teufel genug Haut durch die Öse geschoben hatte, war sie aufgewacht und schaute verstört auf den Wecker. 05:17 Uhr. Sie hatte unruhig geschlafen und wollte das Albtraumbild abschütteln. Sie rief sich den Abend in Erinnerung, aber Leopolds Gesicht blieb diffus und selbst die fiebrige Erregung, die sie vor der nächtlichen Kaltdusche elektrisiert hatte, erschien ihr unwirklich. *Sei's drum,* wischte sie die Erinnerung beiseite und stand auf.

Minutenlang studierte sie das Foto von Pihla Meskanen auf der Homepage des Instituts, und je länger sie dieses offene, fröhliche Gesicht betrachtete, umso unwahrscheinlicher erschien es ihr, in dieser jungen Frau eine Erpresserin zu sehen. Sie beschloss, Meskanens Namen auf die gelbe Liste zu setzen. Der nächste Verdächtige auf ihrer Liste erzeugte dagegen keinerlei sympathische Gefühle, als sie sein Foto betrachtete. Unter wulstigen Augenbrauen schauten stechend blaue Augen hervor, auf der platten Nase prangten zwei Mitesser und der Rest des Gesichts war von einem dünnen Bartgestrüpp vernebelt. Fang Guangzhao war eindeutig ein hässlicher und unsympathisch wirkender Chinese. Er war der Sohn des Direktors einer Pharmafirma in Taiyuan und mit seinem Dissertationsthema über die kombinierte Chemosensitivität und Chromatin-Profilierung nah genug an ihren jüngsten Forschungen dran, dass er Einblick in ihre Daten nehmen konnte.

Sie überflog seinen knappen Lebenslauf und wunderte sich, dass er eine Promotionsstelle am *BaRCOSI* erhalten hatte. Seine Herkunftsuniversität, die *Shanxi University* in Taiyuan, war wahrlich nicht die erste Adresse in der Volksrepublik, und seine Masterarbeit erschien ihr als mäßige Referenz. Dagegen könnte er ein besonderes Interesse daran haben, am Institut vorhandenes Know-how abzugreifen und seinem Vater zur Verfügung zu stellen.

Da haben wir uns möglicherweise einen Wissenschaftsspion an Land gezogen, dachte Cleo und nahm sich vor, die Personalie in der nächsten Direktorenrunde zur Sprache zu bringen. Was, fragte sie sich, hätte er durch eine Erpressung zu gewinnen? Wenn er sich zu sehr exponierte, schnitt er sich womöglich von genau den Informationen ab, die er erhalten und gewinnbringend nach China transferieren konnte. Stutzig machte sie jedoch seine Zugehörigkeit zur Arbeitsgruppe von Nina Kaul. *Die schon wieder,* dachte Cleo grimmig und beschloss, Guangzhao auf der roten Liste zu belassen. Als sie bei ihrem nächsten Verdächtigen erneut feststellte, jemanden aus Kauls Arbeitsgruppe auf dem Schirm zu haben, stellte sie das Dossier von Sunil Bierther, der eindeutig indische Wurzeln hatte, zurück und ging auf die Mitarbeiterseite der Arbeitsgruppenleiterin.

Kauls Foto war keine Sympathiewerbung: ein kantiges Gesicht, hohlwangig, schmallippig, Tränensäcke, strähnige dunkelblonde Haare. Die Ärztin sah so aus, wie sie sich verhielt: verbissen und ehrgeizig. Ihre Ergebnisse gehörten zum Besten, was das Institut vorzuweisen hatte. Soweit Cleo informiert war, stand Kaul unmittelbar vor dem Abschluss ihrer Habilitation. Zwar unterstand sie mit ihrer Arbeitsgruppe dem Kollegen Lantenschwier für interventionelle Immunologie, aber sie hätte durchaus die Qualifikation, Cleos Abteilung zu übernehmen.

Käme ich zu Schaden, könnte Kaul massiv profitieren, folgerte Cleo und erschrak über diesen Befund. Daran, dass es jemand auf ihre Position abgesehen haben könnte, hatte sie die letzten Tage gar nicht gedacht. Kurzentschlossen setzte sie Kaul auf die rote Liste.

7

Zärtlich blickte Olga auf die eingerollt neben ihr liegende Sonja. Spät abends war sie zu ihr gekommen, erschöpft und ausgelaugt von einer Rund-um-die-Uhr-Woche. Sie hatten jede einen Gin Tonic getrunken und waren dann zum Kuscheln ins Bett gegangen. Sonja war sofort einschlafen. Olga war einige Zeit wach neben ihr gelegen und hatte sich daran erfreut, ihre Freundin leise atmen zu hören.

Vielfach waren es diese kleinen Glücksmomente, die ihr Leben mit Sonja so lebenswert machten. Zum Frühstück sollte sich ein weiterer dazugesellen. Deshalb stand Olga leise auf, zog sich an und ging die wenigen Minuten zu dem Traditionsbäcker, der sonntags Brezen, Semmeln und Croissants frisch buk und verkaufte. Seit mehr als einer Woche würde Sonja endlich wieder zu einem gemütlichen Frühstück kommen, denn gestern Abend hatte sie das Computerprogramm fertiggestellt, an dem sie mit Hochdruck gearbeitet hatte. Heute gab es also einen freien Tag.

Während sie in der Schlange anstand, malte sich Olga aus, mit Sonja nach Thalkirchen in die Kletterhalle zu radeln und für ihren anstehenden Urlaub in den Dolomiten zu üben. Die Tour mit Frieder hatte ihr deutlich gemacht, wie sehr sie das Klettern brauchte, um sich komplett zu fühlen. Das Wetter war freundlich, sie könnten also etliche Routen im Freien absolvieren.

Voll Vorfreude ging sie mit ihrem Gebäck zurück, als ihr Smartphone vibrierte. Sie zog es aus der Jackentasche und sah auf dem Display das Foto ihrer Eltern. Olga nahm den Anruf entgegen und verlangsamte ihre Schritte. Es war ihre Mutter.

»Dein Vater«, stammelte sie, »wurde ins Krankenhaus eingeliefert.« Weinend und stockend kam die Information. »Er hat einen schweren Schlaganfall. Kannst du kommen? Bitte!«

Olga blieb stehen und fasste sich vor Schreck an die Brust. »In fünf Stunden bin ich bei dir«, sagte sie. »Bist du zu Hause oder im Krankenhaus?«

»Daheim«, schluchzte die Mutter. »Fahr vorsichtig.«

Wie in dichtem Nebel gehüllt legte Olga die letzten Meter nach Hause zurück. Sonja schlief immer noch. Olga schaltete die Kaffeemaschine ein und deckte den Frühstückstisch, doch ihre Gedanken waren schon bei ihrem Vater, der es sich als alter Herr gern in seinem ausladenden Fernsehsessel bequem machte. Sie konnte und wollte sich ihn nicht hilflos in einem Krankenhausbett vorstellen. *Hoffentlich therapierbar,* flehte sie und schöpfte ein wenig Zuversicht aus dem Umstand, dass ihre Mutter, die immer viel zu bevormundend mit ihrem Vater umgegangen war, möglicherweise wie üblich alles ein wenig dramatisierte. Aber tief in ihrem Innersten wusste sie um den Ernst der Lage.

Als der Tisch gedeckt war, ging sie ins Schlafzimmer, zog Sonja zärtlich die Decke weg und weckte sie mit einem Kuss auf die Stirn. Sonja schlug die Augen auf. Da kamen Olga die Tränen.

»Was ist geschehen, Gamserl?«, fragte Sonja und gähnte.

»Ach Wasp, ich muss nach Worms zu meinen Eltern, mein Vater ist mit einem Schlaganfall ins Krankenhaus eingeliefert worden.«

Sonja richtete sich auf. »Ich fahre dich.«

Eine Stunde später jagte Sonja ihren BMW, kaum war die Geschwindigkeitsbegrenzung aufgehoben, über die Autobahn, als hätten sie sich in den letzten Monaten niemals über den Klimawandel, die persönliche CO_2-Bilanz und ökologische Nachhaltigkeit unterhalten. Trotz der Anspannung, die wegen Olgas Sorge um ihren Vater in der Luft lag, sah Olga in Sonjas Gesicht diese sprichwörtliche *Freude am Fahren.*

Seit sie sich kannten, waren sie ausnahmslos mit Olgas Kleinwagen in die Berge gefahren, jetzt saßen sie das erste Mal in Sonjas kraftstrotzendem Coupé. Um sich während der Jagd über die Autobahn abzulenken, erzählte Olga von ihrem neuesten Fall.

Der schien Sonja sehr zu interessieren, denn sie nahm den Fuß vom Gaspedal und fragte: »Was unternimmst du? Wie wollt ihr dem Spion auf die Schliche kommen?«

»Die Kaul möchte gefälschte Daten in ein Projekt einspeisen und irgendwie kennzeichnen. Wenn der Verräter diese Daten verwendet, schnappt die Falle zu.«

»Das würde ich mir gern anschauen«, zeigte sich Sonja interessiert und ließ den Wagen mit Richtgeschwindigkeit über die Autobahn rollen, »wie sie ihre falschen Daten kennzeichnet. Das stelle ich mir nicht so einfach vor.«

»Vielleicht solltet ihr euch miteinander unterhalten«, schlug Olga halbherzig vor. Eine innere Stimme warnte sie davor, Sonja zu nahe an diesen Fall heranzuführen und das Hacker-Herz ihrer Freundin auf Trab zu bringen. Womöglich geriet sie damit noch mehr in Gefahr als bei ihrem letzten gemeinsamen Ermittlungsabenteuer. Aber der Geist war schon aus der Flasche, denn Sonja rief freudig: »Das ist eine gute Idee.«

»Zunächst wäre es wichtiger, den gestohlenen Laptop zu finden. Hoffentlich kommt Alex mit seinen Recherchen voran.«

»Hat er denn Verdächtige?«

»Er hat drei junge Wissenschaftler im Auge, denen muss er auf den Zahn fühlen.«

»Ein bisschen elektronisch einbrechen vielleicht?«

»Gell, Wasp, das würde dich reizen«, erwiderte Olga und verwendete Sonjas Kosenamen, den sie ihren Hackerfähigkeiten und einer gewissen Ähnlichkeit mit Lisbeth Salander aus Stieg Larssons berühmten Romanen verdankte.

»Natürlich. Wenn du mich fragst: Ohne Hacking kein Erfolg. Ihr müsst das interne Netz überwachen, sonst geht euch der Fisch durch die Lappen.«

»Klingt reichlich kompliziert.«

»Ist es auch.«

»Hast du jetzt nicht genug vom Programmieren?«

»Hacking ist was anderes. Außerdem spannend.« Sonja klang begeistert.

Du bist ein kleiner Outlaw, bewunderte Olga Sonja heimlich für diese Unbekümmertheit. Jedenfalls brauchte sie mit ihr nicht über Gerechtigkeit zu diskutieren, und sollte sie jemals auf die Idee kommen, bei Gudrun Möller über den Gerechtigkeitsbegriff bei Hegel zu promovieren, würde Sonja vermutlich schallend lachen.

»Ich sehe schon«, fuhr Sonja fort, »du bist reserviert. Steckt dir Istanbul noch in den Knochen?«

»Kannst du das verstehen? Ich habe tatsächlich Angst davor, in die Nähe von Großkriminalität zu kommen. Wenn ich ehrlich bin, ist mir die Kaul unheimlich.«

»Jedenfalls ist in diesem Fall ordentlich Musik drin«, nickte Sonja und beschleunigte. »Lass mich mitmischen, bitte.«

Olga nickte. Erstens konnte sie Sonja sowieso keinen Wunsch abschlagen und zweitens ahnte sie, dass sie Sonjas Hilfe in den nächsten Tagen und Wochen nötig haben würde. Während Sonja den Wagen in den oberen Geschwindigkeitsbereich beschleunigte, vibrierte Olgas Smartphone. Eine SMS von Alex: *Fang Guangzhao ist unser heißester Kandidat. Kannst Du telefonieren?*

Der Sohn des Direktors einer Pharmafirma also. Olga erinnerte sich, Alex wegen dieses Verdachts beinahe verlacht zu haben. Sie war neugierig, was ihm aufgefallen war, und wählte seine Nummer.

»Was hast du auf Lager?«, fragte sie ihn, kaum hatte er das Gespräch entgegengenommen.

»Zunächst einmal war Kaul überrascht, als ich mit ihr gestern Abend über die drei Doktoranden sprach. Sie fand meinen Ansatz vielversprechend.«

»Du bist eben ein kreativer Ermittler«, bemerkte Olga. Sie wusste, dass Alex zwischendurch gern gelobt wurde.

»Heute Morgen hat sie mich angerufen und mir zu Guangzhao einige bemerkenswerte Aspekte mitgeteilt«, fuhr er fort und machte eine für Olgas Geschmack zu lange Kunstpause.

»Spann mich nicht auf die Folter.«

»Bist neugierig, stimmt's?«, neckte er sie und wurde dann ernst. »Der junge Mann, wie gesagt, Sohn des Direktors einer Pharmafirma in Taiyuan, ist ein leidenschaftlicher Pokerspieler. Allerdings wenig erfolgreich. Er scheint viele Schulden zu haben.«

»Dann hätte er mehr als nur ein Motiv, sich mit Geheimnisverrat zu bereichern.«

»Genau. Allerdings müssen wir erst einmal überprüfen, ob er mit seinem Vater unter einer Decke steckt. Kaul meint, er könnte auch an anderen Stellen versucht haben, sein Wissen zu Geld zu machen.«

»Wie willst du an entsprechende Informationen kommen?«

»Wenn ich ehrlich sein darf?«

»Nur zu.«

»Sonjas Hilfe käme mir sehr gelegen. Du weißt schon, wegen Dorothee muss ich mich beim Hacken zurückhalten.«

»Gibt es keine anderen Wege?«

»Am schnellsten sind wir, wenn wir die elektronischen Briefkästen unserer Verdächtigen durchforsten. Kaul wird morgen über die Spezialisten in ihrem Institut versuchen, die dienstlichen Anschlüsse zu überprüfen. Wer schlau ist, kommuniziert natürlich solche Sachen über private Kanäle.«

»Okay. Ich werde mit Sonja sprechen. Hast du sonst noch einen Plan?«

»O ja. Unserem chinesischen Freund werde ich heute einen Überraschungsbesuch abstatten.«

»Dann ist er vorgewarnt«, gab Olga zu bedenken.

»Keine Bange, ich stelle das schlau an«, erwiderte Alex und fragte, wie es ihr gehe.

»Schlecht«, antwortete Olga. »Wir fahren gerade zu meinen Eltern. Mein Vater liegt im Krankenhaus.«

»Oh, das tut mir leid. Gute Besserung.«

Sie beendeten das Gespräch. Jetzt waren die Sorgen um ihren Vater wieder da.

Er lag blass im Bett, ringsum verkabelt und mit Schläuchen versorgt, sein Gesicht seltsam schief. Als ihn Olga ansprach, öffnete er die Augen. Es war ein leerer Blick, und Olga befürchtete, er würde sie nicht mehr erkennen. Doch dann beschleunigte sich sein Puls und seine Mundwinkel zuckten nach oben. Er hatte immer ein spitzbübisches Lächeln gehabt, selbst wenn er von Mutter wegen irgendetwas getadelt worden war. Einzig dieses Zucken schien geblieben zu sein.

Sie setzte sich an Vaters Bett. Olga hielt lange seine Hand, sie fühlte sich kühl und leblos an. Als flöhe das Leben aus diesem Körper. Seine Wangen waren eingefallen, tief lagen die Augen. Er sah unendlich müde aus, als ob er die vielen 1.000 Kilometer, die er als Handelsvertreter auf Reisen gewesen war, alle zu Fuß zurückgelegt hätte. Was lag alles hinter ihm?

Während sie in das Gesicht ihres Vaters schaute, fragte sich Olga, was sie eigentlich von seinem Leben wusste. Viel zu wenig. Was bewegte ihn, was hatte ihn bewegt? Kaum jemals hatte ihr Vater über sich selbst gesprochen. Oft hatte er sich in sein Kämmerchen zurückgezogen, das ihm als Büro diente, und wenn er Zeit für Olga gehabt hatte, war er zu Scherzen aufgelegt gewesen oder hatte mit ihr gespielt. Später hatte er ihr zugehört, an ihren Sorgen und Nöten Anteil genommen. Er selbst nahm sich nicht wichtig. Die Hauptperson in der Familie war stets die Mutter gewesen in ihrer oftmals herrischen Art.

Olga betrachtete das leidende Gesicht ihres Vaters und bedauerte, zu wenig mit ihm über ihn gesprochen zu haben. Ob sich das noch nachholen ließ?

Er versuchte, die Hand zu heben. Sein Mund formte imaginäre Worte, aber es kam kein Laut von den Lippen. Er wollte Kontakt aufnehmen, doch es gelang ihm nicht. *Immerhin scheint er mich erkannt zu haben,* machte sich Olga Hoffnung und erinnerte sich daran, wie er ihr das Fahrradfahren beigebracht hatte. Unermüdlich und voller Geduld hatte er ihr Rad am Gepäckträger festgehalten und war mit ihr mitgelaufen, bis sie schließlich ohne seine Hilfe die ersten Meter zurückgelegt hatte. Olga schluckte eine Träne hinunter und drückte kräftig Vaters Hand. »Stell dir vor«, begann sie zu erzählen, »was ich momentan für einen interessanten Fall bearbeite. In einem Forschungsinstitut scheint es jemand zu geben, der Geheimnisse verrät, und eine Wissenschaftlerin will ihm eine Falle stellen. Ich soll das im Hintergrund begleiten. Dann wurde bei meiner Mandantin am Freitag eingebrochen und ihr das MacBook gestohlen. Ich glaube, ich stecke wieder einmal in einem echten Krimi.«

Vater starrte sie mit großen Augen an und zuckte ab und zu mit der Hand. Er hörte ihr zu. So erzählte ihm Olga alles, was ihr zu Nina Kaul in den Sinn kam. Leider, stellte sie während des Erzählens fest, waren die handfesten Erkenntnisse dürftig. Ob Alex mit den drei jungen Forschern richtiglag, die er für besonders verdächtig hielt, Geheimnisverrat zu begehen? Ob Guangzhao wirklich die heißeste Fährte war?

Es tat ihr gut, mit ihrem Vater zu reden und zu spüren, dass er auf ihre Stimme hörte, auch wenn sie sich sicher war, dass er das Gesagte nicht verstand. Als schließlich die Krankenschwester ins Zimmer kam und ihr bedeutete, den Besuch zu beenden, schaffte Olga es, sich von ihrem Vater zu verabschieden, ohne zu weinen.

8

Fang Guangzhao bewohnte ein Appartement in einem einfachen Wohnhaus in der Nähe des Großklinikums mit einem nach Südwesten ausgerichteten Balkon. Nachdem sich Alex vor Ort umgesehen hatte, beobachtete er das Haus von einer gegenüberliegenden Buschgruppe aus. Glücklicherweise befand sich auf der Balkonseite auch der Hauseingang, was Alex' Plänen entgegenkam.

Momentan war der Doktorand zu Hause. Er saß an seinem Schreibtisch vor dem Fenster und war in einen Computer vertieft. Nach dem ersten Eindruck zu urteilen, den Alex durch sein Taschenfernrohr gewann, handelte es sich dabei um einen Laptop. Leider konnte er kein Logo erkennen. War es das Gerät von Nina Kaul? *Dann hätte ich einen Volltreffer gelandet,* dachte Alex, verbot sich aber jede Vorfreude. Trotzdem spürte er die Anspannung, die ihn stets ergriff, wenn er einer Fährte folgte. Das Jagdfieber hatte ihn gepackt.

Ungeduldig behielt er das Appartement von Guangzhao im Blick. Er hatte vor, sich in Abwesenheit des Doktoranden dessen Appartement anzusehen. Meistens waren solche Wohnungsbesichtigungen ertragreich. Alex konnte sich auf seine Geschicklichkeit im Knacken von Türschlössern verlassen. Aber was, wenn der Wissenschaftler den ganzen Tag seine Wohnung nicht verließ? Zwar gehörte das erfolglose Ansitzen zu Alex' täglichem Brot, aber heute hatte er für den Abend eine Verabredung mit Dorothee, die er nicht gefährden wollte. Andererseits hasste er es, unverrichteter Dinge heimzukommen. Dabei war er sich selbst noch nicht im Klaren darüber, warum ihn dieser Auftrag reizte. Im Grunde seines Herzens war ihm Kaul nach wie vor unsympathisch. Außerdem zweifelte er an ihren lauteren Motiven. Wieso sträubte sie sich vehement dagegen, die Polizei zu informieren?

Ein Wohnungseinbruch war kein Kavaliersdelikt, ein gestohlener Laptop kein Bagatellschaden. Zumal mit sensiblen und wertvollen Daten auf der Festplatte. Der Fall steckte von der ersten Minute an voller Rätsel. Was wollte Kaul verheimlichen? Was sollte er von ihrer Strategie halten, den Geheimnisverräter zu enttarnen? Welche Rolle hatte die Immunologin Olga zugedacht? Alex witterte Ungemach. Was, wenn Kaul Olga in eine Falle lockte? Wenn ja, in welche? Fragen über Fragen. Keine Antworten. Guangzhao jedenfalls saß weiter an seinem Schreibtisch.

Eines schien Alex deutlich zu sein: Es ging um viel Geld. Vermutlich ging es für ehrgeizige Wissenschaftler zudem um jede Menge Prestige. Es war folgerichtig, dass Kaul ihre eigenen Forschungsergebnisse schützen und ihre Daten dem Zugriff Unbefugter entziehen wollte. *Kann sie damit Geld verdienen, soll möglichst viel bei ihr selbst ankommen, und für die Reputation als Forscherin ist es ebenfalls notwendig, ihren Namen mit gewonnenen Erkenntnissen zu verbinden. So weit, so gut.* Aber Kaul arbeitete in einem großen Team und nicht im stillen Kämmerlein. Ihre Daten waren die Daten der gesamten Arbeitsgruppe. Sie gehörten dem Institut und keinem der Mitarbeiter persönlich. Von dem Verdacht des Geheimnisverrats müsste Kaul zumindest die Institutsleitung informieren. Ihre Geheimniskrämerei war unangebracht. Eine vernünftige Institutsleitung müsste im Übrigen an polizeilichen Ermittlungen interessiert sein. So nachvollziehbar Kauls Eigeninteressen waren, so sehr widersprach ihr Vorgehen dem Institutsinteresse.

Hat Olga diesen Konflikt noch nicht bemerkt, fragte sich Alex und sah, wie sich Guangzhao von seinem Stuhl erhob. Er klappte den Laptop zu und nahm ihn vom Schreibtisch. Guangzhao verschwand im Appartement. Alex wartete gespannt. Wenige Minuten später trat der junge Wissenschaftler aus der Haustür ins Freie. An seiner Schulter hing eine schwere Umhängetasche.

Er hat den Laptop dabei, ärgerte sich Alex. Allzu gern hätte er bei seiner geplanten Wohnungsinspektion diesen Computer überprüft. Jetzt stand er vor der Entscheidung, am ursprünglichen Plan festzuhalten oder dem Chinesen zu folgen. Wo würde Guangzhao hingehen? Warum nahm er den Laptop mit? Brachte er das Gerät jemand anderem? Um es abzugeben oder um Zugang zu den Daten zu erlangen? War es ihm nicht gelungen, sich Zugang zu verschaffen, oder hatte er genug gesehen und erfüllte nun einen Auftrag?

Völlig überzeugt, der Chinese schleppe Kauls MacBook mit sich, heftete sich Alex an Guangzhaos Fersen. Der schritt flott aus und drehte sich kein einziges Mal um. Trotzdem achtete Alex auf hinreichend Abstand und versuchte, möglichst immer eine Person zwischen sich und seine Zielperson zu bringen. Rasch näherten sie sich einer U-Bahn-Station. Alex öffnete seine Geldbörse, fand jedoch weder eine Streifenkarte noch hinreichend Kleingeld für ein Einzelticket. Er fluchte in sich hinein, als er bemerkte, dass der Doktorand, ohne anzuhalten, die Rolltreppe betrat. *Also Schwarzfahren*, knurrte Alex und glitt in die Tiefe. Von unten dröhnte ein einfahrender Zug. Guangzhao beschleunigte seine Schritte. Alex hinterher. Jetzt begann der Chinese zu rennen, er wollte wohl unbedingt den Zug erreichen. Alex rempelte einen älteren Mann an, der mittig auf der Rolltreppe stand und lautstark schimpfte, sprang die letzten Stufen hinunter und sah den Doktoranden in einem Abteil verschwinden. Wenige Meter fehlten noch bis zur hintersten Tür des Zuges, da ertönte die Durchsage *Zurückbleiben bitte.* Alex sprang durch die sich schließende Tür, der Zug setzte sich in Bewegung. Es war einer dieser alten Münchner U-Bahn-Züge, bei dem man nicht von hinten nach vorne durchgehen konnte. Durch das Fenster seines Wagens konnte Alex in den vorderen Waggon blicken. Guangzhao stand vor einer Tür, als wolle er bald wieder aussteigen. Alex würde den Wagen wechseln müssen, um an ihm dranzubleiben.

»Die Fahrscheine bitte«, forderte eine gequetscht klingende Frauenstimme hinter ihm.

Alex wurde stocksteif und drehte sich langsam um. Hinter ihm stand eine freundlich dreinblickende Frau Anfang fünfzig, hielt ihren Dienstausweis in der Hand und fixierte einen jungen Schwarzen, der umständlich in seinen Taschen kramte.

Alex zog seine Geldbörse hervor und ging einen Schritt auf die Kontrolleurin zu. Der Zug fuhr in den nächsten Bahnhof ein und bremste. Der junge Mann blickte verunsichert. Die Kontrolleurin rief nach ihrem Kollegen und winkte Alex weg.

»Zeigen Sie mir Ihren Ausweis«, forderte die Kontrolleurin den vermeintlichen Schwarzfahrer auf. Ihr Kollege stand jetzt bei ihr.

Der Zug hielt, die Türen öffneten sich.

Alex stieg aus, rannte einen Waggon nach vorne und wäre beinahe mit Guangzhao zusammengestoßen, als dieser auf den Bahnsteig trat. Geistesgegenwärtig reihte sich Alex hinter einer Mutter mit Kind in die Traube derer ein, die die U-Bahn verließen. Guangzhao schlenderte zum gegenüberliegenden Bahnsteig, an dem in diesem Augenblick die U-Bahn der anderen Linie einfuhr. Diesmal suchte sich der Doktorand einen Sitzplatz.

Alex stellte sich an die übernächste Tür und behielt Guangzhao im Auge. Er atmete tief durch und dankte dem Schicksal ausnahmsweise dafür, dass es Münchner Kontrolleure mit einem selektiven Blick ausgestattet hatte. In seinen jungen Jahren als Polizist hatte er Bekanntschaft mit der sogenannten Rasterfahndung gemacht, die auf gewissen Erfahrungswerten beruhte, aber diskriminierend war: Schwarze, fremd aussehende Menschen wurden wesentlich häufiger kontrolliert als Weiße, Männer öfter als Frauen, Ungepflegte öfter als Gepflegte und so weiter. Gleiches gleich und Ungleiches ungleich, lautete die Begründung.

Vermutlich fangen wir deshalb meistens die kleinen Fische, ärgerte sich Alex, *und lassen die großen laufen.* Ob das mit Guangzhao genauso ist? Wer immer der Verräter am *BaRCOSI* ist, die Mächtigen bleiben im Hintergrund und werden sich nicht die Hände schmutzig machen.

Als Guangzhao kurz vor Erreichen des Marienplatzes aufstand, entschloss sich Alex, zu handeln. Das Gedränge an einem der lebhaftesten Münchner U-Bahnhöfe wollte er ausnutzen. Er schob sich durch die Fahrgäste hinter den Doktoranden. Als dieser im engen Pulk den Zug verließ, schob Alex die Hand unter die Klappe von Guangzhaos Umhängetasche, tastete nach dem Laptop und zog ihn heraus. Kaum hielt er das Gerät in der Hand, drehte er ab und drängelte sich in die Gegenrichtung davon.

»He, Sie!«, rief eine empörte Männerstimme hinter ihm.

Alex hatte bereits die entgegengesetzte Rolltreppe erreicht und hastete dem Ausgang entgegen. Im Zwischenstockwerk wandte er sich nach links, rannte zur nächstgelegenen Treppe und diese hinauf zum Marienplatz. Wer immer ihm nachgerufen hatte, jetzt war Alex in der Menge der Touristen aufgehoben. Er verlangsamte seine Schritte, ging auf den Rindermarkt zu und setzte sich auf die Treppenstufen am Brunnen. Nun schaute er den Laptop an und erschrak. Er hielt einen hp in den Händen; Nina Kaul war ein MacBook gestohlen worden.

Ratlos und enttäuscht ging er zum nächsten U-Bahnhof und fuhr zurück zu Guangzhaos Wohnhaus. Auf der Fahrt klappte er den Laptop auf, musste jedoch feststellen, dass der Zugang kennwortgeschützt war. Auf die Schnelle ließ sich der Computer nicht auswerten.

Trotz des nunmehr erhöhten Risikos beschloss Alex, sich in Guangzhaos Appartement umzusehen. Der Doktorand schien erstaunlich sorglos zu sein, denn die Wohnungstür war unverschlossen; eine halbe Drehung mit dem Dietrich genügte, schon stand Alex in der winzigen Diele.

Die Tür zu seiner Linken führte in ein kleines Bad mit WC.

Alex kontrollierte den Inhalt des über dem Spülbecken angebrachten Spiegelkastens, sah außer codeinhaltigen Schmerztabletten nichts Auffälliges und betrat den Wohnraum. Durch eine Schrankwand abgetrennt fand sich rechter Hand eine Kochnische mit Spülbecken, Elektroherd und Geschirrspüler, alles peinlich sauber, als würde es nie benutzt. In den Hängeschränken stapelten sich Teller und Töpfe, ein Fach war gefüllt mit Gewürzen, alles ordentlich verstaut, keine Auffälligkeiten.

Aus alter Gewohnheit schüttelte Alex die Kaffeedose. Nichts. Aber in der Zuckerdose klapperte es. Er öffnete sie und schüttete den Zucker in eine Schüssel, bis ein USB-Stick zum Vorschein kam.

Sieh einer an! Alex steckte den Stick ein und schüttete den Zucker zurück. Der Wohnraum zeigte sich ebenso aufgeräumt wie Bad und Kochnische. Am Schreibtisch lagen mehrere Stifte im rechten Winkel zur Kante aufgereiht, daneben ein Tablet-Computer und ein Taschenrechner. In einem Unterschränkchen standen mehrere mit chinesischen Schriftzeichen beschriftete Aktenordner. Alex nahm einen nach dem anderen in die Hand und blätterte sie durch, bis er einen Ordner voller Bankunterlagen fand. Er studierte die Kontoauszüge und stellte fest, dass Guangzhao nicht nur über ein regelmäßiges Einkommen verfügte, sondern darüber hinaus immer wieder größere Summen von einem Zahlungsdienstleister gutgeschrieben bekam. Gleichzeitig fand er etliche Überweisungen hoher Summen an Internet-Casinos.

Schnell fotografierte er einige der Auszüge und wandte sich dem Kleiderschrank des Wissenschaftlers zu. Hier gab es keine Auffälligkeiten außer dem für das gesamte Appartement geltenden Befund ungewöhnlicher Ordnungsliebe, die auf den ersten Blick Guangzhaos ungepflegt wirkender Erscheinung widersprach. *So kann man sich täuschen,* stellte Alex fest, machte einige Aufnahmen von dem Appartement und verließ die Wohnung.

Mit dem Laptop in der Hand ging er zu seinem Fahrrad und radelte durch die Stadt in sein Büro.

Während sein PC mit dem hp verbunden über *Hashcat* daranging, Guangzhaos Passwort zu knacken, analysierte Alex an seinem eigenen Laptop den USB-Stick aus der Zuckerdose. Er enthielt eine Reihe verschlüsselter Dateien und etliche EXCEL-Tabellen, aus denen Alex nicht schlau wurde. Wenn es Institutsdaten waren, konnte ihm nur Kaul helfen. Er schickte ihr eine SMS und bat sie um ein Telefonat. Sie rief umgehend an.

»Würden Sie sich rasch einige Dateien anschauen, auf die ich gestoßen bin?«, fragte Alex ohne Vorrede.

»Selbstverständlich.«

»Haben Sie einen Account bei Threema?«

»Ja, warum?«

»Weil wir auf dieser Plattform verschlüsselt kommunizieren können.«

»Verstehe.« Sie gab ihm die Kontaktdaten durch.

»Wenn Sie sich die Dateien angeschaut haben, geben Sie mir Bescheid, ob sie von Relevanz sind.«

»Alles klar«, antwortete sie und legte auf.

Diese effektive Unkompliziertheit machte sie Alex beinahe sympathisch. Er lud die Dateien hoch und schickte sie ihr. *Mal sehen,* dachte er, *was sie dazu zu sagen hat.*

Inzwischen hatte sein Kennwort-Suchprogramm das Passwort des hp geknackt. Alex ging zu den zuletzt bearbeiteten Dateien und stöberte durch einen unübersichtlichen Datensalat. Auch hier, das erkannte er rasch, brauchte er die Hilfe von Kaul.

Die nächste Überraschung erlebte er beim Öffnen von Guangzhaos Outlook: Die gesamte Korrespondenz im Posteingang bestand aus chinesischen Schriftzeichen. Zum Glück stieß er, versteckt in einem Unterordner, auf ein Archiv englisch- und deutschsprachiger E-Mails. Alex las sich durch eine Reihe von

Nachrichten belanglosen Inhalts und wollte schon aufgeben, als er auf eine rätselhafte E-Mail stieß, die sein Interesse weckte: *Zeit, um Mandarinen zu pflücken.*

Der Name der Adressatin war ihm bereits begegnet: Pihla Meskanen stand auf der Namensliste, die ihm Kaul zugeschickt hatte. Es gab einen ganzen Unterordner von Korrespondenz zwischen Pihla und Fang, erstaunlicherweise vieles in chinesischen Schriftzeichen. Was hatten die beiden miteinander zu schaffen?

»Die Daten, die Sie mir geschickt haben«, erläuterte Kaul am Telefon, »befassen sich mit einem sensiblen Projekt, an dem keiner Ihrer drei Verdächtigen beteiligt ist. Wie kommen Sie zu diesen Dateien?«

»Berufsgeheimnis«, antwortete Alex und hörte, wie seine Auftraggeberin am anderen Ende der Leitung nach Luft schnappte. »Im Ernst: Ich kann Ihnen augenblicklich noch nicht sagen, auf was ich alles gestoßen bin. Wir sollten uns morgen treffen, am besten, nachdem Sie die E-Mail-Accounts der drei Doktoranden am Institut überprüft haben.«

»Okay«, erwiderte sie. »Sagen wir um drei Uhr bei mir?«

»Einverstanden.«

Immerhin, konstatierte Alex, *ist sie unkompliziert in diesen Dingen.* Jetzt hatte er noch einen Tag Zeit, sich zu überlegen, wie er mit Guangzhaos Laptop umgehen sollte. Um dessen Datenbestände vernünftig auswerten zu können, bräuchte er eigentlich Kauls Hilfe. Andererseits wollte er vermeiden, dass sie von seiner unorthodoxen Methode Wind bekam, sich Daten durch Diebstahl und Hausfriedensbruch zu beschaffen. Er durfte sich nicht angreifbar machen.

Um das Erlangte zu sichern, speicherte er den gesamten Inhalt von Guangzhaos E-Mail-Account auf einen USB-Stick und kopierte anschließend die Festplatte des Laptops auf eine externe Festplatte. Dann fragte er Olga per SMS, ob sie jemand kenne, der vertrauliche Kommunikationsdaten aus dem Chinesischen übersetzen könne, rechnete jedoch nicht mit einer raschen Antwort. Unabhängig davon ging er die chinesischen E-Mails der Reihe nach durch, öffnete die jeweiligen Anhänge und wurde dreimal fündig: Guangzhao hatte drei Dateien, die Alex vor einer Stunde Nina Kaul zur Überprüfung geschickt hatte, an Adressaten in China versendet. Er gab somit Daten aus einem hochsensiblen Projekt, an dem er unbeteiligt war, an Dritte weiter. Vermutlich unbefugt. Um das feststellen zu können, musste Alex die Empfänger der E-Mails identifizieren.

Letztlich führte kein Weg daran vorbei, Kaul von dieser Korrespondenz in Kenntnis zu setzen. Das beunruhigte Alex. Er wurde das unbestimmte Gefühl nicht los, in eine Falle getappt zu sein, und sei es nur die, seinem eigenen Ehrgeiz auf der Suche nach der Wahrheit nachgegeben zu haben. Dorothee durfte auf keinen Fall Wind davon bekommen. Er musste aufpassen, was er ihr von seiner Arbeit erzählte, denn ihre Haltung war einerseits kritisch, andererseits interessierten sie seine ungewöhnlichen Fälle. Seine unerlaubten Eskapaden würde sie niemals tolerieren. Diese Erkenntnis bedrückte ihn. Über kurz oder lang, das spürte er, würden sie wegen seiner Tätigkeit in Streit geraten. *Hoffentlich nicht heute,* wünschte er sich mit Blick auf den nahenden Abend.

Sie zündete am Tisch eine Kerze an, schenkte jedem einen Schluck Portwein ein und deutete vielsagend auf die Teller mit der Vorspeise. Auf zart getoastetem Weißbrot lag ein orangenfarbenes Häufchen Kaviar, verziert mit einem Minzeblatt und einem weißen Tropfen Sahnemeerrettich. Alex lobte das Arrangement und schnitt sich den ersten Happen des Kaviarbrötchens ab. Kaum hatte er hineingebissen, stieß er ein überraschtes *Oh* aus. Der Kaviar schmeckte süß und fruchtig, überhaupt nicht nach Fisch.

Dorothee lachte.

»Wow!«, rief Alex, kaum hatte er den Bissen hinuntergeschluckt. »Was ist das denn?«

»Melonenkaviar«, antwortete Dorothee und hatte sichtlich Spaß an ihrer geglückten Überraschung. »Nachdem ich mich heute mit dir über Forschung unterhalten will, fand ich: Molekularküche ist das Gebot der Stunde.«

»Molekular ... was?«

»Hat ein bisserl was mit Chemie in der Küche zu tun«, dozierte Dorothee mit Schalk in den Augen. »Man verändert die Texturen einzelner Produkte. Ist natürlich recht experimentell.«

»Dieser Melonenkaviar ...?«

»Sphärisierter Melonenextrakt, so gibt's diese Kugelform.«

»Ist ja verrückt.«

»Ich wollte kreativ zu deinem neuesten Fall beitragen«, schnurrte Dorothee und forderte Alex auf, sein Kaviarbrötchen aufzuessen. »Was hast du herausgefunden?«

»Es gibt eine Vielzahl von Verbindungen unter den jungen Wissenschaftlern an diesem Institut, davon einige mit interessanten Kontakten nach USA, Großbritannien und China. Diese Leute will ich mir morgen gemeinsam mit Kaul genauer anschauen«, berichtete Alex und vermied es tunlichst, Guangzhao zu erwähnen.

»Hat Kaul schon angefangen, gefälschte Daten einzuschleusen?«

»Sie will abwarten, ob wir mit meiner Methode etwas erreichen.«

»Nach welchen Kriterien hast du ausgewählt?«

»Lebenslauf, Verbindungen, Auffälligkeiten.«

»Nicht schlecht«, bemerkte Dorothee und trug die Teller weg. Zurück kam sie mit zwei Schüsseln dampfender Spaghetti. Dazu stellte sie eine Flasche kräftigen Bardolino auf den Tisch. »Hausmannskost. Prost.«

Alex drehte genüsslich die ersten Gabeln und bemerkte: »Ein wunderbarer Kontrast zu deiner verrückten Vorspeise. Darf ich ehrlich sein?«

»Musst du sogar.«

»Die Pasta schmeckt mir besser.«

»Fein. Dann erzähl mal von deinen Verdächtigen.«

Alex stopfte sich rasch den Mund wieder voll. Wie viel durfte er ihr erzählen? Er fürchtete ihre messerscharfen Nachfragen, aber er profitierte gern von ihren Ideen. Schließlich legte er ihr alle drei Namen mit den Begründungen auf den Tisch und wartete auf ihr Urteil. Das ließ nicht lange auf sich warten.

»Den Chinesen würde ich ausschließen.«

»Warum?«

»Viel zu offensichtlich.«

Alex rieb mit dem Mittelfinger der rechten Hand über die steile Furche oberhalb seiner Nasenwurzel, eine Bewegung, die er immer machte, wenn er nachdenklich wurde. Genau das gleiche Argument hatte Olga gebracht, und er hatte es mit der Bemerkung vom Tisch gewischt, manchmal sei das Offensichtliche die beste Tarnung. Fang Guangzhao war sein Hauptverdächtiger. *Aber*, beschwichtigte er sich selbst, *vielleicht ist es ganz gut, wenn Dorothee ihn nicht auf dem Radar hat.* Dann lief Alex auch keine Gefahr, sich hinsichtlich seiner Erkenntnisse über den Chinesen zu verplappern. Andererseits musste er noch etwas Widerstand leisten, sonst wurde Dorothee argwöhnisch; schließlich kannte sie ihn zwischenzeitlich gut genug und wusste, dass er ungern eine Fehleinschätzung einräumte.

»Wieso bist du dir da so sicher?«

»Bei der Einstellung werden die Personalverantwortlichen solche Sachen berücksichtigen und diese Verbindungen gegebenenfalls auch ansprechen. Das ist Mindeststandard.«

»Meinst du wirklich?«

Dorothee nickte, stand auf und kam gleich darauf mit einem

dünnen Schnellhefter zurück, den sie vor ihm auf den Tisch legte: *Risiken für den deutschen Forschungsstandort. Leitfaden zum Umgang mit Wissenschaftsspionage und Konkurrenzausspähung im Wissenschaftskontext.*

»Wo hast du denn das her?«

»Von der Homepage des Bundeskriminalamts«, erwiderte Dorothee mit einem selbstbewussten Kopfnicken. »Hab dir doch gesagt, der Fall interessiert mich.«

»Toll«, antwortete Alex wenig begeistert. Er witterte Ungemach. »Was hältst du von meinen anderen beiden Verdächtigen?«

»Conor Leneghan würde ich mit demselben Argument ausschließen«, erläuterte sie, »denn sowohl seinen sozialen Hintergrund wie sein Stipendium muss das Personalbüro im Auge gehabt haben, ehe sie ihn einstellten. Die Leitung des Instituts muss sich bewusst sein, von Wissenschaftsspionage betroffen sein zu können. Ausweislich ihrer Selbstdarstellung arbeiten sie an der Spitze der immunologischen Forschung. Das *BaRCOSI* stellt für jeden Interessierten ein Premiumziel zum Ausspionieren dar. Nein, auch Leneghan kommt für mich nicht in die engere Wahl«, bekräftigte sie im strengen Duktus der Staatsanwältin und fuhr fort: »Bleibt von deinen Kandidaten lediglich der Ehrgeizling aus New York. Den würde ich in der Tat unter die Lupe nehmen.«

»Immerhin«, brummte Alex und leerte seinen Teller. »Dreißig Prozent Erfolgsquote ist passabel.«

»Sei nicht beleidigt«, beschwichtigte Dorothee und schenkte Wein nach. »Ich will ja nur, dass du dich rasch fokussierst. Wenn wir ermitteln, müssen wir Prioritäten setzen.«

»Lancaster also«, flüsterte Alex und war insgeheim erleichtert über Dorothees Prognose. Sie würde sich nicht für Guangzhao interessieren, den er selbst nach wie vor für seinen dringendsten Verdächtigen hielt. »Was würdest du nun unternehmen?«

»Wenn du mich so fragst: Wie in dem Leitfaden des Bundeskriminalamts empfohlen, würde ich die Institutsleitung informieren und mich mit der Fachdienststelle des Landeskriminalamts in Verbindung setzen. Wenn die Kaul das verhindern will, hat sie etwas zu verbergen. Und damit wären wir bei meinem besonderen Verdacht: Du solltest dir deine Auftraggeberin sehr genau anschauen.«

9

Wieder war Olga von ihrem Albtraum aufgewacht, allerdings hatte er eine schmerzhafte Abwandlung erfahren. Während sie bisher allein aus der Wand gestürzt war, fiel diese Nacht ein hilfloser Vater mit in den Abgrund. Sie zitterte und tastete neben sich; Sonja lag reglos im Schlaf und atmete ruhig. Sie war den langen Weg zurückgefahren und müde ins Bett gefallen. Zuvor hatte es einen tränenreichen Abschied von Olgas Mutter gegeben, die vor Sorge um ihren Mann endlich ihre Vorbehalte gegenüber Sonja aufgegeben und sie als Olgas Lebensgefährtin akzeptiert hatte.

Krisen bewirken auch ihr Gutes, dachte Olga und stand leise auf. Sie würde nicht mehr schlafen können, nicht, nachdem die Sorge um ihren Vater mit dem Albtraum wieder lebendig geworden war. Zwar hatten die Ärzte Zuversicht ausgestrahlt, doch der lähmende Gedanke, ihren Vater zu verlieren, hatte sich in Olgas Kopf festgesetzt. Gern wäre sie bei ihrer Mutter geblieben, aber in der augenblicklichen Situation konnte sie die Kanzlei nicht schließen. Sie war darauf angewiesen, die wenigen Mandate, die sie momentan wahrnahm, intensiv zu betreuen. Gerade der neue Fall duldete keinen Aufschub.

Sie ließ eine Crema aus der Kaffeemaschine und setzte sich auf die Dachterrasse. Langsam kroch die Dämmerung über Münchens Dächer. In der Ferne hörte Olga das Grundrauschen des Mittleren Rings. Sie klappte die Schutzhülle ihres Tablets auf und überprüfte ihren E-Mail-Eingang. Alex hatte ihr gestern Abend geschrieben und bat um ein rasches Treffen; er habe neue Erkenntnisse und einiges mitzuteilen. *Immerhin, es geht voran,* freute sich Olga und schickte ihm eine SMS: *Um sieben in meiner Kanzlei?*

Sie scrollte durch den Posteingang und fand eine E-Mail von

Kaul, die ebenfalls um einen Termin bat. Während sie ihrer Mandantin per E-Mail ein Gespräch in der Kanzlei um elf Uhr anbot, poppte die Antwort von Alex per SMS auf; er nahm ihr Angebot an.

»Du musst mir einen vertrauenswürdigen Übersetzer aus dem Chinesischen besorgen«, forderte Alex anstatt des Morgengrußes, als er zur Tür hereinkam. »Du hast gewiss Verbindungen.«

»Es gibt eine Liste von Gerichtsdolmetschern«, erwiderte Olga überrascht. »Guten Morgen.«

»Verzeih«, sagte er und umarmte sie flüchtig. »Deswegen steh ich seit gestern Nachmittag unter Strom. Ich habe uns Croissants mitgebracht.«

»Komm rein. Kaffee steht am Besprechungstisch.«

Sie setzten sich und Alex erzählte von seinem Diebstahl des Laptops und dem Einbruch in Guangzhaos Appartement. Olga ließ sein Vorgehen unkommentiert, obwohl sie einen inneren Widerstand spürte. Sie neigte zwar selbst dazu, beim Einsatz für eine gerechte Sache als letztes Mittel auch einen Gesetzesverstoß zu begehen, aber zum jetzigen Zeitpunkt hielt sie das für unangebracht. Außerdem spukte seit zwei Tagen das Thema der Gerechtigkeit als grundlegender moralischer Kompass vermehrt in ihrem Kopf, seit sie sich wieder mit dem Gedanken befasste, in der Rechtsphilosophie zu promovieren.

»Jedenfalls sollte sich mein Diebstahl lohnen«, bemerkte Alex und biss herzhaft in sein Croissant. »Welchen dieser Dolmetscher kannst du mir empfehlen?«

»Du hast Glück, durch eine frühere Kommilitonin kenne ich Hao Hong Schuster, die ist vertrauenswürdig, beherrscht das Hochchinesisch perfekt und spricht meines Wissens nach zwei weitere Nebensprachen des Mandarin. Ich suche dir ihre Kontaktdaten heraus.«

»Darf ich mich auf dich berufen?«

Olga nickte.

Jetzt berichtete Alex von Dorothees Recherchen und Überlegungen. »Können wir der Kaul vertrauen?«, endete er.

»Ich werde sie fragen, wie das Sicherheitskonzept des Instituts aussieht, und ob am *BaRCOSI* der Leitfaden des Bundeskriminalamts bekannt ist. Sie muss mir glaubhaft erläutern, warum sie unbedingt ihren eigenen Weg gehen will. Bis dahin gilt für meine Mandantin die Unschuldsvermutung«, schloss Olga mit einem Anflug von Ironie.

Je mehr Alex über Dorothees Skepsis berichtet hatte, umso stärker wurden ihre eigenen Vorbehalte gegenüber Kaul. *Warum habe ich immer wieder Mandanten mit zweifelhaftem Leumund,* fragte sie sich. Wenn Alex sie nicht mit den Erkenntnissen, die er auch ohne Dolmetscher über Guangzhao erhalten hatte, abgelenkt hätte, hätte sie vermutlich mit ihrem Schicksal gehadert.

»Guangzhao hat bestimmt Dreck am Stecken«, fasste Olga ihre Eindrücke zusammen. »Trotzdem, irgendwie liegt er mir zu sehr auf der Hand. Ich bin gespannt, was die Dolmetscherin liefern wird. Jedenfalls solltest du Dorothees Hinweis, Lancaster unter die Lupe zu nehmen, beherzigen.«

»Vermutlich hast du recht. Aber vorher will ich mir die Verbindung von Guangzhao zu Meskanen näher ansehen. Die Doktorandin arbeitet nämlich über die Therapie einer speziellen Tumorerkrankung, und das berührt sowohl Guangzhaos Interessen als auch Kauls Projekt. Möglicherweise machen die jungen Forscher gemeinsame Sache.«

»Irgendwie sind die alle untereinander vernetzt.«

»Du sagst es. Das macht unsere Aufgabe schwierig.«

»Na ja«, erwiderte Olga spöttisch, »wenn es einfach wäre, könnte es jeder.«

Nachdem Alex gegangen war, lud sich Olga von der Homepage des Bundeskriminalamts den Leitfaden herunter und druckte ihn aus. Ohne Zweifel gehörte das Münchner Institut zu den besonders gefährdeten Einrichtungen. Olga war nach der Lektüre überzeugt, dass die Institutsleitung ein Sicherheitskonzept haben musste. Auf jeden Fall musste sie Kaul danach befragen. Der Ansatz, dem Spion mit gefälschten Daten auf die Spur zu kommen, erschien ihr immer ungewöhnlicher, der Verzicht auf das Einschalten von Institutsleitung und Polizei regelwidrig. Auf dieser Basis konnte Olga Kauls anwaltliche Vertretung und juristische Beratung kaum erfolgreich fortführen.

Kaul setzte sich an den Besprechungstisch, schob Olga einen USB-Stick hin und erklärte, diesen Datenbestand in die Datei ihrer sensibelsten Studie eingepflegt zu haben. »Die Dose der Pandora ist geöffnet. Warten wir, was geschieht.«

»Musste das so schnell sein?«

»Montags werden die Daten vom Wochenende eingespeist. Da fällt es am wenigsten auf, wenn zusätzliche Datensätze auftauchen. Niemand hat den genauen Überblick, wie viele Datensätze jeweils erhoben werden. Habe ich Ihnen nicht gesagt, dass es heute Vormittag so weit ist?«

Olga schüttelte den Kopf. Sie fühlte sich überrumpelt.

»Tut mir leid, vermutlich ist mir das zu selbstverständlich. Würden Sie mir eine geeignete Bestätigung geben, dass ich Ihnen vertraulich die gefälschten Daten offengelegt habe?«

»Wie stellen Sie sich das vor? Wie soll ich wissen, was sich auf diesem Stick befindet?«

»Nur die Lockvogeldaten aus *T-Prog-Immu3* natürlich«, erwiderte Kaul entrüstet.

»So geht das nicht«, erklärte Olga und legte den Leitfaden des Bundeskriminalamts auf den Tisch. »Hierüber«, sagte sie und deutete auf das Geheft, »müssen wir uns ausführlich unterhalten.«

»Was ist das denn?«, fragte Kaul mit aggressivem Unterton und las das Deckblatt.

»Das sind offizielle Empfehlungen, wie man mit Wissenschaftsspionage umgehen soll. Das Einspeisen von gefälschten Daten steht da nicht drin.«

»Das wird wieder so ein Bürokratenscheiß sein«, blaffte Kaul und schob den Schnellhefter zur Seite. »Sie müssen tun, was Sie mir am Freitag versprochen haben.«

»Hören Sie«, erwiderte Olga barsch, »unser Verhältnis ist eine Vertrauensbeziehung. Das heißt, Sie müssen mich ins Vertrauen ziehen. Eigenmächtiges Handeln hat da keinen Platz.«

»Wenn ich nicht handle, tut's niemand«, entgegnete Kaul. »Es gab keine Alternative; die Daten mussten heute eingespeist werden.«

»Warum gehen Sie nicht zu Institutsleitung und Polizei?«

»Unfähige Leute.«

»Das müssen Sie mir erklären.« Olga wurde zunehmend ungehalten. Was bildete sich diese Ärztin ein? Allmählich bereute sie es, am Freitag in der Kanzlei gewesen zu sein.

»Die Institutsleitung ist auf zwei Dinge fokussiert: wissenschaftlichen Erfolg und Einwerbung von Sponsorengeldern. Sicherheitsfragen haben die viel zu wenig auf dem Schirm. Besonders unsere Überfliegerin Ascher hat einen absoluten Tunnelblick: auf ihren eigenen Erfolg. Und die Polizei? Nun, die kann so lange nichts machen, bis sich eine Straftat manifestiert. Das ist immer so: Bis die einschreiten kann, ist es meistens zu spät.«

»Wenn Sie sich da mal nicht irren«, widersprach Olga, aber Kaul steigerte sich in ihre Polizeikritik hinein.

»Meine beste Freundin wurde vor einigen Jahren von einem Stalker verfolgt«, ereiferte sie sich. »Sie ging zur Polizei und bekam mit Bedauern die Auskunft, ihnen seien die Hände gebunden, solange der Stalker keine Straftat begehe. Das ging monatelang so. Der Typ rückte Ursel immer mehr auf die Pelle. Schließlich hat er sie überfallen. Der Täter wurde nie gefasst.«

»Von so einem bedauerlichen Einzelfall ...«

»Vergessen Sie's! Einzelfall, lachhaft. Ich will und muss den Verräter in unseren Reihen finden, und zwar schnell. Sie haben versprochen, zu helfen.«

»Nur wenn Sie alles auf den Tisch legen, was Sie wissen.«

»Wenn ich viel wüsste, bräuchte ich Sie nicht. Man hat bei mir eingebrochen und mein MacBook gestohlen. Schon vergessen? Teilergebnisse einer Studie meiner Arbeitsgruppe wurden verraten. Von wem? An wen? Das will ich herausfinden.«

»Woher wissen Sie überhaupt von dem Verrat?«

»Weil in mindestens zwei Fachartikeln der letzten Wochen von Erkenntnissen die Rede ist, die unmittelbar mit meiner Studie zusammenhängen.«

»In der Wissenschaft gibt es das Phänomen der Gleichzeitigkeit, oder?«, fragte Olga spitz und ärgerte sich zunehmend über diese Unterhaltung.

»Selbstverständlich«, gab Kaul zu. »Gerade deshalb ist es mir wichtig, diese Angelegenheit aufzuklären.«

»Wenn es so wäre, dann stünden Sie nicht allein an der Spitze der Forschung. Ist es das, was Sie umtreibt? Bestehen Sie deswegen auf Ihrem Alleingang?«

Nina Kaul sprang auf, schnappte nach Luft und schlug mit der flachen Hand auf den Tisch. »Was unterstellen Sie mir?«

Olga erwiderte nichts. Die Furche zwischen Kauls Augenbrauen wurde beängstigend tief. Die Nasenflügel bebten. Die knochige Brust hob und senkte sich. Die Finger zitterten. Olga wartete nur darauf, dass Kaul mit einem letzten Aufschrei die Kanzlei verließ. Doch wieder einmal überraschte sie die Forscherin.

Kaul atmete tief aus und setzte sich. »Sie haben recht«, sagte sie leise. »Sie müssen misstrauisch sein. Deshalb sind Sie so gut. Sie wurden mir zu Recht empfohlen.«

Olga zog ihre Stirn kraus und schwieg.

»Erinnern Sie sich? Ich sagte Ihnen, unser *BaRCOSI* sei gemeinsam mit einem Institut in China und einem in den USA

Weltspitze in der interventionellen Immunologie. Sollte eines dieser beiden Konkurrenzinstitute rascher zum Erfolg kommen, würden wir am *BaRCOSI* applaudieren. Mit beiden Instituten haben wir eine Kooperationsvereinbarung, wir stehen im Wettbewerb und arbeiten zusammen. Das ist kein Widerspruch, im Gegenteil: So funktioniert Spitzenforschung im Grenzbereich des Wissens. Die Aufsätze, die mich elektrisieren, stammen weder von Autoren aus diesen beiden Instituten noch von Autoren aus deren Umfeld. Im Gegenteil, die Verfasser dieser Artikel sind in der Immunforschung unbeschriebene Blätter; keiner in der Autorenliste findet sich unter den Top-Einhundert der zitierten Fachwissenschaftler. Damit nicht genug. Einige der Autoren lassen sich keiner wissenschaftlichen Einrichtung zuordnen, manche scheinen überhaupt nicht zu existieren.«

»Wozu soll das Ganze dann gut sein?«

»Meiner Meinung nach bereitet jemand den Boden für ein teures Medikament. Wie gesagt, mit unserer Forschung kann man eines Tages irrsinnig viel Geld verdienen.«

»Wie soll das gehen mit einem Medikament?«

»Auf der Basis einiger Fachartikel könnte eine Pharma-Firma eine klinische Studie und danach die Arzneimittelzulassung anstreben. Für Wirkstoff, Rezeptur und Verfahren meldet die Firma frühzeitig Patente an. Die Fachartikel dienen im einen oder anderen Fall als wissenschaftliche Rückendeckung.«

»Ist das kein riskantes Spiel?«

»Doch. Aber es geht, wie gesagt, um viel Geld. Und es kommt darauf an, in welchem Land die Patente beantragt werden. Die entsprechenden Verfahren sind international nicht standardisiert. Wenn man einmal in einem Land ein Patent erworben hat, ist es in der Regel leichter, in anderen Ländern den Patentschutz zu erwerben.«

»Aber die Veröffentlichung in Fachartikeln ist doch patentschädlich, oder?«

»So ist es. Daher könnte es sein, dass zu den spezifischen Erkenntnissen in den Artikeln bereits Patente angemeldet wurden. Allerdings müssen die Patente erst nach eineinhalb Jahren offengelegt werden. Bis dahin kann die Firma im Geheimen arbeiten. Sollte Forschungsspionage dahinterstecken, haben die Täter über ein Jahr Zeit, weitere Erkenntnisse auszuspionieren.«

»Umso wichtiger wäre es, die Institutsleitung und die Polizei zu informieren.«

»Inkompetent, glauben Sie mir. Außerdem könnte das den Verräter warnen.«

»Aber er hört vielleicht auf ...«

»Bei so viel Geld hört niemand auf. Nur die Methoden werden raffinierter.«

»Wie stehen Sie zur Institutsleitung?«

»Sie nerven echt mit Ihren Fragen«, ächzte Kaul. »Der geschäftsführende Direktor, Professor Lantenschwier, ist ein hervorragender Arzt und Immunforscher. Er ist Ordinarius für Interventionelle Immunologie an der Universität, leitet die entsprechende Abteilung am *BaRCOSI* und kümmert sich darüber hinaus um alle Belange des Instituts, also auch die Sponsoren. Aber er glaubt allzu sehr an das Gute im Menschen. Die Abteilung für Immunologie wird kommissarisch von einer exzellenten Privatdozentin geleitet, die in der Forschung Herausragendes leistet, aber keinerlei Managementerfahrung hat; hier laufen derzeit Berufungsverhandlungen mit dem künftigen Chef. Bei der funktionellen Immunzellenmodulation warten wir wöchentlich auf den frisch berufenen Professor Carlisle aus Harvard, die Interimsleitung ist heillos überfordert; hier hilft Professor Lantenschwier persönlich aus. Bleibt die Abteilung für die Gen-Immuntherapie von Frau Professor Ascher.« Kaul verdrehte die Augen, als sie den Namen der Professorin aussprach.

10

»Wir stehen kurz vor einem entscheidenden Durchbruch«, erläuterte Cleo ihren um sie versammelten Doktorandinnen und Doktoranden. Sie saßen im kleinen Seminarraum des Instituts. Alle schauten mit neugierigen Augen auf sie, die eine halbe Stunde früher als üblich zur montäglich Frühbesprechung eingeladen hatte.

»Wie Sie wissen, konnte ich vor einem Monat mit dem Beitrag über den Nachweis einer lobulären intraepithelialen Neoplasie einen ersten Schritt hin zu einer Methode zur frühzeitigen Erkennung des Mammakarzinoms vorstellen. Das war ein Meilenstein für unser Institut, gleichwohl nur ein Zwischenschritt. Selbstverständlich finden sich in unserer Studie noch gewisse Unwägbarkeiten«, führte Cleo aus und beobachtete ihre Forschergruppe genau.

Reagierte jemand auf diese Aussage auffällig? Gab sich jemand zu interessiert oder zu unbeteiligt? Überrascht stellte Cleo fest, dass sich Miriam Hufnagel meldete, die sich in ihrer Dissertation mit einem völlig anderen Thema beschäftigte.

Die vielversprechende Nachwuchswissenschaftlerin legte den Finger zielsicher in die Wunde und äußerte: »Von den ursprünglich rund achtzig Patienten wurden ungefähr vierzig aussortiert und bleiben nun unberücksichtigt. Meinen Sie das mit Unwägbarkeiten, Frau Professor?«

Cleo musste schlucken, nickte jedoch wohlwollend. »Sehr gut, Frau Hufnagel. So ist es. Erstaunlicherweise ergab sich bei den älteren Patientinnen kein signifikanter Nachweiseffekt. Daher habe ich mich entschieden, diese Kohorte auszuschließen.«

»Es kommt oft vor«, meldete sich Miriam Hufnagel beflissen zu Wort, »dass es erhebliche Unterschiede im Ansprechverhalten abhängig vom Lebensalter gibt, schließlich ist die Menopause ein wesentlicher Faktor.«

»Exakt. Daher müssen wir die hormonelle Komponente stärker in unsere Betrachtung einbeziehen«, erläuterte Cleo und beruhigte sich. Miriam Hufnagel wollte sichtlich gelobt werden und stellte sich inhaltlich hinter das neue Design der Studie; kaum vorstellbar, dass sie für den Erpresserbrief verantwortlich war.

Cleo machte weitschweifige Ausführungen zu den die Studie abrundenden Tests und lud ihre Doktoranden ein, sich hieran neben ihrer sonstigen Arbeit zu beteiligen. Sie stieß auf lebhaftes Interesse. Als sie nach einer Stunde die Besprechung beendete, kam sie zu dem Schluss, dass aus ihrer eigenen Forschergruppe niemand als Verdächtiger infrage kam. Zurück in ihrem Büro strich sie den einzigen Namen, den sie aus ihrem eigenen Umfeld auf die rote Liste gesetzt hatte, von ihrem Zettel. Sie würde in den anderen Abteilungen suchen müssen.

Ehe sie mittags in die Leitungsrunde ging, wollte sie sich ein vertieftes Bild von Nina Kaul machen. Den ganzen Sonntag hatte sie damit zugebracht, Kaul und ihre Arbeitsgruppe zu analysieren. Dabei war ihr der intensive Kontakt zwischen Guangzhao und Meskanen ins Auge gesprungen, die sie vor allem deshalb interessant fand, weil Meskanen innerhalb von Kauls Arbeitsgruppe eine Sonderstellung einnahm. Meskanen arbeitete an der Entwicklung einer Therapieform für das lobuläre Mammakarzinom und damit an der Schnittstelle zu Cleos eigenem Großprojekt. Deshalb nahm die junge Finnin regelmäßig an Cleos Teambesprechungen teil.

Heute war sie nicht erschienen, das stimmte Cleo nachdenklich. War die Finnin eine Zuträgerin für den Chinesen? Intelligent und wissbegierig, wie sie war, wäre ihr auf jeden Fall die Begrenzung der Kohorte aufgefallen, wenn sogar eine eher unbedarfte Doktorandin wie Hufnagel diese Änderung des Projektdesigns als Schwachpunkt identifiziert hatte. Oder war die Finnin eine Informantin von Kaul? In Kauls Arbeitsgruppe gab es jedenfalls eine besonders enge Vernetzung aller Projekte und Mitarbeiter und dadurch für die Gruppenleiterin einen breiten Informationsfluss.

Wenn jemand besonders kritisch auf Cleos Forschungsprojekte blicken konnte, dann die ehrgeizige Kaul. Daher durchforstete Cleo nun ihrerseits das Datenmaterial von Kauls aktuellen Projekten. Bei den Daten eines Projekts zur Programmierung von T-Lymphozyten wurde Cleo stutzig. Eine aktuelle Testreihe legte die Schlussfolgerung nahe, dass ein bestimmter Zelltyp passgenau das Wachstum von Pankreastumoren verhindern könne. Wenn das zutraf, stand das *BaRCOSI* vor einer bahnbrechenden Entdeckung.

Ein heißer Schauer jagte Cleos Rücken entlang. Unwillkürlich streichelte sie ihrer Katze über den Rücken. Beruhigend, dass Cashina stets bei ihr war. Dem heißen Schauer folgte ein kalter, denn umgehend begriff Cleo, dass ihr Kaul mit diesem Erfolg zumindest in der klinischen Studie meilenweit voraus war. *Sollte es Kaul gelingen, zusätzlich meinen Ruf zu beschädigen, könnte sie mich von meinem Posten verdrängen. Dieses kleine Miststück,* fluchte Cleo, *hat verdammt noch mal ein handfestes Motiv, mich zu erpressen. Aber warte,* drohte sie leise und kraulte Cashina den Nacken, *dir zahle ich es heim.*

Mit diesem Gedanken kopierte sie die aktuellen Datensätze von Kauls Projekt auf ihre private Festplatte. *Mal sehen, wie sich diese Erkenntnisse mit meinen Ergebnissen kombinieren lassen,* überlegte sie und nahm sich vor, die Daten zu ihrem eigenen Vorteil zu nutzen. Wenn es ihr gelänge, Kauls Abteilungsleiter, den Institutsdirektor Lantenschwier, auf ihre Seite zu ziehen, hätte sie leichtes Spiel. Cleo grinste in sich hinein; Andreas Lantenschwier erfüllte ihr fast jeden Wunsch, im Gegensatz zu einem frechen Altbausanierer.

Cleo verscheuchte ihre schnurrende Katze und holte die Visitenkarte ihres Beinahe-Liebhabers von Samstagabend aus der Tasche. Sie drehte den mit Bleisatz bedruckten Karton in der Hand, unschlüssig, ob sie Leopold anrufen sollte oder nicht. Gestern hatte sie ihr Verlangen, ihn zu treffen, aus einer Mischung aus Trotz und Stolz unterdrückt. Das bedauerte sie jetzt schon, denn so war der Sonntag für ein amouröses Abenteuer verschenkt gewesen und ihr Hunger ungestillt geblieben. Ihr Verlangen spürte sie körperlich und drängender als richtigen Hunger. Sie kannte das, und sie fürchtete diesen Zustand, weil sie sich in so einer Phase von sich selbst entfernte und das Verlangen ihren Verstand überwölbte. Nichts verachtete sie mehr als Kontrollverlust, bei anderen, aber auch bei sich selbst.

Sie war kurz davor, die Visitenkarte zu zerreißen. Auch den Verlust der Kontrolle über einen Mann, der sie begehrt, konnte sie unmöglich zulassen. Automatisch tastete sie nach Cashina. Die Katze war verschwunden.

Cleo zuckte resigniert mit den Schultern. Nicht einmal mehr auf ihre imaginäre Schöpfung konnte sie sich verlassen. *Dann kann ich auch meinen frechen Altbausanierer anrufen,* knurrte sie und griff zu ihrem Smartphone, als auf dem Institutsrechner eine E-Mail aufpoppte: *Die Daten des verschlüsselten Projekts »Immuncheckpoint-delta« in eine offene workfile und binnen drei Minuten an die Adresse senden, die mit der nächsten E-Mail bekanntgegeben wird. Zuverlässige Lieferung ist eine vertrauensbildende Maßnahme.*

Cashina sprang auf Cleos linke Schulter und fauchte. Cleo schlug mit der flachen Hand auf den Tisch. *Das könnte dir so passen,* dachte sie und löschte die E-Mail. Wer – ist – das? Eine bohrende Frage.

Cleo klickte den Ordner für die gelöschten Nachrichten an und betrachtete den Absender: *Alxndra.Mster@hotmail.com.* Wie witzig. Sie tippte die Adresse ins Empfangsfeld für eine neue

E-Mail, gab Lottogewinn als Betreff ein und schickte die Nachricht ab. Postwendend kam die Antwort von *postmaster@outlook.com: Nachricht unzustellbar, Lottogewinn.*

Was den Umgang mit elektronischen Medien betraf, hatte es Cleo also mit einem Profi zu tun. Diese Erkenntnis beunruhigte sie, denn vermutlich war mit diesem Gegner nicht zu spaßen. Ob dieses Vorgehen zu Kaul passte? Zumindest hatte sie im Kollegenkreis den Ruf einer IT-Spezialistin. Aber als Arbeitsgruppenleiterin in Lantenschwiers Abteilung besaß sie die notwendige Berechtigungsstufe für die Daten von *Immuncheckpoint-delta.* Da machte es keinen Sinn, sich die Datei per Erpressung zu besorgen. Außer es war ein Test, ob sie das geforderte *entgegenkommende Wohlverhalten* zeigte. Cleo beschloss, sofort die Konfrontation zu suchen und Kaul bei der Leitungsbesprechung auf den Zahn zu fühlen. Trotzdem loggte sie sich in das Lantenschwiersche Projekt ein und kopierte die fraglichen Daten in eine Arbeitsdatei auf ihrer Festplatte. Sie würde nach der Leitungsrunde entscheiden, wie sie weiter vorgehen würde.

Als sie sich um 11:30 Uhr im Besprechungsraum von Andreas Lantenschwier trafen, musste Cleo feststellen, dass Kaul ebenso fehlte wie die anderen Arbeitsgruppenleiter. Sie waren nur zu viert, Lantenschwier, Ursula Plötze als kommissarische Leiterin der Abteilung für Immunologie, Wolfgang Strunz als Interimschef der Abteilung für funktionellen Immunzellenmodulation und sie selbst.

»Heute in kleiner Runde«, begrüßte Lantenschwier mit leiser Stimme. Er legte die Stirn in krause Falten und schloss die Augen, als er fortfuhr: »Mir sind beunruhigende Informationen zugetragen worden, die ich im Vertrauen auf eure Verschwiegenheit mit euch besprechen wollte.« Er stöhnte und machte eine lange Pause. »Wir sind in der letzten Woche Opfer mehrerer Hackerangriffe geworden. Dabei wurde eine Reihe unserer Daten kontaminiert. Wir müssen befürchten, dass wir einige Projekte stoppen oder von vorne beginnen müssen.«

»Wie ist das möglich?«, fragte Cleo. »Haben wir keine optimale Firewall?«

»Holger Dilling sucht seit Freitag verzweifelt die undichte Stelle in unserem Sicherheitssystem«, berichtete Lantenschwier und machte ein hilfloses Gesicht. »Bisher ohne Erfolg. Wenn wir die Lücke nicht finden, müssen wir das Landeskriminalamt einschalten.«

»Welche Projekte sind betroffen?«

»Wir wissen augenblicklich von schädlichen Zugriffen auf die Immuncheckpoint-Projekte. Geprüft werden außerdem die Projekte zur Programmierung von T-Lymphozyten in der Arbeitsgruppe Kaul und bei deinen Leuten, Ursula.«

»Herrje«, entfuhr es Ursula Plötze.

»Tut mir leid. Bis wir das Leck gefunden haben, müssen wir alle Systeme herunterfahren. Der Shutdown beginnt in einer halben Stunde und dauert mindestens bis übermorgen Mittag.«

»Heißt das«, fragte Cleo, »wir schalten alles aus? Auch die Labore?«

Lantenschwier nickte. »Nur mit rigorosem Abschalten können wir uns schützen.«

»Was arbeiten wir dann?«

»Ach Cleo, endlich haben wir Zeit, den einen oder anderen Artikel fertig zu schreiben.«

»Ohne Computer?«

»Müssen wir eben unsere privaten Laptops nehmen. Das ging früher auch.«

»Wie wird das den Mitarbeitern kommuniziert?«, fragte Plötze, immer noch bleich im Gesicht.

»Jeder von uns spricht mit den Arbeitsgruppenleitern, Holger verschickt in wenigen Minuten eine E-Mail an alle mit Hinweisen zu notwendigen Datensicherungen«, erläuterte der Direktor.

»Es ist ernst, meine Lieben, sehr ernst. Wenn wir die Lücke gefunden und das Einfallstor geschlossen haben, müssen wir alle Datenbestände auf Verfälschungen überprüfen. Das wirft uns um einige Wochen zurück.«

»So ein Mist«, schimpfte Cleo, »gerade jetzt, wo ich mit meinem Nachweistest unmittelbar vor dem Durchbruch stehe.«

»Darüber, Cleo, sprechen wir nachher noch unter uns. Mach dir mal keine Sorgen«, beruhigte Lantenschwier und Cleo meinte, in seinem Blick besondere Fürsorge zu erkennen. *Er frisst mir aus der Hand,* freute sie sich und hob zum Zeichen des Dankes den Daumen.

»Es ist schrecklich, Cleo«, jammerte Lantenschwier, als sie unter sich waren. »Dein Test könnte unsere Rettung sein. Siehst du eine Chance, das Ergebnis zu beschleunigen?«

»Ohne Labor?«

»Arbeite mit Helmut zusammen. Der kann sich vom restlichen Netz abkoppeln und Holger meint, wir könnten das Risiko eingehen.«

»Hast du schon mit beiden darüber gesprochen?«, fragte Cleo und war angenehm überrascht.

»Ja, ich zähle auf dich. Wir brauchen jetzt einen sichtbaren Erfolg, denn ich weiß nicht, wie sehr uns dieser Hackerangriff zurückwirft.«

»Steht es so schlecht um uns?«

»Die Sponsoren sitzen mir im Genick, vor allem *ImmuGen-Pharm*, dein gnadenloser McBannister. Wenn wenigstens Carlisle kommen würde ...«

Cleo ignorierte die Anspielung auf den britischen Investor, mit dem sie eine jahrelange Bekanntschaft und Forschungsallianz verband, und fragte stattdessen, auf Professor Carlisle bezogen: »Wo hakt es da?«

»Es könnte sein, dass er seine Zusage zurückzieht.«

»Um Gottes willen«, entfuhr es Cleo. »Warum das denn?«

»Angeblich haben sie ihm in Harvard einen neuen Forschungsbau versprochen.«

»Dann bricht uns ein Eckpfeiler weg«, flüsterte Cleo und legte ihre Hand auf Lantenschwiers Arm. »Ich gebe mein Bestes und gehe gleich zu Helmut. Mit etwas Glück können wir den Nachweistest in wenigen Tagen vorstellen.«

»Das wäre großartig, Cleo!«

Zurück in ihrem Büro konnte und mochte sie den Freudenschrei nicht mehr unterdrücken, den sie sich vor Lantenschwier versagt hatte. Volle Unterstützung für ihre revolutionäre Nachweismethode, das war mehr, als sie sich am Morgen noch erhofft hatte. Auch wenn ihr Test noch mit etlichen Unsicherheitsfaktoren kämpfen musste und die Datenbasis zugegebenermaßen zweifelhaft war, konnte man es wagen, in die klinische Testphase einzusteigen. Vorhandene Fehler ließen sich später abstellen. Schließlich gelang die Feinjustierung vielfach erst in der letzten Stufe.

Cleo tastete nach Cashina; ihr Liebling saß nicht auf ihrer Schulter. Stattdessen nahm sie die E-Mail wahr, die rot unterlegt in ihrem Postfach lag: *Anliegenden Link öffnen, dortige Anweisungen befolgen.*

Cleo fluchte. Gerade jetzt, wo sie Lantenschwiers Rückendeckung für ihren wegweisenden Test hatte, durfte sie keine Störungen zulassen. Sie musste sofort wissen, ob Kaul hinter dieser perfiden Erpressung steckte. Sie leitete die E-Mail mit dem Link an ihren privaten Postkasten weiter und fuhr den Rechner herunter. Dann verließ sie ihr Büro und stieg die Treppen hoch in den zweiten Stock, um Kaul einen Besuch abzustatten. Deren Tür war verschlossen. Cleo fragte im Sekretariat nach und erhielt die Auskunft, Kaul sei heute noch nicht im Institut erschienen. War das ein Signal?

Cleos Verdacht gegen Kaul verfestigte sich, aber sie wollte sich auch von den beiden jungen Forschern einen Eindruck verschaffen und Guangzhao und Meskanen in die Gesichter blicken. Zuerst ging sie hinüber zu dem Großraumbüro, in dem der chinesische Doktorand seinen Arbeitsplatz hatte. Sie klopfte und trat ohne Zögern ein. Die drei jungen Wissenschaftler schreckten gleichzeitig von ihren Bildschirmen hoch und schauten sie mit großen Augen an.

»Sie haben es sicher bereits erfahren«, sagte Cleo und beobachtete Guangzhaos Reaktionen genau. »Wir wurden von Hackern attackiert und unsere Forschungsdaten wurden kontaminiert. Es gibt für zwei Tage einen Shutdown unseres gesamten Systems.«

Die drei Doktoranden nickten. Dann ergriff Guangzhao das Wort.

»Es ist böse«, stotterte er. »Mir wurde gestern mein Laptop gestohlen. In der U-Bahn. Hoffentlich hat der Hacker nicht mit meinem Kennwort angegreift.«

»Angegriffen«, korrigierte Cleo reflexartig. »Haben Sie Ihr Institutskennwort auf Ihrem privaten Rechner gespeichert?«

Guangzhao nickte schuldbewusst.

»Haben Sie das schon der IT gemeldet?«

Der Chinese schüttelte den Kopf.

»Dann machen Sie das unverzüglich«, blaffte Cleo. »Und Sie alle, sichern Sie Ihre Daten und schalten Sie die Computer aus. Gibt es etwas, worauf Sie das Direktorium hinweisen wollen? Irgendwelche Ungereimtheiten, Auffälligkeiten?«

Alle drei verneinten.

Cleo verließ den Arbeitsraum und strich Guangzhao von der roten Liste. Am anderen Ende des Flurs befand sich der Arbeitsraum der Doktorandinnen. Auch dort traf Cleo mit der Shutdown-Botschaft auf bereits informierte und konsternierte Wissenschaftlerinnen. Keine der drei zeigte irgendeine auffällige

Reaktion. Meskanen, auch das für Cleo keinesfalls überraschend, fragte, wie es zu so einem Hackerangriff kommen konnte.

»Das müssen wir herausfinden«, antwortete Cleo. »Wenn Sie irgendeine verdächtige Wahrnehmung gemacht haben, geben Sie uns im Direktorium oder unserem IT-Beauftragten Bescheid. Ist Ihnen die letzten Tage etwas aufgefallen?«

Eine nach der anderen schüttelte den Kopf, und Cleo nahm sich vor, zunächst auch die junge Finnin von der Liste der Verdächtigen zu streichen. Immer stärker geriet daher Kaul in Cleos Fokus. Wo steckte die Ärztin? Cleos innere Unruhe wuchs.

Zurück in ihrem Büro überprüfte sie den Institutsrechner und stellte fest, dass das Intranet bereits gesperrt und die Verbindung zum Internet gekappt war. Der PC funktionierte nur noch wie ein isolierter Computer aus der IT-Steinzeit, und das sollte für mindestens zwei Tage so bleiben. Der Zugang zu allen Rohdaten ihrer Projekte war nun unmöglich. Wie sollte sie jetzt mit ihrem Nachweis-Test vorankommen?

Zum Glück hatte sie sowohl auf der Festplatte ihres PCs wie auf ihrem Laptop umfangreiches Datenmaterial gespeichert, aber eben keine Rohdaten, sondern nur bereits statistisch bearbeitetes Material. Sie würde später mit Holger von der EDV sprechen müssen, wie diese Herausforderung zu meistern war, und musste nun rasch zu Helmut Scholz ins Labor. Vorher öffnete sie ihren privaten E-Mail-Account auf dem Laptop und las die Erpressernachricht erneut: *Anliegenden Link öffnen, dortige Anweisungen befolgen.*

Ja oder Nein, fragte sie sich. Was würde ihr Feind unternehmen, wenn sie sich nicht an die Anweisung hielt? Wo war sie augenblicklich verwundbar? Und wo langfristig? Problematisch schien ihr lediglich die Studie zum frühzeitigen Nachweis der selteneren Variante des Mammakarzinoms. Doch auch hier ließ sich, das fand sie in ihrer heutigen Besprechung mit ihrem Team bestätigt, die Reduzierung der in die Ergebnisse einbezogenen

Patientinnen schlüssig erklären. Zumindest vorläufig. Natürlich versteckten sich auch hier methodische Mängel, aber konnte der Erpresser diese entdecken? *Man müsste tief in der Materie stecken,* grübelte Cleo und wurde dadurch in einer Erkenntnis bestärkt: Kaul hätte das Know-how und intellektuelle Potenzial, und Kaul hätte die Möglichkeit, alle Rohdaten zu analysieren. Sie könnte den Plan, rasch mit dem Test an die Öffentlichkeit zu gehen, torpedieren. Nina Kaul war also eine sehr reale Gefahr. Ein Außenstehender oder ein junger Wissenschaftler stellte nach Cleos Einschätzung zumindest kurzfristig keine Gefahr dar. Sie beschloss, den Link in der Erpressernachricht nicht anzuklicken und ging zu Helmut ins Labor.

11

Olga atmete erst einmal tief durch, nachdem Nina Kaul die Kanzlei verlassen hatte. *Warum*, haderte sie mit ihrem anwaltlichen Glück, *habe ich immer wieder so ambivalente Mandate?* Nun sollte sie die Interessen einer Immunologin wahren, die mit bedenklichen Methoden versuchte, einem Wissenschaftsspion auf die Spur zu kommen, und von deren lauteren Absichten Olga trotz des intensiven Gesprächs nach wie vor nicht restlos überzeugt war. Die Summen, um die es auf dem Feld der modernen personalisierten Medizin ging, klangen astronomisch. Da musste man mit jeder Art von Skrupellosigkeit und nachhaltigem Interesse des organisierten Verbrechens rechnen.

Wer weiß, was für mafiöse Strukturen es im Gesundheitswesen gibt? Besonders beunruhigend waren Kauls Ausführungen zum Investor einer jungen Pharmafirma, die zu den Hauptsponsoren des *BaRCOSI* gehörte und das Institut zu raschen Erfolgen drängte. Dominic McBannister hielt offensichtlich in einem unübersichtlichen Netzwerk diverse Anteile an Pharmafirmen und führte seinen Investmentfonds mit rüden Methoden von Erfolg zu Erfolg. Jedenfalls hielt ihn Kaul für fähig, Forschungsspionage zu unterstützen. Darüber würde Kaul heute Nachmittag auch mit Alex sprechen.

Auf das Ergebnis dieser Besprechung war Olga gespannt, aber im Augenblick war sie froh, wieder allein zu sein. Kaul hatte eine destruktive Atmosphäre verbreitet, die sich allmählich verflüchtigte. Normalerweise ließ sich Olga von der negativen Ausstrahlung eines Menschen kaum beeinflussen. Bei Kaul lag das anders. Möglicherweise hing das mit dem Eindruck zusammen, den sie am Freitag von der Ärztin gewonnen hatte. Olga bemühte sich um eine objektive Haltung, aber sie spürte, wie schwer ihr das fiel. Von Kaul und ihrem Anliegen ging eine dumpfe Bedrohung aus.

Olga war unsicher, ob sie die damit verbundenen Rätsel wirklich lösen wollte.

Sonja schwitzte bereits auf dem Crosstrainer, als Olga ankam und das Gerät neben ihrer Freundin bestieg.

»Wie geht's?«

»Na ja«, antwortete Olga. »Hast du ausgeschlafen?«

»Danke, dass du mich nicht geweckt hast. Trotzdem hast du mir zum Frühstück gefehlt. Neuigkeiten von deinem Vater?«

»Nein. Da gilt hoffentlich der Satz: *No news are good news.*«

»Wollen wir es hoffen. Für deine Wissenschaftlerin gilt das weniger, oder?«

»Da gibt es durchaus Neuigkeiten und Entwicklungen«, erwiderte Olga und erzählte, was die Gespräche mit Alex und Kaul ergeben hatten. Aus ihren Vorbehalten gegenüber ihrer Mandantin machte sie kein Hehl.

»Alles seltsam«, bemerkte Sonja. »Wenn ich dir helfen kann, sag's mir. Jetzt habe ich den Kopf wieder frei. Diesen McBannister würde ich mir gern näher anschauen.«

»Nur zu, Wasp. Vielleicht magst du auch ein wenig zu dem Londoner Doktoranden Leneghan recherchieren. Mich beschleicht das dumpfe Gefühl, dass der etwas mit McBannister zu tun haben könnte.«

»Gern. Ich liebe Rätsel.«

»Hoffentlich sind die Lösungen ungefährlich. Mir ist unwohl bei der Angelegenheit.«

»Wir werden uns diesmal mit Vor-Ort-Recherchen zurückhalten, Gamserl«, sagte Sonja. »Außerdem geht es in wenigen Tagen in die Dolomiten, das ist aufregend genug.«

»Richtig. Vielleicht kommen wir dieser Tage noch dazu, in Thalkirchen zu trainieren.«

»Das wäre fein. Damit mir die Kraft nicht ausgeht, gehe ich jetzt in den Freihantelbereich. Wann kommst du zum Abendessen?«

»Gegen sechs Uhr, passt das?«

»Perfekt.«

Als Olga wieder in ihrer Kanzlei ankam, winkte Angela und raunte, Kaul warte schon wieder im Besprechungsraum.

»Sie hat sich nicht abwimmeln lassen, dabei war sie doch erst vor zwei Stunden hier. Ist die auf Drogen?«

Olga schüttelte den Kopf. »Die ist einfach anstrengend. Danke, dass du mich vorgewarnt hast.«

Kaul saß ungeduldig wippend auf dem Besucherstuhl und sprang auf, kaum war Olga eingetreten. »Am Institut ist der Teufel los«, stieß sie hervor. »Das müssen Sie sich anhören.«

»Erzählen Sie«, bat Olga und nahm auf ihrem Stuhl Platz.

»Unsere Datenverarbeitung ist panikmäßig heruntergefahren worden, angeblich, weil wir gehackt wurden«, berichtete Kaul atemlos. »Dateien unserer Forschungsprojekte sollen kontaminiert worden sein. Der Shutdown soll zwei Tage anhalten. Alle Projektzugänge sind blockiert, man kommt an keinerlei Daten heran. Völliger Stillstand.«

»Hat das mit Ihrem Verdacht des Geheimnisverrats zu tun?«

»Das kann ich mir nicht vorstellen, denn ich vermute den Verräter ja in unseren Reihen. Warum sollte sich ein Insider in unser System hacken? Aber – halten Sie sich fest! – ich weiß, wer heute morgen meine gefälschten Daten abgegriffen und heruntergeladen hat.«

»Wer?«, rief Olga überrascht.

»Frau Professor Ascher.«

»Woher wissen Sie das?«

»Ich habe mit dem Aufladen meiner gefälschten Daten ein kleines Programm installiert, das den Zugriff dokumentiert und mir eine E-Mail auf meinen privaten Account schickt.«

»Wollen Sie damit andeuten, Sie halten Frau Professor Ascher für die Verräterin?«

»Jedenfalls hat sie die Daten auf einen externen Datenträger kopiert. Wer im Rahmen eines Institutsprojekts Daten aus anderen Untersuchungsreihen verwenden will, kann sie einfach mit seinem Projekt verlinken. Es ist unüblich, die Daten zu kopieren.«

»Vielleicht gibt es trotzdem eine harmlose Erklärung.«

»Wenn die Ascher zum Zeitpunkt des Kopierens gewusst hat, dass das System heruntergefahren wird ... Aber so früh am Vormittag konnte sie das eigentlich nicht wissen.«

»Als Mitglied des Direktoriums«, fragte Olga, »ist Frau Professor Ascher befugt, sich diese Daten anzuschauen, oder?«

»Ja. Aber mein Projekt hat lediglich einen mittelbaren Bezug zu ihren Projekten und bisher hat sie mir noch nie signalisiert, sich für meine Arbeit zu interessieren.«

»Okay, merkwürdig«, gab Olga zu und überlegte, ob es einen vernünftigen Grund geben könnte, warum eine Abteilungsleiterin des Instituts dessen Geheimnisse verraten sollte. Das Risiko, ertappt zu werden, war vielleicht nicht allzu groß, die Folgen, wenn sie ertappt würde, wären jedoch verheerend. Würde eine Professorin ihre Zukunft aufs Spiel setzen und Institutsgeheimnisse verraten? Olga mochte das kaum glauben. Sie witterte ein massives Konkurrenzverhältnis zwischen ihrer Mandantin und der Abteilungsleiterin. Allein, wie abfällig sich Kaul heute Vormittag über die Professorin geäußert hatte, sprach Bände. *Nein*, überlegte Olga, *für diesen Datenzugriff gibt es sicher eine schlüssige und harmlose Erklärung.*

»Mehr als merkwürdig«, ereiferte sich Kaul. »Wir müssen etwas unternehmen. Glauben Sie, Ihr Freund Sorger könnte Ascher auf den Zahn fühlen?«

»Das müssen Sie ihn selbst fragen. Haben Sie nicht ohnehin einen Termin mit ihm?«

»In knapp zwei Stunden.«

»Dann können Sie das mit ihm besprechen. Was soll ich Ihrer Meinung nach mit diesen Informationen anfangen?«

»Sie müssen das irgendwie protokollieren und mir sagen, ob ich gegen das Kopieren der Daten eine rechtliche Handhabe besitze. Allzugern würde ich der Ascher einen juristischen Knüppel zwischen die Füße werfen.«

»Sie ist Abteilungsleiterin und Mitglied der Institutsleitung, Frau Kaul. Sie ist mit ziemlicher Sicherheit befugt, sich Zugang zu diesen Daten zu verschaffen.«

»Miststück«, entfuhr es Kaul. »Ich lasse sie damit nicht durchkommen. Glauben Sie mir, ich lasse mir was einfallen.« Mit diesen Worten stand sie auf und ging aus dem Raum. In der Tür drehte sie sich noch einmal um und sagte: »Auf Wiedersehen. Ich lasse Sie wissen, was Sorger für mich tun kann.«

Olga blieb nachdenklich zurück. Was sollte sie von diesem Auftritt, was sollte sie von diesem Verdacht halten? Olga musste sich eingestehen, dass ihr Kaul immer eigenartiger erschien. Sie beschloss, mehr über ihre Mandantin in Erfahrung zu bringen, und ging hinüber in ihr Büro. Dort fuhr sie den Computer hoch und besuchte die Internet-Seite des *Bavarian Research Center for Oncological Studies and Immunology.* Ohne Erfolg. *Under construction* erschien auf dem Display, die Homepage war tatsächlich abgeschaltet. Hatte das etwas mit dem Datenzugriff der Professorin zu tun oder hatte der von Kaul vermutete Verräter den Shutdown ausgelöst? Die Angelegenheit steckte voller Rätsel und Ungereimtheiten. Selten hatte sich Olga so desorientiert gefühlt wie bei diesem Fall, noch nie schien ihr der Rat von Alex wichtiger. Sie griff zum Telefon und wählte seine Nummer, doch im selben Moment zeigte ihr Smartphone einen Anruf an: Olgas Mutter.

»Mama?«

»Vater geht es besser«, stammelte die Mutter mit zittriger Stimme ins Telefon. »Er hat vorhin mit mir gesprochen.«

»Wunderbar«, flüsterte Olga und spürte, wie ihr die Tränen kamen. »Das ist eine gute Nachricht.«

»Wollte dich das gleich wissen lassen. Ach, was bin ich froh.«

»Ich auch.«

»Danke, dass ihr zwei gestern da wart.«

»Das war selbstverständlich«, erwiderte Olga und wischte sich eine Träne aus dem Augenwinkel. »Was hat Papa gesagt?«

»Du kennst ihn ja«, antwortete die Mutter und schluchzte. Die Anspannung war zu viel, jetzt, da die erste Sorge wegfiel, bahnte sich die durchlebte Angst ihren Weg. Olga spürte es am eigenen Leib, zitterte vor Freude und Erleichterung.

»Unkraut verdirbt nicht so rasch, hat er gesagt«, fuhr Mutter fort. »So ist er eben. Morgen wird er vergessen haben, dass er gestern auf Leben und Tod lag.«

»Wollen wir es hoffen.« Olga bemühte sich um einen zuversichtlichen Klang ihrer Stimme. Sie wollte noch über viele Dinge mit ihrem Vater sprechen. Kein Thema würde sie auslassen, keinen Aspekt vernachlässigen. Es war nicht zu spät, ihn besser kennenzulernen. Wenn ihr das Schicksal eine Chance gab, wollte sie diese nutzen.

Sie verlor sich in ein nebulöses Grübeln über Zufall und Fügung und erinnerte sich, als Jugendliche einen Aufsatz zu diesem Thema geschrieben zu haben. *Was für ein Lehrer musste das sein, so ein Thema aufzugeben, wenn eine erwachsene Juristin an der Antwort scheitert? Wie ich derzeit zu vielen Fragen keine Antwort finde,* gestand sie sich ein und versuchte, ihre Gedanken auf Konkretes zurückzulenken. Sie zwang sich, über Kauls Äußerungen nachzudenken und die Bruchstellen in deren Argumentation zu finden. Ohne Alex würde sie vielleicht an dieser Aufgabe scheitern. Rechtfertigte das den Diebstahl eines Laptops? Eine zweifelhafte Art der Selbstjustiz im Namen der Gerechtigkeit. Olga bekam Skrupel, Gerechtigkeit über Recht zu stellen. War das gut und sinnvoll? *Stelle ich mir jetzt schon selbst die Sinnfrage*, erschrak sie und dachte an Professorin Möller. Das Angebot stand immer noch im Raum, über den Gerechtigkeitsbegriff bei Hegel in Bezug auf die moderne Jurisprudenz zu promovieren. Wenn die Geschäfte in der Kanzlei nicht bald besser liefen, wäre der Weg in die Wissenschaft in der Tat eine Alternative.

Das Telefon befreite Olga von weiterführenden Sinnfragen. Alex wollte ihr seine neuesten Erkenntnisse berichten und sich mit ihr abstimmen, ehe er sich mit Kaul traf. Je länger das Telefonat dauerte, umso mysteriöser wurde der Fall.

12

Nachdem er sich von Olga verabschiedet hatte, ging Alex in sein Büro und suchte im Terminkalender nach einer Lücke, um Hao Hong Schuster aufsuchen zu können. Die Auswertung der E-Mail-Korrespondenz zwischen Guangzhao und Meskanen brannte ihm auf den Nägeln. Immer noch hielt er den Chinesen für seine heißeste Spur und dessen Verbindung zu der finnischen Doktorandin elektrisierte ihn. Bei einigen E-Mails hatte er versucht, ihrem Sinn mithilfe des Google-Übersetzers auf die Spur zu kommen, aber abgesehen von unfreiwilliger Komik hatte sich ihm nichts offenbart. Aus dem Kauderwelsch der Maschinenübersetzung war er nicht schlau geworden. Beim Blick in den Kalender stellte er fest, dass er keine Zeit übrighatte, außer er vernachlässigte andere Aufträge. Er musste heute noch zwei mutmaßlich untreue Ehemänner überprüfen und einer Kundin persönlich einen Abschlussbericht geben. Nachmittags dann die Besprechung mit Kaul. Er brummte unwillig vor sich hin, rief bei der Übersetzerin an und war angenehm überrascht, dass sie das Gespräch trotz der frühen Stunde sofort annahm.

»Guten Morgen, hier Schuster«, meldete sich eine melodische Frauenstimme. »Mit wem habe ich das Vergnügen?«

»Verzeihen Sie die frühe Störung«, entschuldigte sich Alex. »Meine Freundin Olga Swatschuk, von der ich Sie herzlich grüßen soll, hat Sie mir empfohlen.«

»Ach Olga. Wie geht es ihr?«

»Gut. Wir arbeiten gerade gemeinsam an einem Fall und bräuchten Ihre Hilfe.«

»Selbstverständlich, jederzeit. Was kann ich tun, Herr ...?«

»Sorger. Alex Sorger«, holte er das Versäumte nach. »Wir benötigen so rasch wie möglich die Übersetzung einer E-Mail-Korrespondenz. Wäre das möglich?«

»Das kommt auf den Umfang an, Herr Sorger.«

»Ungefähr zwanzig Seiten, und Sie müssten es auch nicht zwingend wörtlich übersetzten, wenn sich der Sinn trotzdem erschließt.«

»Das kann ich am Vormittag schaffen. Schicken Sie mir die Texte per E-Mail, dann fange ich sofort an.«

»Das tue ich ungern, die Texte sind vertraulich. Darf ich Ihnen einen USB-Stick und einen Ausdruck vorbeibringen?«

Als sich die Tür öffnete, prallte Alex beinahe zurück. Vor ihm stand eine atemberaubende Frau. Lang fiel ihr braunes Haar über die zierlichen Schultern und rahmte ein ovales Gesicht mit ausdrucksstarken Augen und einer schmalen Nase ein. Die Augenbrauen waren zu sanften Schwingen geschminkt. Auf den Lippen lag dezentes Rot. Die Zähne strahlten wie aus der Zahnpasta-Werbung, als sie ihn mit dieser weichen Stimme, die er vom Telefon im Ohr hatte, mit einem Kopfnicken begrüßte.

»Herr Sorger? Treten Sie ein.« Sie schritt in ihrem bodenlangen Kleid elegant vor ihm her und geleitete ihn in ein Arbeitszimmer. Vor dem Fenster befand sich von Wand zu Wand eine Arbeitsplatte, darauf zwei Bildschirme. Neben der Tür stand ein Besprechungstisch mit drei Stühlen. Sie bot ihm einen Platz an und setzte sich ihm gegenüber. Aus dem hochgeschlossenen Kleid wuchs ein schlanker Hals, darauf dieses betörende Gesicht.

Alex' Zunge klebte am Gaumen. Wortlos zog er die Papierausdrucke aus seinem Rucksack und legte sie auf den Tisch, dann kramte er nach dem USB-Stick. Endlich fand er die Sprache wieder. »Hier wären die E-Mails, die Sie bitte für mich übersetzen sollen, Frau Schuster.«

»Das sind also vertrauliche Nachrichten?«

Alex nickte.

»Sind Sie Anwalt? Arbeiten Sie mit Olga in einer Kanzlei?«

»Erste Frage: nein. Zweite Frage: nein«, versuchte Alex eine coole Antwort.

»Diese E-Mails, die gehören zu einem Fall, den Sie gemeinsam mit Olga bearbeiten?«

»So ist es. Wenn ich ehrlich bin, dann bin ich nur Olgas Gehilfe. Ich bin Privatermittler.«

»Ein Detektiv?«

»So könnte man es nennen, aber die Arbeit ist meistens unspektakulär. Daher halte ich das Wort *Privatermittler* für angebrachter.«

Während er sprach, betrachtete sie die erste Seite der E-Mails und sofort huschte ein Ausdruck von Amüsiertheit über ihr Gesicht.

»Das sind wirklich sehr vertrauliche E-Mails, Herr Sorger«, erläuterte sie. »Wenn sich der Fall um Liebe dreht, haben Sie vermutlich alles an Beweismaterial, was Sie benötigen.«

»Ich verstehe nicht«, erwiderte Alex irritiert.

»Das sind Liebesbriefe«, erklärte sie, »und zwar sehr poetische. Hilft Ihnen das?«

»Da bin ich gerade überfragt.«

»Was haben Sie erwartet?«

»Geheime Verabredungen, Absprachen zu unerlaubtem Datenaustausch, so in der Art.«

»Wir werden sehen. Wann holen Sie die Übersetzung ab?«

»Wann sind Sie fertig?«

»Sagen wir um dreizehn Uhr«, erwiderte Schuster, stand auf und reichte ihm zum Abschied die Hand.

Ihr Händedruck war sanft. Alex musste sich ermahnen, die Hand nicht zu lange festzuhalten.

Er saß am Fenster des Take-Away-Cafés und behielt den Eingang des Bürogebäudes im Auge, in dem Antonio Kleber arbeitete. Der Versicherungsmakler ließ auf sich warten, und Alex' Gedanken kehrten in das Arbeitszimmer der Übersetzerin zurück. Ihr Gesicht hatte ihn verzaubert. Er schüttelte ungläubig den Kopf, wollte sich verbieten, an sie zu denken, und schärfte damit nur die Erinnerung an die leicht erhöhten Wangenknochen und die dunkelbraunen Augen.

Wieso hieß sie *Schuster* mit Nachnamen? Olga kannte sie über eine Kommilitonin; waren die Frauen ungefähr gleich alt? Alex tat sich von jeher schwer, das Alter von Frauen zu schätzen; meist hielt er sie für jünger, als sie waren.

Was hat mich das zu interessieren, ging er mit sich ins Gericht. Er lebte seit einigen Monaten in einer Beziehung mit Dorothee, und bis soeben hätte er glaubwürdig versichert, in dieser Beziehung zufrieden zu sein. Ja, es wurde von Woche zu Woche ein wenig schwieriger mit Dorothee, die sich manchmal zu sehr für seine Fälle interessierte und dabei schulmeisterliche Verhaltensweisen entwickelte. Allmählich verblasste die anfängliche Verliebtheit, gestand er sich ein und wunderte sich darüber, denn vor drei Monaten war er tatsächlich das erste Mal seit seiner Scheidung vor rund zehn Jahren wieder über beide Ohren verliebt gewesen. Wieso also ging ihm das Gesicht der Übersetzerin nicht aus dem Sinn? Warum klang ihre melodische Stimme in seinem Ohr? Und warum spürte er ein sanftes Kribbeln im Bauch? Eine Tochter-Übertragung konnte hier nicht im Spiel sein, dazu sah sie seiner Tochter Lisa zu wenig ähnlich.

Mit diesen Gedanken sprang ihm nun seine Tochter entgegen, die sich vor Jahren von ihm abgewandt und jeglichen Kontakt abgebrochen hatte. Mit dem Kontaktverlust ging der Verlust der gemeinsamen Vergangenheit einher. Alex entglitt langsam, aber sicher die Erinnerung an die unbeschwerten Kindertage, als er ihr Laufen, Schwimmen und Radfahren beigebracht oder zum Einschlafen stundenlang Geschichten erzählt hatte. Es gab keine Filme von damals und er besaß so gut wie keine Fotos, denn die Fotoalben waren bei der Mutter verblieben. *Soll ich vielleicht doch*

Judiths Angebot annehmen, und ihr einen Brief für Lisa mitgeben? Zaghaft meldete sich ein schlechtes Gewissen, dass er es bisher nicht in Erwägung gezogen hatte. Aber er hatte Lisas Wunsch nach Abstand respektieren wollen. *Und was, wenn sie insgeheim doch darauf wartet, dass ich mich melde?* Ehe er weiter darüber nachdenken konnte, trat Kleber aus der Eingangstür des Bürohauses.

Alex warf den leeren Kaffeebecher in den Mülleimer und verließ das Café. Mit gehörigem Sicherheitsabstand folgte er dem Versicherungsmakler, der in den letzten Monaten den Argwohn seiner Gattin erregt hatte, die nun eifersüchtig die Wahrheit erfahren wollte. Hatte der gut aussehende Antonio ein Verhältnis? Diese ewig gleiche Frage war das tägliche Brot des Privatermittlers, und insgeheim war er mit der routinemäßigen Langeweile solcher Beschattungsmaßnahmen sehr zufrieden. Fälle wie der von Kaul bildeten das Salz in der Suppe. Jetzt beobachtete er durch den Sucher seiner Kamera zufrieden, wie Kleber vor einem gediegen wirkenden Asiarestaurant eine langbeinige Blondine umarmte, küsste und galant durch die Eingangstür führte. Die Canon EOS RP lieferte bestechende Bildqualität und der blitzschnelle Autofokus half ungemein bei den Schnappschüssen. Alex konnte Frau Kleber handfeste Belege für die Abenteuerlust ihres Ehemanns liefern. Das mochte für heute genügen. Die Zeiger der Uhr rückten bedrohlich gegen dreizehn Uhr vor, und er wollte keinesfalls zu spät bei Frau Schuster klingeln.

Die Übersetzerin wohnte im dritten Stockwerk des Jugendstilhauses, und von Treppenabsatz zu Treppenabsatz schlug sein Herz heftiger. *Sei nicht albern,* schalt er sich und sein lebenserhaltendes Organ, *nur weil sie dir gefällt, musst du nicht pumpen wie verrückt. Der Kontakt ist rein geschäftlich, schon morgen hast du sie vergessen.* Doch als sie in der Tür stand, wusste Alex: Er log sich in die eigene Tasche.

Hoffentlich werde ich nicht rot, dachte er und nahm sich vor, so schnell wie möglich zwanzig Pfund abzunehmen. Sie begrüßte ihn mit einem freundlichen Kopfnicken und führte ihn in das Arbeitszimmer. Dort lagen zwei Schnellhefter, einer mit den Ausdrucken der Original-Mails und einer mit den Übersetzungen.

»Wenn Sie mit Olga einem Liebespaar auf der Spur sein wollen«, sagte sie und schob Alex die Übersetzungen hin, »haben Sie einen Volltreffer gelandet. Die beiden verbergen ihr Verhältnis vor der Umwelt.«

»Das sind Liebesbriefe?«, fragte Alex ungläubig. »Nichts als Liebesbriefe?«

»Na ja«, erwiderte sie, »ich wollte, ich hätte jemals in meinem Leben wenigstens einen Brief erhalten, wie Fang sie seiner Pihla im Dutzend geschrieben hat.«

»Und Pihla versteht das?«

»Anscheinend, auch wenn ihre Antworten holprig daherkommen. Aber Sie wissen ja, einen Text zu verstehen ist leichter als selbst einen zu verfassen. Und die Kommunikation der beiden: Liebesgeflüster eben«, sagte die Dolmetscherin und grinste.

»Das darf nicht wahr sein«, stöhnte Alex und rieb sich mit dem Mittelfinger der rechten Hand über die steile Furche oberhalb der Nasenwurzel.

»Ist es aber. Lesen Sie selbst.« Sie schob ihm den Schnellhefter mit den Originalen sowie den USB-Stick zu. »Richten Sie Olga meine herzlichen Grüße aus. Ich würde mich freuen, sie einmal wiederzusehen.« Sie erhob sich.

»Was bin ich Ihnen schuldig?«

»Freundschaftsdienst«, winkte sie ab. »Für Olga. Hat mich gefreut, Sie kennenzulernen.« Sie reichte ihm die Hand und geleitete ihn zur Tür.

Er verneigte sich und stieg nachdenklich die Treppen hinunter.

Zurück in seinem Büro las er E-Mail für E-Mail den Briefwechsel der beiden Verliebten durch. Anfangs beeindruckte ihn die Kraft der Bilder, die Guangzhao heraufbeschwor, um Meskanen seine Zuneigung zu beweisen. Doch beim zweiten Durchlesen der Nachrichten wurde er stutzig. *So steige ich denn Tag für Tag den Turm hinauf und halte Ausschau nach dem Wehen Deiner Haare,* las er rätselnd, *um in den Sturm hineinzurufen, Dir das Geheimnis zu, dass Du es teilen mögest in Deinem Gebet.* Poetisch? Eher kitschig und aus der Zeit gefallen, wäre da im Anhang nicht jene Datei, von der Kaul behauptet hatte, sie gehöre zu einem hochsensiblen Projekt. Was hatten wertvolle Forschungsdaten im Anhang eines Liebesbriefes verloren? Mit wem sollte Meskanen die Daten teilen? Spielte sie die Botin zwischen Guangzhao und dem heimlichen Empfänger? War Alex auf der richtigen Fährte? Allerdings war dies die einzige verdächtige E-Mail, alle anderen Nachrichten kreisten schmalztriefend um die Liebe.

Nachdem Alex die E-Mails ein drittes Mal durchgelesen hatte, rief er bei Olga in der Kanzlei an und war froh, dass sie sofort abhob.

»Darf ich dir kurz zurufen, was ich bisher herausgefunden habe?«, fragte er sie und berichtete, nachdem sie bejaht hatte.

»Ein wenig«, bemerkte Olga, als er geendet hatte, »erinnert mich das an unseren letzten Fall.«

»Damals war die Chiffrierung offensichtlich. Bei Guangzhao und Meskanen scheint es tatsächlich um die Liebe zu gehen, nur diese eine E-Mail mit der angehängten Datei kommt mir verdächtig vor.«

»Gibt es in der Welt der Spionage keine Liebespaare?«, fragte Olga. »Was spricht dagegen, dass sie sich lieben und in Sachen Geheimnisverrat gemeinsame Sache machen?«

»Halten sie daher ihre Beziehung geheim?«

»Durchaus möglich. Jedenfalls solltest du sie weiter im Auge haben. Wann triffst du dich mit Kaul?«

»In einer knappen Stunde. Wie viel soll ich ihr erzählen?«

»Nichts«, entfuhr es Olga spontan. »Hör dir lieber an, was sie zu sagen hat. Ihr Verdacht richtet sich nämlich, man mag es kaum glauben, gegen die Professorin Ascher.«

Nun berichtete Olga von ihrem Treffen mit Nina Kaul.

»Das Ganze wird immer rätselhafter«, kommentierte Alex.

»Momentan weiß ich nicht, was ich von der Sache halten soll«, bestätigte Olga.

»Ich werde mich bedeckt halten«, antwortete Alex und formulierte eine letzte Frage, ehe er auflegte: »Warum heißt Hao Hong eigentlich mit Nachnamen Schuster?«

»Ihr Vater ist Rheinländer.«

Ich hätte nicht fragen sollen, ärgerte Alex sich über sich selbst, während er mit dem Fahrrad quer durch die halbe Stadt fuhr, um Kaul in ihrer Wohnung zu treffen. Denn nun stand unentwegt das Gesicht der Übersetzerin vor ihm, und statt der Roll- und Motorengeräusche des anschwellenden nachmittäglichen Berufsverkehrs hatte er den Klang ihrer Stimme im Ohr. Vergeblich versuchte er, sich auf einige Fragen vorzubereiten, die er Kaul stellen wollte. *Wie anders*, dachte er kurz, *würde Dorothee an das bevorstehende Gespräch herangehen.*

Dieser Montag war ein Tag der Überraschungen, denn als die Immunologin die Tür öffnete, stand eine modisch gekleidete Frau vor ihm, in der er die hagere und ungepflegte Ärztin vom vergangenen Freitag kaum wiedererkannte. Sie gab ihm die Hand und bat ihn in die Wohnung.

»Schön, dass Sie Zeit für mich haben«, begrüßte sie ihn. »Hoffentlich auch Informationen.« Sie bot ihm einen Platz in ihrem Wohnzimmer an, setzte sich gegenüber und beugte sich ungeduldig vor: »Was haben Sie für mich?«

»Leider wenig«, antwortete Alex und achtete auf ihre Reaktion.

Die Mundwinkel rutschten nach unten, sie kniff die Lippen zusammen und an der Nasenwurzel bildete sich eine Furche.

»Immerhin«, fuhr Alex fort, »konnte ich feststellen, dass Guangzhao drei Dateien, die ich Ihnen am Sonntag geschickt habe, an Adressaten in China versendet hat.«

»Unerhört, dieses Früchtchen«, ereiferte sie sich. »Wissen Sie, an wen?«

»Leider nein.«

»Sie müssen Empfängerdaten haben!«

»Es handelt sich um eine nicht individualisierbare Adresse bei einem chinesischen Internet-Provider. Die erlaubt keine Rückschlüsse auf den Empfänger. Dazu bräuchte man vermutlich die Hilfe der Polizei.«

»Nein!«

»Dann bin ich mit meinem Latein am Ende.«

»Kein Latinum?«, fragte sie spitz, beschwichtigte aber sofort: »Sorry, Scherz am Rande. Sie können mir einen großen Gefallen tun.«

»Nämlich?«

»Durchforsten Sie das Privatleben von Ascher.«

»Warum das?«

»Heute früh habe ich einen Satz gefälschter Daten in mein zentrales Projekt eingebaut. Ascher hat sich diese Daten angesehen und davon eine Kopie auf einen externen Speicherplatz gemacht.«

»Woher wissen Sie das?«, fragte Alex und legte Überraschung und Anerkennung in seine Worte.

»Ich habe ein Programm installiert, das den Zugriff dokumentiert und mich benachrichtigt. Ascher hat mit diesen Daten nichts zu schaffen, und wenn, kann sie mit Verlinkungen arbeiten, ohne sich die Daten privat herunterzuladen«, echauffierte sich Kaul. »Ascher trickst. Schauen Sie ihr auf die Finger.«

»Was erwarten Sie? Von all den Dingen, die Sie an Ihrem Institut erforschen, habe ich keinen blassen Schimmer. Das ist mir zu kompliziert. Was soll ich im Privatleben einer Professorin finden, das Ihnen bei der Suche nach einem mutmaßlichen Forschungsspion weiterhilft?«

»Schulden, Drogen, Männer, Gier, Ehrgeiz ... Alle diese menschlichen Motive könnten einem Geheimnisverrat zugrunde liegen, oder?«

Alex nickte nachdenklich.

»Vieles davon findet man im Privatleben eines Menschen. Vielleicht finden Sie sogar mein MacBook bei Cleo Berenike Ascher.« Sie betonte jede Silbe, für sie war der Name der Professorin ein Schimpfwort.

Alex gab Olga recht: Zwischen diesen Frauen herrschte wohl wirklich eine ungesunde Rivalität. Wie passte da Guangzhao mit seiner Geliebten ins Bild?

»Wissen Sie, was besonders verdächtig daran ist, dass sich Ascher meine Daten auf einen externen Datenträger kopiert hat?«

Alex schüttelte den Kopf.

»Wenig später wurde am Institut die gesamte EDV heruntergefahren. Das *BaRCOSI* lebt im digitalen Shutdown, angeblich, weil es einen Hackerangriff gab und wichtige Dateien der Forschungsprojekte kontaminiert sind.«

»Erklären Sie mir eines: Was hätte eine angesehene Professorin davon, sich irregulär an Ihren Daten zu schaffen zu machen? Was kann Frau Ascher mit Ihren Daten anfangen? Haben Ihre und Aschers Projekte überhaupt etwas miteinander zu tun?«

»Unsere Projekte sind eigenständig. Natürlich gibt es eine Schnittmenge. Die von meinem Projekt und Aschers Projekt ist jedoch sehr gering. Aber sie kann auf meinem Feld wildern, und das ist es, was ich ihr zutraue. Wer zuerst mit guten Ergebnissen herauskommt, sei es mit einem Fachaufsatz, sei es mit einer Patentanmeldung, der erhält Ruhm, Ehre und Geld. Glauben Sie mir, Ascher hat mehr als nur ein Motiv.«

Alex kratzte sich am Kinn.

»Gern erkläre ich Ihnen unsere Arbeit einmal genauer«, sagte Kaul und schlug einen versöhnlichen Ton an, »aber ich muss jetzt zu einer wichtigen Besprechung. Bleiben Sie an meinem Fall dran? Rücken Sie Ascher auf die Pelle? Natürlich wäre es auch gut, wenn Sie herausbekämen, mit wem dieser kleine Chinese paktiert.«

Sie stand auf und brachte ihn zur Tür. Alex war schon fast im Hausflur, als er sich umdrehte und fragte: »Wie geht die Institutsleitung mit dem digitalen Angriff um?«

»Wie meinen Sie das?«

»Will der Direktor auch keine Polizei?«

»Weiß ich nicht.«

Alex nickte und verließ das Haus.

13

Da kein weiterer Mandantentermin im Kalender stand und keine Angelegenheit dringend Erledigung verlangte, setzte sich Olga an den Computer und machte sich über die Umsatzzahlen im Arzneimittelsektor kundig. Nach drei Mausklicks glaubte sie Kaul, dass es um horrende Beträge ging. Angeblich gaben die gesetzlichen deutschen Krankenkassen je Versicherten im Jahr rund 560 Euro für Medikamente aus. Der gesamte Markt für Pharmaprodukte allein in Deutschland wies ein Umsatzvolumen von mehr als 46 Milliarden Euro aus. Zwei Mausklicks später fand Olga heraus, dass im Jahr 2018 von der Pharmaindustrie weltweit knapp 180 Milliarden US-Dollar für Forschung und Entwicklung ausgegeben worden waren. *Kein Wunder, dass jedes Institut ein Stück von diesem Kuchen abbekommen will.* Da Olga wusste, wie skrupellos manche im Bereich von Organtransplantationen ihren persönlichen Gewinn maximierten, wurde ihr jetzt klar, wie viel größer der Anreiz im Medikamentenbereich war, sich um jeden Preis Vorteile zu verschaffen. Daher also Kauls Verbissenheit. Auch in ihrem Projekt steckte die Möglichkeit zu besonderem persönlichem Gewinn. Daneben ging es all diesen Wissenschaftlern um ihr Prestige.

Selbst eine anerkannte Forscherin wie Ascher könnte bei diesen Summen schwach werden, erkannte Olga und wollte den Verdacht Kauls gegen die Abteilungsleiterin des *BaRCOSI* nicht mehr vom Tisch wischen. Das machte die Sache unübersichtlicher. Irgendwie schien es, als ob jeder an diesem Institut ein Motiv haben könnte, Geheimnisse zu verraten und sich dadurch zu bereichern.

Als Nächstes recherchierte sie bei Juris nach Urteilen zum Thema Forschungsfälschung und musste enttäuscht feststellen, nichts zu finden. Allerdings gab es seit April ein Gesetz zum

Schutz von Geschäftsgeheimnissen, das ausdrücklich auch auf Forschungsgeheimnisse der Universitäten und öffentlichen Forschungsinstitute Anwendung findet. Vermutlich, folgerte Olga, war die Manipulation von Geschäftsgeheimnissen nach allgemeinen Betrugsregeln zu beurteilen, während der Verrat von Forschungsergebnissen speziellen Regeln folgte. Jedenfalls schien Kaul sich mit dem Einbringen ihrer Köder in die Datenbank auf einigermaßen rechtssicherem Terrain zu bewegen, wohingegen eine Abteilungsleiterin des *BaRCOSI* durch Zugriff auf ihr nicht unmittelbar zugeordnete Forschungsergebnisse Geheimnisverrat begehen könnte. Jedenfalls sprach alles dafür, die Empfehlungen des Leitfadens zum Umgang mit Wissenschaftsspionage des Bundeskriminalamts ernst zu nehmen: beim geringsten Verdacht die Fachdienststellen der Kriminalämter kontaktieren.

Dass Kaul dies vehement ablehnte, machte sie verdächtig. *Interessant wird, ob die Institutsleitung wegen des Hacker-Angriffs von sich aus die Polizei einschaltet,* dachte Olga und gab bei Google das Stichwort *Forschungsfälschung* ein. Dabei stieß sie auf einen wenige Tage alten Beitrag in der Neuen Züricher Zeitung mit dem Titel: *In China kann schlechte Forschung Gold wert sein.*

Die Verfasser des Artikels hatten bei eigenen Recherchen festgestellt, dass ein Fünftel aller problematischen wissenschaftlichen Studien aus China stamme. Kopierte Daten und gekaufte Gutachten seien keine Seltenheit, konstatierten die Journalisten. *Dann wird es auch gestohlene und ausgespähte Daten geben,* argwöhnte Olga und fand den Verdacht gegen Guangzhao allmählich berechtigter denn je, zumal die Schweizer Zeitung chinesischen Forschern attestierte, besonders in Medizin und Biologie viele schlechte Studien zu veröffentlichen. Interessiert las sie den Beitrag zu Ende, dann fuhr sie den Computer herunter. Sie verließ das Büro und gab Angela für den Rest des Nachmittags frei. Sie selbst setzte sich aufs Fahrrad und besuchte ihre Lieblingsgrillbar. Ein kleiner Tisch in der Sonne schien auf sie zu warten. Sie bestellte ein kühles Kirschweizen und tippte für Alex eine SMS: *Vor mir ein Kirschweizen, warte auf jemand zum Anstoßen.* Bald darauf kam die Antwort: *16:30.*

»Ich werde aus unserer Kundin nicht schlau«, gab Alex nach dem ersten Schluck aus dem Weißbierglas unumwunden zu. »Als ich sie gefragt habe, ob sie glaubt, dass die Institutsleitung nach dem Hacker-Angriff die Polizei einschalten wird, ist sie richtiggehend erschrocken. Warum hat sie Angst vor der Polizei? Dorothee findet das ausgesprochen verdächtig.«

»Zu Recht«, erwiderte Olga. »Ihre überstürzte Aktion, schon heute ihre gefälschten Daten als Köder in die Datenbank einzupflegen, halte ich für bedenklich. Sie führt irgendetwas im Schilde, das sie vor uns und allen anderen verheimlichen will.«

»Andererseits scheint es diesen Verräter zu geben. Jedenfalls hat mir Kaul bestätigt, dass Guangzhao hochsensible Daten an Adressaten außerhalb des Instituts verschickt hat. Leider sind die Empfängerdaten verschleiert. Wenn mir Sonja dabei helfen könnte, das wäre echt hilfreich.«

»Mir wäre es lieber, Sonja hätte weniger mit unseren Fällen zu tun, der letzte war aufregend genug. Aber wenn sie dir eine große Hilfe ist ... Okay, ich spreche mit ihr darüber.«

»Lieb von dir. Wenn wir die Empfänger der Daten identifizieren können, kommen wir einen großen Schritt weiter.«

»Wie sieht es mit deinem Liebespaar aus?«

»Guangzhao und Meskanen halten das im Institut geheim.«

»Kann man verstehen. Liebesbeziehungen unter Mitarbeitern werden nirgends gern gesehen, in den USA ist das teilweise verboten.«

»Nicht in Deutschland, oder?«

»Nein, bei uns ist es nur verpönt.«

»Jedenfalls schreibt der gute Fang seiner angebeteten Pihla so schmalzige Liebesmails, dass dir die Ohren klingen. Nur in dieser einen E-Mail, von der ich dir vorhin am Telefon erzählt habe, schickt er Pihla hochsensible Daten, die Kaul für äußerst wertvoll hält.«

»Hast du Kaul von dem Liebespaar erzählt?«

»Kein Wort. Wie du vermutet hast, hat sie sich völlig auf Ascher eingeschossen und mich beauftragt, das Privatleben der Wissenschaftlerin zu durchleuchten.«

»Aha«, bemerkte Olga. »Da ist wohl ein Zickenkrieg im Gange.«

»Verstehst du, warum? Kann Kaul ernsthaft an Aschers Stuhl sägen? Zwischen den beiden gibt es doch einen Qualifikationsunterschied.«

»Formal schon, der Kaul fehlt die Habilitation. Aber sie steht kurz davor. Falls Ascher versucht, Kaul in die Suppe zu spucken, wären sie unmittelbare Konkurrentinnen. Im Übrigen richten sich Erfolge in der Forschung nicht nur nach der Qualifikation auf dem Papier. Gut möglich, dass Kaul näher an einer wissenschaftlichen Goldader dran ist als Ascher.«

»Mir ist das zu hoch. Würdest du dich darum kümmern?«

»Mach ich. Und du? Stöberst du in Aschers Privatleben?«

»Werde mir heute Abend ein wenig die Zeit mit Recherchieren vertreiben. Gibst du Sonja diesen USB-Stick mit der Bitte, die Empfänger zu identifizieren?«

Olga steckte den Stick ein und prostete Alex zu.

»Was machst du mit dem gestohlenen hp?«, fragte sie. »Dorothee darf das jedenfalls nicht zu Ohren kommen.«

Alex seufzte. »Sie hat an dem Thema Gefallen gefunden, ich muss mich bei ihr bedeckt halten. Zum Glück hat sie heute Abend eine Fortbildung, da kann sie mir nicht auf die Pelle rücken.«

»Klingt ziemlich distanziert«, bemerkte Olga.

»Ach, wer weiß schon ...« Alex ließ den Satz unvollendet, und Olga verzichtete auf eine Nachfrage.

»Alex ist ein Schatz«, freute sich Sonja, als Olga ihr den USB-Stick mit der Bitte, die E-Mail-Adressaten zu identifizieren, in die Hand drückte. »Es macht mir Spaß, mit euch Detektiv zu spielen.«

»Hoffentlich wird es weniger spannend als in Istanbul«, erwiderte Olga. »Vorhin habe ich mir einige Statistiken angeschaut, meine Güte. Hier geht es um Milliarden. Das macht mir Angst.«

»Dann gönnen wir uns jetzt einen kostengünstigen Champagner«, sagte Sonja und lachte.

Olga blickte ihr nach, wie sie hüftschwingend die Dachterrasse verließ, und bewunderte ihre Freundin für ihren Tatendrang und ihre Lebenslust. Sonja kam mit Champagner und einem Tablett Sushi zurück. Während sie sich die Reisröllchen schmecken ließen, berichtete Olga, was sie von Kaul und Alex an diesem Tag erfahren hatte.

»Herauszufinden, wer die Empfänger von Guangzhaos E-Mails sind, halte ich tatsächlich für einen guten Ansatz«, analysierte Sonja. »Vielleicht sollten wir uns auch Meskanens sonstigen E-Mail-Verkehr anschauen. Die beiden Turteltäubchen halte ich auf jeden Fall für interessanter als die Professorin. Die hätte viel zu viel zu verlieren. Trotzdem scheint sie mir nicht sauber zu sein, wenn du verstehst, was ich meine.«

»Ich halte Ascher für überehrgeizig und Kaul für eifersüchtig.«

»Kaul hätte im Übrigen viel weniger zu verlieren und mehr zu gewinnen. Dorothees Empfehlung, sich Kaul näher anzuschauen, ist nicht dumm.«

»Na ja«, erwiderte Olga skeptisch, »Dorothee hält Guangzhao für eine falsche Fährte und empfiehlt Alex, sich mehr um Lancaster zu kümmern. Das schien mir zwar zunächst schlüssig, aber nach Guangzhaos Mails läge mein Fokus auf ihm und seiner Freundin Meskanen.«

»Später rücke ich dem Chinesen auf die Pelle«, versprach Sonja. »Jetzt genießen wir unser Dinner.«

Dazu kamen sie nicht, denn noch ehe sie die Flasche *Piollot* geleert hatten, klingelte es an Sonjas Wohnungstür. Aufgeregt stürmte Alex herein, kaum hatte ihm Sonja geöffnet.

»Wir müssen etwas unternehmen«, forderte er kurzatmig. »Kaul ist in Schwierigkeiten.«

»Wie kommst du darauf?«, fragte Olga erschrocken.

»Kannst du uns mit dem Auto zu ihrer Wohnung fahren?«, überging Alex Olgas Frage. An seinem Hals zeigten sich rote Flecken.

Olga griff nach ihrer Jacke. Sonja schlüpfte in ihre Schuhe, winkte Alex und Olga hinaus und schloss die Wohnungstür ab. Rasch liefen sie die Treppe hinunter und quer über die Straße zur Tiefgarageneinfahrt des Nachbarhauses.

»Wir haben miteinander telefoniert, sie wollte mir etwas Dringendes mitteilen«, berichtete Alex. »Mitten im Satz brach sie ab, stieß einen Schrei aus und plötzlich war die Leitung tot.«

»Sollten wir nicht die Polizei rufen?«, fragte Sonja.

»Eigentlich schon, aber Kaul ist doch allergisch auf die Polizei. Ich will erst mal selbst nachschauen«, winkte Alex ab.

Schon stiegen sie in Sonjas BMW. Sonja brauste aus der Garage.

»Vielleicht ist ihr der Akku abgestürzt«, gab Olga zu bedenken, während Sonja rasant die erste Kurve nahm.

Alex programmierte Kauls Adresse in das Navigationsgerät, ehe er antwortete: »Nein. Wir haben über ihr Festnetz telefoniert und der Schrei klang ängstlich, nicht ärgerlich.«

»Was ist passiert, was meinst du?«, schaltete sich Sonja ein und bremste scharf vor einer roten Ampel.

»Jemand ist bei ihr, bedroht sie«, befürchtete Alex. »Das kam so plötzlich …«

»Was wollte sie dir sagen?«, hakte Olga nach.

»Dazu kam sie nicht mehr. Es hatte etwas mit Ascher zu tun, denn deren Namen hat sie gleich im ersten Satz erwähnt.«

»Du bist dir sicher?«

»Es gibt keine andere vernünftige Erklärung. Ihr hat jemand aufgelauert.«

»Dann kommen wir vermutlich zu spät«, ärgerte sich Sonja und jagte den Wagen über den Mittleren Ring.

Nach zehn Minuten waren sie da. Alex beorderte Olga und Sonja zur Haustür, dort sollten sie läuten; er wollte über den Garten kommen. Auf Olgas Klingeln hin tat sich nichts. Wenige Minuten später öffnete Alex von innen die Tür.

»Weg«, stellte er aufgeregt fest und kehrte in Kauls Wohnung zurück.

Olga und Sonja folgten ihm.

Er schloss die Tür hinter ihnen und deutete auf die Wohnzimmerschränke: Alles stand offen. Aktenordner und Bücher waren wild durcheinander auf den Boden geworfen worden.

»Wenn ihr mich fragt, hat hier ein Kampf stattgefunden und der Täter hat verzweifelt nach etwas gesucht.«

Olga zückte ihr Smartphone und fotografierte das Wohnzimmer aus unterschiedlichen Perspektiven.

»Blut«, rief Sonja und deutete auf ein weißes Kissen auf dem Sofa.

Dort sahen sie einen großen und zwei kleine Tropfen hellrotes Blut. Die Tropfen waren leicht verschmiert und noch feucht.

Olga fotografierte das Kissen und wedelte mit ihrem Telefon: »Soll ich jetzt die Polizei rufen?«

Alex schüttelte den Kopf. »Lasst uns erst überlegen, was das zu bedeuten hat.«

»Wenn sie entführt wurde ...« Sonja ließ den Satz in der Luft hängen und schaute Olga fragend an.

»... ist es höchste Zeit, die Polizei einzuschalten«, setzte Olga Sonjas Satz fort, gab aber zu bedenken: »Wer weiß, ob Kaul polizeiliche Ermittlungen will. Bisher hat sie sich strikt gegen die Einschaltung der Behörden ausgesprochen. Sie ist meine Mandantin, ich muss ihre Rechte wahren und in ihrem Interesse handeln.«

»Also keine einfache Angelegenheit«, stellte Sonja fest.

»Suchen wir im Rest der Wohnung nach weiteren Spuren von Gewalt«, beschloss Alex. »Fasst nichts an, ich will später möglichst viele Spuren sichern.«

Bis auf die drei Blutstropfen auf dem Wohnzimmerkissen fanden sie nichts. Allerdings waren im Schlafzimmer die Schubladen durchwühlt und ein Teil des Kleiderschrankinhalts achtlos aufs Bett geworfen worden. Es sah aus wie nach einem unter Zeitdruck durchgeführten Einbruch.

»Was ist hier geschehen?«, fragte Sonja.

»Kann jemand Kaul mit Gewalt und unbemerkt aus dem Haus gebracht haben?« Olga klang skeptisch. »Kaul ist ein auf Hochtouren laufendes Energiebündel, die lässt sich nicht wehrlos aus der Wohnung bringen.«

»Wenn sie bewusstlos geschlagen oder irgendwie betäubt wurde?«, gab Sonja zu bedenken.

»Wir müssen die Nachbarn befragen«, beschloss Alex, »ehe wir weitere Schritte unternehmen.«

»Gut«, pflichtete Olga bei und wandte sich an Sonja. »Würdest du bei den Nachbarn fragen, ob jemand etwas bemerkt hat?«

Sonja nickte und verließ die Wohnung.

»Hältst du es für eine gute Idee, auf die Polizei zu verzichten?«, fragte Olga.

»Nein, aber es gibt im Moment keine gute Idee. Wenn Kaul entführt wurde, kann die Polizei auf die Schnelle auch nicht helfen; dann genügt es, morgen früh den Fahndungsapparat anzuwerfen. Sollte sie freiwillig mitgegangen sein, wird sie sich vielleicht bald mit uns in Verbindung setzen und könnte es als Vertrauensbruch auffassen, wenn wir ohne ihre Einwilligung die Polizei einschalten.«

»Ihre Weigerung, die Behörden zu kontaktieren, war uns von Anfang an suspekt. Was hat Kaul zu verbergen?«

»Sie wollte sich heimlich und auf eigene Faust auf die Suche nach dem Verräter machen. Diesen Plan hat sie verteidigt. Das ist immerhin eine schlüssige Begründung.«

»Der Einbruch bei ihr am Freitag hätte sie bereits eines Besseren belehren sollen«, hielt Olga dagegen. In ihr tobte ein Für und Wider. Die Loyalität gegenüber den Wünschen ihrer Mandantin wurde soeben auf eine harte Probe gestellt. »Meinst du, du könntest dich mit Dorothee beraten?«

»Um Gottes willen«, wehrte Alex ab und verdrehte die Augen. »Die würde selbstverständlich für das Einschalten der Polizei plädieren.«

Olga bereute ihre Frage. Sie spürte instinktiv, dass Alex' Beziehung zu Dorothee einem ersten Belastungstest unterworfen war. Sie hätte ihm gern angeboten, sich auszusprechen. Doch dafür war jetzt nicht der richtige Zeitpunkt.

»Wir sollten herausfinden, ob das Institut wegen dieses Shutdowns der EDV mit den Spezialisten des Landeskriminalamts Kontakt aufgenommen hat«, regte Alex an. »Würdest du mit der Institutsleitung telefonieren?«

»Wie soll ich denn meine Anfrage begründen?«

»Ach, lass dir was einfallen«, erwiderte Alex unwirsch. »Falls das LKA eingeschaltet ist, verständigen wir die Polizei. Ansonsten ...«

Es klingelte an der Tür. Olga zuckte zusammen.

Alex lachte. »Das ist bestimmt Sonja.«

So war es. Sie kam kopfschüttelnd in die Wohnung. »Mit Ausnahme einer älteren Dame im ersten Stock ist niemand zu Hause, und die hat den ganzen Nachmittag vor dem Fernseher verschlafen«, meldete Sonja. »Was nun?«

»Wir fahnden hier ein wenig nach Fingerabdrücken und Olga versucht, jemand von der Institutsleitung des *BaRCOSI* an die Strippe zu bekommen.«

Alex puderte die Terrassentür ab, denn wieder war der ungebetene Gast über diesen Weg in die Wohnung gelangt. Wie am Freitag fanden sich keine verwertbaren Spuren an Glas und Rahmen. Leider fehlte nun auch ein Fußabdruck, der hätte helfen können festzustellen, ob es sich um den gleichen Einbrecher handelte. Nachdem Alex an einigen Schubladen seine *Magna Brush* erfolglos eingesetzt hatte, war klar: Der Täter hatte professionell gehandelt und Handschuhe getragen.

»Ich erreiche niemanden«, beklagte sich Olga. »Habe es jetzt eine Viertelstunde unter allen möglichen Nummern versucht. Am Institut geht kein Mensch ans Telefon.«

»Die haben andere Sorgen«, bemerkte Sonja und legte tröstend ihre Hand auf Olgas Schulter. »Was nun?«, fragte sie an Alex gewandt.

Dieser zuckte die Achseln und schloss seinen kleinen Tatortkoffer. Dann hellte sich seine Miene auf. »Wir statten Guangzhao einen Besuch ab.«

»Warum?«

»Um ihn als Täter auszuschließen.«

»Und das hier?«, deutete Sonja im Kreis herum.

»Lassen wir, wie es ist.«

Kurz darauf beobachteten sie Guangzhaos Wohnhaus und dessen Appartement. Es war dunkel geworden. In der Wohnung brannte kein Licht. Olga schlenderte zum Hauseingang, suchte das Namensschild des Wissenschaftlers und drückte mehrfach auf die Klingel. Keine Reaktion. Nach zehn Minuten trafen sie sich an Sonjas Wagen und beschlossen, auf Sonjas Dachterrasse zu beraten, wie sie weiter vorgehen wollten.

»Haben wir die Adresse von Meskanen?«, fragte Olga und setzte die Kaffeetasse ab. »Vielleicht hält sich unser Romeo bei seiner Julia auf.«

Fieberhaft blätterte Alex sein Notizbuch durch und scrollte durch die Namenslisten, die er selbst angelegt hatte, überprüfte auch die Liste, die er von Kaul erhalten hatte. Ohne zählbares Ergebnis. Zwar hatte Kaul die junge Finnin auf ihre Liste gesetzt und Alex sie wegen der Verbindung zu Guangzhao in den Blick genommen, aber ihre Anschrift hatte er nirgends notiert.

»Hast du eine Telefonnummer?«, fragte Sonja. »Dann können wir eine Inverssuche im Telefonbuch starten.«

»Gute Idee, warum bin ich nicht selbst darauf gekommen?«, antwortete Alex und diktierte Sonja, die auf ihrem Smartphone bereits die Webseite *dastelefonbuch.de* aufgerufen hatte, Meskanens Mobilfunknummer.

Sonja tippte und klickte auf den Suchbutton; sofort erschien die ernüchternde Meldung: *Es konnte kein Teilnehmer gefunden werden.*

»Festnetzanschluss?«

Alex verneinte.

»Nun?«, fragte Olga müde.

»Müssen wir entscheiden, ob wir die Polizei einschalten«, antwortete Alex. »Was sagt Kauls Anwältin dazu?«

»Wenn Kaul nicht in Gefahr wäre, wäre sie strikt dagegen. Aber wenn sie in Gefahr ist, und das müssen wir annehmen, oder?« Olga schaute zuerst Alex, dann Sonja fragend an, wartete die Antwort jedoch nicht ab. »Wenn sie in Gefahr ist, dürfen wir nicht länger zögern.«

14

Sie trank genüsslich ein Glas *Brunello di Montalcino* zu ihren selbst gemachten Basilikumravioli und kraulte der sanft schnurrenden Cashina auf ihrer Schulter den Nacken. Cleo war mit dem zurückliegenden Tag sehr zufrieden. Mit Helmut hatte sie im Labor offline eine imposante Testserie mit ihren eigenen Daten abarbeiten können. Die Rohdaten ließen sich gut auf ihren privaten Rechner einspeisen und unter statistischen Gesichtspunkten ergebnisorientiert pflegen. Zwei Tage noch, dann würde sie ihre Studie abschließen und für die neuartige Methode ihres Tests die Unterlagen beim Patentamt einreichen können. Lantenschwier könnte nächste Woche eine Pressekonferenz einberufen und mit dieser sensationellen Meldung den wichtigsten Institutsinvestor, McBannister von *ImmuGenPharm*, zufriedenstellen. Ein ansehnlicher Betrag für ihr persönliches Drittmittelkonto sollte sich damit auch herausschlagen lassen, ganz abgesehen von der Gratifikation, die das Unternehmen ihr persönlich zukommen lassen würde.

Schade, bedauerte Cleo und trank einen Schluck, *dass ich diese Ergebnisse bei der Bayerischen Akademie der Wissenschaften noch verschweigen muss.* Aber für den morgigen Vortrag, den sie gleich ein letztes Mal überarbeiten wollte, hatte sie genug publikumswirksame Beispiele ihrer eigenen Forschungserfolge. *Morgen*, beglückwünschte sich Cleo, *löse ich meine Eintrittskarte in die Akademie, und nächste Woche gibt es das Ticket für den Weltruhm.*

Beschwingt aß sie das letzte Raviolistück, schwenkte den restlichen Schluck im Glas und badete ihren Gaumen in dem edlen Tropfen. Cashina rieb ihren Katzenkopf an Cleos Hals und ließ sich minutenlang streicheln. Was für ein gelungener Nachmittag, freute sich Cleo und vergaß beinahe die Erpressung, die sie am Vormittag tief beunruhigt hatte.

Cleo hatte richtig gehandelt, hatte die ultimative E-Mail und den übersandten Link ignoriert und damit den Charaktertest der Erpresserin bestanden. Die giftige Kaul, wer sonst, wollte sie ins Bockshorn jagen und hatte erkennen müssen, dass eine Cleo Berenike Ascher nicht erpressbar ist.

Cashina stellte ihr Schnurren ein, kaum hatte Cleo den Namen der ehrgeizigen Arbeitsgruppenleiterin gedacht; schlimmer noch, Cashina verschwand. Wie Kaul den ganzen Tag über verschwunden und zu keinem Zeitpunkt am Institut aufgetaucht war. Beides war ungewöhnlich. Cashina verschwand eigentlich nur, wenn Cleo sich dies ausdrücklich vorstellte, und Kaul schien eher mit ihrem Labor und ihrem Arbeitszimmer verschmolzen, als dass sie einmal länger als drei Stunden fehlte. Die einzige einleuchtende Erklärung für Kauls ganztägige Abwesenheit war der Versuch, Cleo zu erpressen.

Natürlich konnte Kaul den Erfolg ihres Angriffs nicht über einen Institutsrechner verfolgen, und nachvollziehbar schien Cleo auch, dass Kaul ihr an dem Tag, an dem zum ersten Mal eine Forderung erfüllt werden sollte, aus dem Weg gehen wollte. *Kaul ist zwar streitbar*, urteilte Cleo, *aber letztlich ein feiges Miststück*. Jedenfalls dürfte sich die Erpressung erledigt haben. *Man muss seinen Gegnern die Stirn bieten,* belobigte sich Cleo, *dann können sie einem nichts anhaben.* Zur Bekräftigung wollte sie Cashina die Katzenschulter tätscheln, doch Cashina fauchte bösartig vom Schreibtisch zu ihr herüber.

Was hat sie nur, fragte Cleo sich, stand auf und ging zu ihrem Computer. Der Posteingang blinkte. Über zwei Dutzend Nachrichten waren eingegangen, darunter eine mit Priorität hoch und Kennzeichnung als vertraulich. Cleo öffnete diese E-Mail und prallte zurück. *Der Preis hat sich verdoppelt. Zu den Daten des Projekts »Immuncheckpoint-delta« kommen nun alle Daten des Immuncheckpoint-Projekts hinzu. Lieferung morgen vor elf Uhr. Link folgt zu gegebener Zeit.*

Was hatte diese E-Mail zu bedeuten? Kaul wusste ganz genau, dass das gesamte IT-System am *BaRCOSI* heruntergefahren war. Niemand konnte augenblicklich über die geforderten Daten verfügen. Was auch immer Kaul bezweckte, ihr musste klar sein, Unmögliches zu verlangen. Oder steckte eine fremde Person hinter der Erpressung? Jemand von außerhalb des Instituts?

Cleo lief es heiß und kalt den Rücken hinunter. Mit dieser Möglichkeit hatte sie die letzten Tage nicht gerechnet. Ihr wurde schwindlig vor Angst. Die Beine zitterten, als sie aufstand und hinüberging zu ihrer Hausbar. Sie nahm ein Nosing-Glas, griff nach der Flasche *Bruichladdich* und musste sich konzentrieren, den fünfzehnjährigen Whisky sorgfältig einzuschenken.

Während ihrer zwei Jahre als Postdoc im *University of Oxford Immunology Network* hatte sie nicht nur McBannister, sondern auch guten Scotch Single Malt Whisky kennengelernt. Immer wenn sie sich über das Drängen des aufdringlichen Schotten zu sehr aufgeregt hatte, half ihr der Whisky, zu entspannen. Natürlich blieb das nicht der alleinige Gewinn aus zwei intensiven Jahren Forschungsaufenthalt in England, zumal sie ihre Mitgliedschaft in der *British Society for Immunology* behalten hatte. Aber im Augenblick gab es nichts Wichtigeres für Cleo, als die vom Unterleib heraufkriechende Angst abzuschütteln.

Mit dem dritten Schluck begann der rauchige Single Malt zu wirken. Cleos Herz schlug langsamer, und als sie auf ihre linke Schulter schaute, sah sie Cashina mit ausgefahrenen Krallen. *Ganz recht, Kätzchen,* dachte Cleo, *wir müssen kämpfen.* Als sie der Katze über den Rücken streicheln wollte, verschwand Cashina. Enttäuscht schlurfte Cleo zu ihrem Computer zurück und las E-Mail für E-Mail. Gerade wollte sie auf die aufmunternde E-Mail von Lantenschwier antworten, der ihr für ihre Unterstützung und die erfolgversprechende Arbeit unter erschwerten Bedingungen dankte, als eine weitere Nachricht des Erpressers eintraf: *Trotz IT-Shutdown ist Ihnen der Datenzugriff möglich. Morgen erhalten Sie den Link für den Versand.*

Woher wusste er das? Das war Insiderwissen. Cleo atmete auf. Also wurde sie von jemand aus dem Institut erpresst. Cleo griff erneut zu ihrer Namensliste. Sie musste ihren Feind identifizieren.

Diesmal war es dem Dämon gelungen, ihr die Haut bis zum Bauchnabel abzuziehen, ehe Cleo schweißgebadet aufwachte. Grell leuchtete ihr Handy-Display auf, als sie es von der Ablage hob: 04:13. Viel zu früh zum Aufstehen, aber Cleo musste sich den Traum abwaschen und stellte sich unter die Dusche. Während sie das warme Wasser auf sich herabrieseln ließ, sprang Çashina auf ihre Schulter und krallte sich fest. Cleo erschrak und schüttelte die Katze ab. Sie drehte den Hebel für die Wärmeregulierung auf *Kalt* und presste die Lippen aufeinander. Sie blieb, bis sie es kaum noch aushielt, dann rubbelte sie sich mit dem Handtuch trocken. Jetzt war sie wach und fähig, klar zu denken.

Gestern Abend hatte sie auf ihrer roten Liste keinen Menschen außer Kaul in die engere Wahl genommen, heute Morgen haderte sie einmal mehr mit der Ungewissheit. Alles sprach gegen die ehrgeizige Arbeitsgruppenleiterin, aber die Forderungen, die sie stellte, ergaben keinen Sinn. Die Daten, die Cleo zur Verfügung stellen sollte, konnte Kaul problemlos über die Institutsdatenbank einsehen und verwenden. Was bezweckte sie also mit dieser Forderung? War das lediglich der Test, ob sie sich erpressen lassen würde? Worauf sollte das hinauslaufen? Was führte Kaul im Schilde? Selbst wenn Kaul sich vorstellte, sie könnte Cleo die Abteilungsleitung streitig machen, wäre sie derzeit mangels abgeschlossenen Habilitationsverfahrens nicht hinreichend qualifiziert. Wie immer Cleo es drehte und wendete, Kaul als Erpresserin ergab keinen Sinn.

Ich werde sie heute mit meinem Verdacht konfrontieren, dann sehe ich klarer, nahm sich Cleo vor und griff auf ihre linke Schulter. Cashina fehlte.

Als sie kurz nach acht Uhr das Institut betrat, wurde sie von einer fremden Frau in Empfang genommen und zu einem Gespräch in einen Besprechungsraum im Erdgeschoß gebeten.

Irritiert fragte Cleo: »Wer sind Sie? Was wollen Sie von mir?«

Die Frau zückte einen Ausweis. »Bayerisches Landeskriminalamt. Wir ermitteln wegen des Verdachts der Cyberkriminalität.«

Hinter einem Tisch saß ein unausgeschlafen wirkender Mann und winkte Cleo, ihm gegenüber Platz zu nehmen. Ein mürrisch genuscheltes Guten-Morgen des Kriminalbeamten entsprach kaum Cleos Anforderungen an gesellschaftliche Höflichkeit. Sie musste an sich halten, ihrem aufkeimenden Ärger keinen Ausdruck zu verleihen. Um sich zu beruhigen, streichelte sie Cashina über den Rücken; doch ihre Katze verweigerte das Schnurren.

Die Beamtin setzte sich schräg versetzt an den Tisch und schwieg.

»Es gab einen Angriff auf die IT-Technik dieses Instituts«, bemerkte der Beamte mit nun klarerer Aussprache. »Wir befragen alle Mitarbeiter zu diesem Vorkommnis. Können Sie sich ausweisen?«

Cleo kramte in ihrer Handtasche. Zwar besaß sie einen Dienstausweis, trug den jedoch selten bei sich, schließlich kannten sie am *BaRCOSI* alle. Auch heute fand sie keinen Ausweis in der Tasche. Sie schüttelte den Kopf.

»Würden Sie mir sagen, wie Sie heißen und welche Funktion Sie am Institut bekleiden?«

Cashina fauchte bei so viel Unhöflichkeit, aber Cleo schluckte ihren Ärger hinunter und antwortete: »Ascher, Leiterin der Abteilung für Gen-Immuntherapie.«

»Cleo Berenike?«

»So ist es.«

»Gibt es irgendwelche Auffälligkeiten am Institut, die Sie zu berichten hätten?«

Scharf zuckte ein brennender Stich durch Cleos Brust, dann streckte sie den Rücken durch und legte los: »Was glauben Sie, wen Sie vor sich haben und warum Sie hier sind? Gestern Vormittag informierte mich Kollege Professor Lantenschwier über eine Hacker-Attacke auf unser Institut und die mögliche Kontamination von äußerst sensiblen Daten aus aktuellen Studien. Innerhalb kürzester Zeit wurde unsere gesamte IT-Anlage heruntergefahren und ausgeschaltet. In unserem hochkomplexen Arbeitsumfeld sind seitdem kaum Arbeiten möglich. Das Institut ist gestern Mittag quasi zum Erliegen gekommen, wir haben Stillstand in der Forschung. Kontaminierte Daten bedeuten möglicherweise einen katastrophalen Rückschlag. Die negativen Folgen sind schwer abzuschätzen, und zwar für unsere Forschung und unsere Finanzen sowie für die Patientinnen und Patienten des Universitätsklinikums, die sich an unseren Studien beteiligen. Wir arbeiten im Bereich der personalisierten Medizin an Therapeutika für schwerkranke Menschen, die auf unsere Erkenntnisse angewiesen sind.«

Kurz wollte sie durchatmen, da hob der Kriminalbeamte die Hand und erwiderte sehr leise: »Das ist uns bekannt. Herr Lantenschwier hat uns ins Bild gesetzt. Meine Frage zielt darauf ab, ob Ihnen im Vorfeld dieses Vorfalls irgendetwas Auffälliges begegnet ist? Hat sich ein Mitarbeiter eigenartig verhalten? Gab es verdächtige E-Mails? Mysteriöse Anrufe? Ungewöhnliche Systemreaktionen, veränderte Eingabemasken oder Websites? Hatten Sie Kontakte zu unbekannten, möglicherweise an Spionage interessierten Menschen?«

Bereits während er sprach, überlegte Cleo fieberhaft, wie wahrscheinlich es war, dass irgendjemand von dem Erpressungsversuch Kenntnis hatte. *Hoffentlich nicht*, dachte sie, denn zum einen war es ihr peinlich, verwundbar zu sein, zum anderen gab es in ihrer eigenen Studie einige wunde Punkte, über die sie mit niemandem reden wollte. *Vermutlich muss ich*, überlegte Cleo und wollte instinktiv ihrer Katze über den Kopf streichen, *diesen Polizisten irgendetwas anbieten, sonst hören sie nicht auf nachzubohren.* Plötzlich hellte sich ihre Miene auf, denn ihr war gerade Guangzhao eingefallen.

»Alle Ihre Fragen kann ich mit Nein beantworten. Allerdings hat mir gestern, nachdem ich von unserem IT-Shutdown erfahren habe, ein Mitarbeiter der Arbeitsgruppe von Frau Kaul gesagt, ihm sei am Sonntag sein Laptop gestohlen worden. Er hat mir gegenüber die Befürchtung geäußert, es könne mit seinem Kennwort in unser System eingebrochen worden sein, denn er hat sein Kennwort unerlaubter Weise auf seinem privaten Rechner gespeichert.«

Der Beamte nickte und fragte: »Name?«

»Fang Guangzhao.«

»Sonst noch etwas?«

»Ja«, erwiderte Cleo und gab sich Mühe, von oben herab zu klingen. »Finden Sie den Übeltäter. Helfen Sie uns. Und ein Letztes: Arbeiten Sie an Ihrem höflichen Verhalten.« Sie stand auf und wandte sich zur Tür. »Sollten Sie noch Gesprächsbedarf haben, lassen Sie sich von meiner Sekretärin einen Termin geben.«

»Geht das ohne Computer?«, fragte die Polizistin schnippisch.

Cleo griff nach Cashina und verließ den Besprechungsraum. Erst draußen wurde ihr bewusst, dass die Katze nicht auf ihrer Schulter saß und sie sich zweimal eine verräterische Blöße gegeben hatte.

»Frau Professor, Sie sollen sofort zu Professor Lantenschwier kommen«, rief ihre Sekretärin, als Cleo ihr Vorzimmer betrat.

Sie machte auf dem Absatz kehrt und lief zum Institutsdirektor.

Der empfing sie aufgelöst. Seine Hände spielten nervös am Aufschlag seines Jacketts, das zerknittert und labberig an ihm herunterhing. Seine Stimme stockte, als er sie begrüßte. »Nina Kaul ist entführt worden«, stotterte er. »Setz dich.«

Perplex starrte sie Lantenschwier an und überlegte, was diese Nachricht zu bedeuten hatte. Ihr Unterleib wurde warm und wärmer, ihre Kehle trocken.

»Das ist nicht wahr, oder?«, krächzte sie. »Hast du was zum Trinken für mich?«

Er griff in das Sideboard hinter sich und holte eine Flasche Mineralwasser und ein Glas hervor, stellte es vor Cleo auf den Tisch und stöhnte: »Sie ist meine beste Arbeitsgruppenleiterin, arbeitet an meinem wichtigsten Abteilungsprojekt und steht kurz vor dem Abschluss ihrer Habilitation. Wenn ihr etwas geschieht, nicht auszudenken …«

»Wie kommst du darauf, dass sie entführt wurde?«

»Die Polizei nimmt das an. Bei Kaul wurde eingebrochen, es gibt Spuren von Gewaltanwendung und sie ist wie vom Erdboden verschluckt.«

»Wann ist das geschehen?«

»Gestern. Genaueres weiß die Polizei nicht. Die vom Landeskriminalamt vermuten einen Zusammenhang mit dem Hackerangriff.«

»Mit was für einem Ziel?«, fragte Cleo.

»Forschungsspionage. Cleo, ich fürchte, wir sind Opfer einer kriminellen Ausspähaktion. Zum Glück gibt es dafür im Landeskriminalamt Spezialisten.«

»Allerdings unhöfliche«, knurrte Cleo.

»Warum?«

»Sie habe mich am Eingang in Empfang genommen und befragt, aber sie können weder grüßen noch ›Bitte‹ sagen.«

»Sei nachsichtig. Wir brauchen ihren Sachverstand.«

»Gibt es erste Anhaltspunkte, von wo der Angriff kam?«

»Der Ermittlungsleiter geht davon aus, dass bei den Angreifern Insiderwissen vorhanden ist.«

»Heißt das, wir haben einen Verräter in unseren Reihen?«

Lantenschwier zog ein bedenkliches Gesicht. »Das müssen wir befürchten.«

»Herrje, das auch noch«, ächzte Cleo und hob die rechte Hand hinter den Kopf. Erst im letzten Moment wurde ihr bewusst, was sie tat, und kratzte sich am Ohr. *Verdammt, ich muss aufpassen,* schalt sie sich, *meine Katze nicht zu verraten.*

»Bist wenigstens du gestern einen Schritt weitergekommen?«

»Sogar zwei Schritte«, antwortete Cleo, froh über den Themawechsel. »Mit etwas Glück werde ich übermorgen fertig, dann geht die Methodenanmeldung zum Patentanwalt und wir können am Montag etwas verkünden. Das wird McBannister besänftigen.«

»Wunderbar. Die Details musst du mir demnächst erklären. Geh jetzt ins Labor, ich kümmere mich um die Kriminaler.«

Nachdem sie bei Helmut Scholz im Labor einige Arbeitsaufträge deponiert und mit der gynäkologischen Abteilung des Klinikums wegen neuer Blutproben telefoniert hatte, zog sich Cleo in ihr Büro zurück und versuchte, ihre Gedanken zu sortieren. Kaul entführt! Sie konnte das nicht glauben. Täuschte die etwas vor? Aber das ergäbe keinen Sinn. Cleo musste sich eingestehen, auf der Suche nach dem Erpresser wieder ganz am Anfang zu stehen. Hing vielleicht alles mit allem zusammen? Jedenfalls nahm sie die Erpressung nun besonders ernst und setzte sich mit Holger Dilling in Verbindung, um an die vom Erpresser geforderten Daten zu kommen.

Trotz der Hektik in der EDV-Arbeitsgruppe zeigte sich Holger hilfsbereit und versprach, ihr die Daten auf USB-Stick noch vor dem Mittagessen zu bringen. Etwas beruhigt wandte sich Cleo wieder ihrer roten Liste zu und ging die Namen unter dem Gesichtspunkt durch, wer verdächtig sein könnte, Datenspionage zu begehen. Das ergab bei manchen der jungen Wissenschaftler einen neuen Blickwinkel. Fang Guangzhao von der *Shanxi University* in Taiyuan hatte sie vermutlich zu Recht auf dem Zettel, aber eben nicht für die Erpressung, und Cleo erinnerte sich, über diesen jungen Chinesen sowieso in der Direktorenrunde sprechen zu wollen. Dass er seinen Laptop als gestohlen gemeldet hatte, machte ihn noch verdächtiger. Gut, dass sie seinen Namen bei den Kriminalpolizisten genannt hatte. Wenn der Hackerangriff, die Spionage und die Erpressung zusammenhingen, war Guangzhao dringend verdächtig.

Auch auf Lancaster, der von der *Columbia University* in New York gekommen war, müssten sie dann besonders achten. Immerhin war der junge Mann hervorragend vernetzt und brachte es auf dem Gebiet der genbasierten Bluttests zu erstaunlichen Aufsätzen sowie bereits zwei Patentanmeldungen.

Eigenartig, überlegte Cleo, *dass ich den bisher nicht auf dem Schirm hatte; der könnte sich tatsächlich besonders für meine Studie über den Nachweis einer lobulären intraepithelialen Neoplasie und damit für meinen demnächst zu feiernden Früherkennungstest interessieren. Wenn das die eigentliche Zielrichtung der Erpressung ist …*

Cleo lief es heiß und kalt den Rücken herunter. Cashina fauchte. Für diesen Fall würde auch die nette Finnin wieder in den Fokus rücken, denn Meskanens Dissertation wies durchaus Berührungspunkte zu Cleos großer Studie auf. Meskanens Stelle wurde von einer britischen Pharmafirma gesponsert, die in erheblicher Konkurrenz zu *ImmuGenPharm* stand. *Das dürfte McBannister kaum gefallen,* überlegte Cleo und sah den gedrungenen Schotten vor sich.

Sie hatte ihm einiges zu verdanken, nicht zuletzt die hervorragende Ausstattung am Institut. Auch wenn Cleo von ihren Fähigkeiten und Qualitäten voll überzeugt war, ahnte sie, dass das Drittmittelvolumen, das sie bei den Berufungsverhandlungen als Mitgift hatte anbieten können, ein entscheidender Wettbewerbsvorteil gewesen war. Ohne sie wäre McBannister mit *ImmuGenPharm* vermutlich nicht zu *BaRCOSIs* wichtigstem Sponsor aufgestiegen. Die gute Zusammenarbeit in Oxford zahlte sich aus.

Cleo war dankbar, dass dieser knallharte Geschäftsmann, der Niederlagen hasste, in ihrer persönlichen Beziehung nicht nachtragend war. Immer wieder hatte er bei ihr landen wollen. Instinktiv hatte sie der Versuchung widerstanden, sich mit seinem Geld ins Bett zu legen. Dabei war Dominic keineswegs unattraktiv; zwar etwas klein und bullig geraten, aber mit einer kernigen Ausstrahlung, die Cleo an Männern von jeher gefiel. Doch unabhängig davon, dass sie befürchtet hatte, er könne in der Förderung ihrer Forschung nachlassen, sobald er sie erobert hatte, war ihr stets bewusst gewesen, dass sie diesen Mann kaum kontrollieren könnte. Das aber verlangte sie von sich und den Männern: Sie musste die Kontrolle behalten.

In diesem Moment sprang Leopold, der samstägliche Altbausanierer, aus der Erinnerung hervor, und für eine Sekunde spürte sie den ungestillten Hunger aufflammen. Ob sie ihn noch unter Kontrolle brächte? Lang genug hatte sie ihn seit Samstag zappeln lassen, falls er ernsthafter an ihr interessiert war. Die schwache Sekunde verflog. Hier und heute hatte sie Wichtigeres zu tun.

Während sie an ihrem Schreibtisch auf den Anruf aus dem Labor wartete, brütete sie über ihrer roten Liste und stellte fest, wie sehr ihr das Intranet des Instituts fehlte. Zu gern hätte sie das eine oder andere Detail in den Personalunterlagen nachgelesen. Selten war ihr so bewusst gewesen, wie vielfältig die Vernetzungen der Wissenschaftler am Institut untereinander und mit den diversen

Pharmafirmen waren, die direkt oder indirekt zu den Unterstützern des Instituts zählten.

Jede dieser Firmen versprach sich einen Vorteil von der Kooperation mit dem *BaRCOSI*, und jede Firma hatte ein Interesse daran, möglichst rasch und am besten exklusiv an marktrelevante Forschungsergebnisse zu gelangen.

Vermutlich, sinnierte Cleo, *findet unter dem Deckmantel von Teamarbeit und Kooperation weit mehr Wissenschaftsspionage statt, als man sich gemeinhin vorstellt. Dazu ist schlicht zu viel Geld im Spiel.* Geld, an dem Cleo weniger für sich persönlich als für ihre Forschung interessiert war, denn nur mit viel Forschungsmitteln konnte sie das erreichen, was sie am allermeisten wollte: Ruhm. Andere waren mit Geld allein zufriedenzustellen. Die mochten anfällig sein für die Verlockungen der Wissenschaftsspionage. Möglicherweise zählten Fang Guangzhao, Pihla Meskanen und William Lancaster zu dieser Gruppe, während Kaul vermutlich das wissenschaftliche Prestige über den wirtschaftlichen Erfolg stellen würde. Sollte Kaul entführt worden sein, konnte sie diese von der Liste ihrer Verdächtigen endgültig streichen.

Warum häuften sich ihre Verdächtigen gerade in Kauls Arbeitsgruppe? Auch Sunil Bierther, dessen Dossier sie am Wochenende beiseitegelegt hatte, gehörte zu diesem Team. Irgendetwas stank bei Kaul zum Himmel.

Cleo beschloss, sich die Projektdaten näher anzusehen, die sie aus Kauls Datenbank heruntergeladen hatte. *Zum Glück,* lobte sich Cleo selbst und versuchte, Cashina den Nacken zu kraulen, *habe ich mir die Daten auf meinen Laptop gezogen.*

Fasziniert vertiefte sich Cleo in Kauls Daten. Unter Lantenschwiers Leitung untersuchte Kaul Mechanismen, mit denen Immunzellen Tumorerkrankungen heilen oder kontrollieren konnten. In ihrem zentralen Projekt *T-Prog-Immu3* entwickelte Kaul neue Ansätze für die Tumorimmuntherapie.

Wenn diese Daten zutreffen, erkannte Cleo nach einiger Zeit, *hat sie den Schlüssel für ein bahnbrechendes Medikament gegen Pankreaskrebs entdeckt.* Aufgeregt überprüfte Cleo ein zweites Mal die Ergebnisse und stellte elektrisiert fest, dass diese Erkenntnisse Millionen wert waren und Kaul höchste Anerkennung einbringen würden.

Eine gallige Welle von Ärger und Eifersucht überrollte Cleo. Wütend tastete sie nach ihrer Katze, aber Cashina saß nicht auf ihrem Platz. Wenn Kaul mit diesen Ergebnissen an die Öffentlichkeit ging, konnte sie im Scheinwerferlicht glänzen und Cleos Erfolg mit dem Früherkennungstest in den Schatten stellen. Sollte jedoch jemand die Daten rechtzeitig abgreifen und für eine Patentanmeldung verwenden ... Cleo fiel es wie Schuppen von den Augen: Das war das Angriffsziel, hierauf hatten es die Hacker und Spione abgesehen. Dann machten die Daten aus den Immuncheckpoint-Studien auch für ihren Erpresser Sinn. Diese Einsicht machte Cleo Mut, denn dann war ihr eigener Forschungsschwerpunkt kein Angriffsziel. Wenn der Erpresser alles über das Internet abwickeln wollte, bräuchte sie einen IT-Spezialisten als Verbündeten, mit dessen Hilfe sie den Weg der Daten nachverfolgen konnte. Ihre erste Aufgabe war, die zunächst geforderten Daten so zu manipulieren, dass sie das Gesamtergebnis verfälschten. Mit etwas Glück würde das dem Erpresser entgehen, und in was auch immer diese Daten Eingang finden sollten, dort ließe sich die Verwendung der manipulierten Daten nachweisen.

Nun kam ihr zugute, dass sie mit den Techniken der Datenoptimierung Erfahrung hatte. Ehe Holger den USB-Stick mit der Datei der Alpha-Studie brachte, hatte Cleo eine geschickt veränderte Datei für die Delta-Studie erstellt, und eine Stunde später folgte sie dem per E-Mail mitgeteilten Link, hielt sich an die dort vorgegebenen Schritte und lud die Daten der beiden Studien hoch. Kaum war die Übertragung abgeschlossen, gefror die

Maske ein und ihr Laptop reagierte nicht mehr. Sie beendete den Browser über den Task-Manager, und als sie danach den Link in der E-Mail wieder anklickte, erhielt sie eine Fehlermeldung. Der Erpresser war ein IT-Profi. Cleo musste seine Überlegenheit anerkennen und fürchtete sich vor seiner nächsten Forderung, denn sie brauchte Zeit für ihre Gegenstrategie.

15

Olga jagte ihren Puls auf dem Spinning-Rad in die Höhe und konzentrierte sich angestrengt auf die Vorgaben des virtuellen Trainers beim *Cyber-Cycling*. Nach stundenlangen Gesprächen mit der Kriminalpolizei tat es ungemein gut, sich körperlich auszutoben. Immerhin lag die Suche nach Kaul nun im Verantwortungsbereich der Polizei, und auch von Recherchen zu dem am Institut für Immunologie vermuteten Geheimnisverräter waren sie befreit.

Das Landeskriminalamt hatte unter der Leitung des bekannten Ermittlers Rudolf Bolzen eine Sonderkommission eingerichtet. Der Hackerangriff und die Entführung von Kaul wurden in einem untrennbaren Zusammenhang gesehen. Die Polizei tat ihr Bestes, davon war Olga überzeugt, trotzdem hatte sie ein schlechtes Gewissen gegenüber Kaul, dass sie die Polizei eingeschaltet hatten.

Mit Blick auf das übernommene Mandat stellte sich Olga auf schwierige Gespräche ein, vor allem, wenn die Datenmanipulationen entdeckt werden würden, die Kaul vorgenommen hatte. Davon und von dem gestohlenen hp hatten nämlich weder sie noch Alex die Polizisten unterrichtet. Olga war bewusst, Wesentliches verschwiegen zu haben, aber sie wollte Alex und ihre Mandantin schützen. Auch Sonjas Beteiligung hatten sie unter den Teppich gekehrt, was Sonja die Gelegenheit gab, über die Identität der E-Mail-Empfänger von Guangzhaos Nachrichten zu recherchieren.

Bisher hatte sie keinen Treffer gelandet. Mal sehen, wer hier schneller zum Ziel gelangte: Die Kriminalpolizei mit ihren schier unerschöpflichen Ressourcen oder der pfiffige Computer-Nerd Sonja Lankess. Noch hatte Sonja einen kleinen Vorsprung, aber früher oder später würden die Spezialisten des LKA auf Guangzhaos E-Mails stoßen, zumal sie ihn bereits auf die Liste derer gesetzt hatten, die über ein Motiv verfügten, sich an der Ausspähung des *BaRCOSI* zu beteiligen.

Olga sprintete auf dem Spinning-Rad gegen das dumpfe Unbehagen an, mit dem sie dieser rätselhafte Fall erfüllte. Wenn es sich um einen bedeutenden Fall von Wissenschaftsspionage handelte, welchen Sinn machte es, eine führende Wissenschaftlerin zu entführen? Auf diese Art erpresste Erkenntnisse konnte keine Pharmafirma der Welt verwerten. Oder waren hier jemandem die Sicherungen durchgeknallt? Weil das Abfischen von Daten schiefgegangen war? Musste man sich erhebliche Sorgen um Gesundheit und Leben von Kaul machen? Oder steckte etwas anderes dahinter und bewahrheitete sich Dorothees Skepsis hinsichtlich der ehrgeizigen Arbeitsgruppenleiterin? Fragen über Fragen, und seit Freitag, dem Dreizehnten, gab es keine einzige zuverlässige Antwort.

Zurück in der Kanzlei erwartete sie eine junge Kommissarin aus dem Team von Rudolf Bolzen und bat um ein weiteres Gespräch. Sie hatte ein hübsches, aber schiefes Gesicht, das sie mit einer asymmetrischen Frisur sogar betonte. In dunkelblauem Hosenanzug und weißer Bluse wirkte sie wie ein braves Mädchen von nebenan, eindeutig der Prototyp der guten Polizistin, der jeder alles anvertraut. Olga wappnete sich und führte die Kommissarin in ihr Besprechungszimmer.

»Haben Sie mit meiner Sekretärin die Kaffeefrage geklärt?«, wollte Olga wissen. »Oder darf ich Ihnen ein Wasser anbieten, Frau …?«

»Klitzke, Kriminalkommissarin Gerda Klitzke«, stellte sie sich vor und schüttelte den Kopf. »Danke, dass Sie Zeit für mich haben. Herr Bolzen meinte, wir sollten einige Dinge vertieft betrachten, die sie heute Vormittag mit ihm besprochen haben.«

»Fragen Sie«, lud Olga die Kommissarin ein.

»Seit wann kennen Sie Frau Kaul?«

»Seit letztem Freitag, ungefähr neun Uhr dreißig. Da stand sie unangemeldet vor meiner Kanzleitür und bat um ein Beratungsgespräch.«

»Vorher hatten Sie keinerlei Kontakt zu ihr?«

»Nein. Als Frau Kaul vor der Tür stand, war sie eine Fremde für mich.«

»Wie, auf welchem Weg, durch welche Empfehlung kam Frau Kaul zu Ihnen?«

»Keine Ahnung.«

»Sie haben nicht gefragt?«

»Doch. Sie hatte keine umfassende Antwort.«

»Machte Sie das stutzig?«

»Nein.«

»Sie sind Expertin für Fragen von Wirtschafts- und Wissenschaftsspionage?«

»Nein.«

»Haben Sie viele Mandanten, die ›einfach so‹ vorbeikommen?«

»Ich führe keine Marktanalyse durch.«

»Sie haben mit Herrn Sorger zuerst die Wohnung Ihrer Mandantin inspiziert, sich dann zu Hause beraten und erst später die Polizei informiert?«

»Richtig.«

»Warum?«

»Mir war es wichtig, eine Abwägung zwischen Dringlichkeiten und dem möglichen Willen meiner Mandantin vorzunehmen.«

»Obwohl offensichtlich eine schwere Straftat vorlag, die unverzüglich zur Anzeige gebracht werden müsste.«

»Nach meiner Einschätzung liegt höchstens Freiheitsberaubung und damit keine Katalogstraftat vor.«

»Erpresserischer Menschenraub?«

»Machen Sie mal halblang. Wir können nicht mal ausschließen, dass sich meine Mandantin freiwillig entschieden hat, derzeit unauffindbar zu sein. Hätte ich sofort die Polizei gerufen, hätte ich vielleicht gegen den mutmaßlichen Willen meiner Mandantin gehandelt. Ich habe Bedenkzeit gebraucht, um meinen Abwägungsvorgang abzuschließen.«

»Ich wollte Ihnen keinesfalls zu nahetreten«, sagte die Kommissarin mit süßlicher Stimme. »Lassen Sie uns einen anderen Aspekt betrachten. Frau Kaul kam wegen einer Angelegenheit zu Ihnen, die sich auf Wissenschaftsspionage bezieht?«

»Korrekt«, erwiderte Olga einsilbig und ärgerte sich darüber, mit der letzten Antwort aus der Reserve gelockt worden zu sein. Es war immer ein Fehler, mehr zu sagen als das, was unmittelbar mit der Frage zu tun hatte. Immerhin sah sie in der Kommissarin nicht mehr nur die gute Polizistin.

»Könnten Sie das genauer ausführen?«

»Nein. Mein Gespräch mit Frau Kaul fällt unter das Anwaltsgeheimnis.«

»Frau Kaul hat zudem Herrn Sorger beauftragt, gewisse Recherchen durchzuführen. Bezogen auf namentlich genannte Verdächtige?«

»Der Auftrag an Herrn Sorger ist unabhängig von meinem Mandat.«

»Trifft es zu, dass Herr Sorger manchmal für Sie ermittelt?«

»Ja.«

»Frau Kaul hat Herrn Sorger durch Ihre Vermittlung kennengelernt?«

»Ja.«

»Sie tauschen sich hinsichtlich gewonnener Erkenntnisse mit Herrn Sorger aus?«

»Soweit notwendig.«

»Und das Anwaltsgeheimnis?«

Bingo, die Kommissarin ist raffiniert. Olga musste auf der Hut sein.

»Für Herrn Sorger gilt das Anwaltsgeheimnis nicht.«

»Sie erzählen ihm also alles?«

»Natürlich nicht. Aber er darf mir erzählen, was er für relevant hält. Ich stelle ihm lediglich Fragen.«

»Kann es sein, Frau Anwältin, dass Sie uns etwas verschweigen?«

»Selbstverständlich. Das ist der Sinn des Anwaltsgeheimnisses.«

»Ihre Mandantin ist vermutlich entführt worden. Wäre es nicht Sinn Ihres Mandantenverhältnisses, alles zu unternehmen, um Frau Kaul aus dieser misslichen Lage zu retten?«

»Deshalb habe ich gestern Herrn Sorger gebeten, die Polizei einzuschalten. Es ist an Ihnen, alles zu unternehmen, um jede Gefährdung meiner Mandantin auszuschließen.«

»Sie enthalten uns dafür jedoch wesentliche Informationen vor.«

Olga schüttelte den Kopf und fixierte die leicht schielenden Augen der Kommissarin. Gerda Klitzke wandte den Blick ab. *Das ist deine Schwachstelle,* erkannte Olga mit Genugtuung und nahm sich vor, kräftiger dagegenzuhalten.

Doch das war nicht notwendig, denn die Kommissarin erhob sich und verabschiedete sich mit den Worten: »Danke für Ihre Kooperationsbereitschaft. Wir werden darauf zurückkommen.« An der Tür drehte sich Klitzke noch einmal um. »Bemerkenswert finden wir es schon, dass Sie mit einem verkrachten LKA-Ermittler zusammenarbeiten.«

Olga hatte die Gemeinheit dieser Bemerkung verstanden und streckte den Mittelfinger der rechten Hand in die Höhe, nachdem Klitzke die Tür hinter sich geschlossen hatte. Dann tippte sie für Alex eine SMS: *Können wir uns treffen?*

Eine Stunde später saßen sie bei Ben an der Bar und tranken kräftigen Rauchtee. Olga berichtete von ihren Gesprächen mit den Kriminalbeamten, insbesondere mit Kommissarin Klitzke.

»Bolzen kann nichts ruhen lassen«, bemerkte Alex. »Er hat heute Vormittag versucht, mich in die Mangel zu nehmen. Er hat immer noch nicht überwunden, dass ich den Kommissarslehrgang besser als er abgeschlossen habe. Für uns ist er natürlich keine Hilfe, von dem erfahren wir nichts.«

»Was sollen wir tun?«

»Wir halten uns an unsere Aufträge und versuchen das Beste.«

»Ist das nicht hoffnungslos?«

»Schwierig ist's schon. Übrigens hält Frau Professor Ascher heute Abend einen Vortrag in der Bayerischen Akademie der Wissenschaften. Öffentlich. Eintritt frei. Habt ihr Lust, gehen wir hin und schauen uns die Professorin an, zu der ich recherchieren soll?«

»Warum nicht? Später rede ich mit Sonja.«

»Ein paar Sachen habe ich über die Professorin schon herausbekommen«, sprach Alex weiter. »Sie ist eine Überfliegerin. Bevor sie die Stelle am *BaRCOSI* und den Lehrstuhl an der Universität erhalten hat, hat sie zwei Jahre in Oxford geforscht und sich da für das Professorenamt qualifiziert. Sie ist seitdem Mitglied eines englischen Netzwerks für Immunologie und hat beste Verbindungen zu britischen Pharmakonzernen. Eine Firma namens *ImmuGenPharm* hat ihr eine groß angelegte Studie finanziert. Diese Forschungsgelder hat sie von Oxford mit nach München genommen. Seit sie am *BaRCOSI* arbeitet, ist diese Firma zudem der größte Drittmittelgeber des Instituts.«

»Aha«, kommentierte Olga und trank ihren Rauchtee aus.

»Es wird noch besser«, fuhr Alex fort. »Der Hauptinvestor bei *ImmuGenPharm* ist ein gewisser Dominic McBannister.«

»Den hat mir Kaul als dubiosen Finanzhai geschildert, der mit seinem Investmentfonds in vielen Firmen mitmischt und an raschen und hohen Gewinnen interessiert ist. Sonja wollte sich den mal näher anschauen. Aber ich glaube, sie ist noch nicht dazu gekommen. Ich hatte allerdings bisher eine Verbindung zwischen McBannister und Leneghan im Sinn.«

»Oh, das frettchenhafte Babyface«, grinste Alex. »Nicht auszuschließen. Über den müssten wir noch mehr herausbekommen. Aber zurück zu dem schottischen Milliardär. Er hat den zweifelhaften Ruf, bei den von ihm beeinflussten Firmen das schnelle Pfund über alles zu stellen, also auch über die Qualität der Produkte.«

»Ist er so eine Art Heuschrecke?«

»Kann sein. Er investiert mit Vorliebe in junge Unternehmen und lässt sich hohe Gewinnanteile zusichern. *ImmuGenPharm* hat vor einigen Jahren ein Medikament zur Behandlung von AIDS entwickelt, das wirksam und extrem teuer ist. Angeblich kommt es bei diesem Medikament regelmäßig zu gewissen Verunreinigungen. Die sollen keinen Einfluss auf die Wirksamkeit haben, jedoch in Einzelfällen allergische Reaktionen auslösen. Trotzdem wird das Medikament verkauft und die Verunreinigungen werden mehr oder weniger verheimlicht. In den USA läuft deswegen seit Jahren ein Gerichtsverfahren. Besser gesagt, ein anhängiges Verfahren kommt nicht voran. Böse Zungen behaupten, das läge an geschickter Lobbyarbeit der Firma bei den Richtern.«

»Wer mit solchen Methoden arbeitet, meinst du, ist auch sonst nicht zimperlich?«

»Jedenfalls finde ich die Verbindung von Ascher mit McBannister interessant. Vielleicht liegt Kaul mit ihrem Verdacht gegen Ascher gar nicht so falsch.«

»Gut, wir schauen uns die Dame heute Abend mal an«, beschloss Olga und verabschiedete sich von Alex.

Sonja zeigte sich über die Abwechslung erfreut und sagte sofort zu, Olga und Alex am Abend in die Akademie zu begleiten. Dann nahm sie Olga bei der Hand und führte sie vor ihren Computer.

»Hinsichtlich der E-Mail-Adressen habe ich interessante Einblicke erhalten«, berichtete sie stolz. »Die Empfänger von Guangzhaos Nachrichten verstecken sich hinter Google-Mail-Adressen, die in der Volksrepublik China nicht verwendet werden können, weil Google mit seinen Diensten dort gesperrt ist.«

»Heißt das, Guanzhao schickte die Daten nicht nach China?«

»Wahrscheinlich auf Umwegen. Schau mal«, sagte Sonja und deutet auf einen Blog *Make Science Better*. »Die Wissenschaftler auf diesem Blog machen sich seit einiger Zeit auf die Suche nach gefälschten Aufsätzen in Forschungszeitschriften. Sie kommen zu dem Ergebnis, dass es gerade für chinesische Wissenschaftler ganze Fälscher-Agenturen gibt, die Fake News aus der Forschung produzieren und den Wissenschaftlern zu Platzierungen in den Fachjournalen verhelfen.«

»Interessant«, kommentierte Olga. »Kannst du mir ausdrucken, was die da alles schreiben?«

Sonja lachte und gab Olga einen Kuss. »Die Artikel, die sich unmittelbar mit chinesischen Fälschungen und mit Fälscher-Agenturen beschäftigen, drucke ich dir aus. Das könnte eine vielversprechende Spur sein.«

»Du meinst, Guangzhao schickt Daten an so eine Agentur und lässt sich dort Artikel schreiben, die er dann unter seinem Namen veröffentlicht?«

»Jedenfalls würde ich diese Möglichkeit in Betracht ziehen.«

»Was hat er davon? Sein Institut würde rasch Kenntnis erlangen und dann stünde fest, dass er unberechtigt Daten verwendet hat.«

»Hm«, zog Sonja einen Schmollmund. »Vielleicht verschleiert er über die Agentur die Informationskanäle und der Artikel wird einem anderen gutgeschrieben, der in China dafür belohnt wird?«

»Mir erscheint das alles mysteriös. Vielleicht lässt er sich einfach dafür bezahlen, dass er Daten an Dritte weitergibt. Ich wollte, ich könnte mich mit jemand austauschen, der sich mit Wissenschaftsfälschungen auskennt.«

»Deine Mandantin wäre bestimmt kein schlechter Gesprächspartner. Wenn wir nur wüssten, wo sie steckt und was mit ihr geschehen ist.«

»Ich mache mir Sorgen«, erwiderte Olga und spürte eine eigenartige Anspannung. Je mehr Informationen sie über die Welt der medizinischen Forschung erhielt, umso undurchsichtiger erschienen ihr die Zusammenhänge. Was Kaul anging, türmten sich die ungelösten Rätsel. Wer konnte ein Interesse daran haben, sie zu entführen? Wer hatte ein Motiv und was für eines? Ging es um wissenschaftliche Ergebnisse? Oder steckte etwas völlig anderes dahinter?

Wir haben uns, erschrak Olga, *noch keine Minute über Kauls privates Umfeld Gedanken gemacht.* Darüber musste sie unbedingt mit Alex sprechen. Dieses Versäumnis mussten sie rasch nachholen.

»Ob man sich auf die Polizei verlassen kann?«, fragte Sonja und riss Olga aus ihren Gedanken.

»Der Leiter der Ermittlungskommission genießt einen guten Ruf«, erwiderte Olga. »Aber er kann Alex nicht ausstehen. Daher werden wir vermutlich von der Polizei keinerlei Informationen erhalten. Eher habe ich den Eindruck, die Kriminaler sehen in Alex und mir Behinderer ihrer Ermittlungen.« Sie erzählte von dem Besuch der Kommissarin Klitzke und deren Bemerkung zum Abschied.

»Das ist ungut«, pflichtete Sonja Olga bei. »Wie geht es weiter?«

»Alex will auf eigene Faust ermitteln und seinem Auftrag gerecht werden. Ich muss versuchen, im Interesse von Kaul mehr Licht ins Dunkel zu bringen. Obwohl ich die Angelegenheit gern der Polizei überlassen würde.«

»Hast du Angst, in ein Wespennest zu stechen?«, fragte Sonja und nahm den Stapel Papier mit den Artikeln des *Make-Science-Better*-Blogs aus dem Drucker.

»Ja«, gestand Olga und nahm die Ausdrucke entgegen. »Es geht um verdammt viel Geld.«

Der Saal war gut besucht, als sich Olga, Alex und Sonja einen Platz in den vorderen Reihen suchten. Auf der Leinwand hinter dem Podium stand der Titel des heutigen Vortrags neben einem Bild der Dozentin, einem ausdrucksstarken femininen Gesicht: *Immunzellen als »living drugs« – Prof. Dr. Cleo Berenike Ascher, Bavarian Research Center for Oncological Studies and Immunology.*

Ein erwartungsfrohes Summen erfüllte den Saal, als ein älterer Herr das Podium bestieg und sich dem Rednerpult näherte. Er klopfte mit einem Finger auf das Mikrofon. Mit dem satten Plopp aus den Lautsprechern verstummte das Publikum.

Er räusperte sich und begann zu sprechen: »Medizin hat in China große Tradition, und da Sie in mir, meine Damen und Herren, zu Recht einen Kenner Chinas und keinen medizinischen Fachmann vermuten, erlauben Sie mir zu Ihrer Begrüßung einige sinologische Gedanken. Hinsichtlich der überlieferten Quellen können wir bei der chinesischen Medizin auf rund 3.000 Jahre zurückblicken. Dabei durchläuft die Medizingeschichte mehrere Phasen, die jede für sich ein Abbild der Gesellschaft und ihrer Anschauungen ergeben. Stets steht im Zentrum medizinischer Überlegungen die Frage, woher die Krankheit kommt. Daraus leitet sich die entsprechende Therapie ab. Die Einwirkung von Ahnen oder Dämonen wurde für krankmachend gehalten oder die Krankheit war eine Strafe für ein Fehlverhalten oder der Mensch wurde aus seiner Balance gerissen und verlor dadurch seine Gesundheit. Aus diesen Wurzeln heraus entwickelte sich, gepaart mit reichhaltigen Erfahrungen in der Anwendung von unterschiedlichsten Wirkstoffen, die traditionelle chinesische

Medizin, die seit einigen Jahrzehnten auch bei uns in Europa zunehmend Beachtung findet.«

Nachdem der Präsident der Akademie sich noch einige Minuten über die Geschichte der Medizin in China ausgelassen hatte, schlug er den Bogen zur Referentin und deren Thema.

»Die moderne westliche Medizin, und hier vor allem die Arzneimittelforschung, steht in einem intensiven Wettbewerb mit China, jedoch nicht mehr allein in der Methode, sondern gerade auch in der von westlichen Ansätzen geprägten Pharmakologie. Dies gilt ganz besonders für den Bereich, in welchem unsere heutige Referentin mit exzellenten Ergebnissen tätig ist: die Immunologie. Sie arbeitet an einem der drei führenden Institute in der Welt, dem *Bavarian Research Center for Oncological Studies and Immunology*, kurz *BaRCOSI* hier in München. Dort werden die Funktionen und Interaktionen der verschiedenen Immunzellen und ihrer Botenstoffe erforscht. Die so gewonnenen Erkenntnisse fließen in die Entwicklung moderner Medikamente gegen Tumorerkrankungen und Autoimmunerkrankungen ein. Diese Medikamente werden in Zusammenarbeit mit dem Universitätsklinikum in frühen klinischen Studien erprobt. Frau Professor Dr. Cleo Berenike Ascher leitet die Abteilung für die Gen-Immuntherapie. Unter ihrer Führung geht es um die konkrete präklinische Entwicklung von Immunzelltherapeutika. Das umfasst die Identifikation, Differenzierung, Expansion und präklinische Testung therapeutisch relevanter Immunzellpopulationen und führt im Idealfall zu besseren Vorsorgemethoden und spezifisch wirksamen Medikamenten. Pharmakologisch ist das, was Professorin Ascher erreichen will, vergleichbar mit der Landung auf dem Mond vor mehr als fünfzig Jahren. Noch wissen wir nicht, ob alles gelingt, was sich die Immunologen vorgenommen haben, aber mit Frau Ascher forscht hier in München eine Erfolgsgarantin. Ihr Lebensweg ...«, führte der Präsident nun zur Vita der Professorin aus, was Olga bereits von der Homepage des

Instituts kannte. Allerdings klangen die bewundernd erwähnten wissenschaftlichen Stationen der Professorin aus dem Mund des Akademiepräsidenten weit gewichtiger, als wenn man sie als medizinischer Laie las.

Warum um alles in der Welt, fragte sich Olga, *sollte diese Frau irgendetwas Unredliches tun?* Ihr Stern war aufgegangen und strahlte hell, dabei schien sie erst am Anfang einer großen Karriere zu stehen. *Nein,* beschloss Olga, *diese Frau wird zu Unrecht von Kaul des Geheimnisverrats verdächtigt.* Olga war nun erst recht neugierig, Ascher live am Rednerpult zu erleben.

Endlich war es so weit. In einem dunkelblauen Hosenanzug betrat eine adrette Frau die Bühne, trat ans Mikrofon und betörte augenblicklich mit einer sonoren, leicht rauchigen Stimme.

»Danke, Herr Präsident, für Ihre einführenden Worte. Danke, meine Damen und Herren, für Ihr Interesse. Danke an die Technik für das Einspielen einiger Bilder«, begann sie ihren Vortrag und deutete auf die Leinwand, wo mehrere Reagenzgläser und eine blau behandschuhte Hand mit einer Pipette abgebildet waren.

»Was Sie dort sehen, ist unser Alltag. Wir greifen weder nach den Sternen noch nach dem Mond, wir greifen ganz handfest Tag für Tag zur Pipette und machen unser Handwerk im Labor. Natürlich hoffen wir alle, dass sich das Sprichwort ›Handwerk hat goldenen Boden‹ auch bei uns bewahrheitet. Unser Idealismus jedenfalls ist grenzenlos«, und dabei deutete sie wieder auf die Leinwand, auf der knapp dreißig meist junge Menschen zu sehen waren, alle in weißen Kitteln mit blauen Plastikhauben über den Haaren.

Olga war beeindruckt von der souveränen Selbstsicherheit, mit der die Professorin bescheiden, aber nicht zurückhaltend die Arbeit ihrer Arbeitsgruppen schilderte und dabei immer tiefer in die wissenschaftlichen Zusammenhänge eindrang. Das Publikum folgte ihren Ausführungen atemlos. In angenehmer Modulation und leicht verständlichem Deutsch entführte Ascher die Zuhörerschaft in die Welt des Kleinsten, in die Welt der Zellen, die sich im menschlichen Körper um die unterschiedlichsten Aufgaben kümmern, und es hörte sich an wie die Schilderung einer Abenteuerreise in ein unbekanntes Land. Olga bewunderte den Vortrag und die Vortragsweise. Ascher schlug das Publikum in ihren Bann, und als sie sich für die Aufmerksamkeit bedankte, brandete Beifall auf wie nach einem furiosen Theaterstück. Nein, diese Frau stand über den Dingen, jeder negative Gedanke verbot sich von selbst, und glasklar lag es für Olga auf der Hand: Nina Kaul war eifersüchtig.

Nach einer kurzen Fragerunde strömte ein Gutteil des Publikums in einen breiten Flur an den Nebenausgängen des Vortragssaals und von dort in zwei kleinere Säle. Auf Stehtischen waren Partybrezen und Partysemmeln angerichtet, seitlich gab es improvisierte Theken für Getränke, die von sympathischen Servicekräften gereicht wurden. Olga, Alex und Sonja schlenderten betont lässig in die Richtung, in welche der Akademiepräsident mit der Referentin gegangen war, und suchten sich einen Stehplatz in der Nähe. Olga würde später versuchen, der Professorin einige Fragen zu stellen. Jetzt machte sie keinen Hehl aus ihrer Begeisterung.

»Wo viel Licht ist, ist viel Schatten«, urteilte Sonja und analysierte den Auftritt der Professorin. »In ihrer Selbstsicherheit steckt die gebündelte Kraft eines Menschen, der alles und jeden unter Kontrolle haben will. So sehr sie das Team mit ihren Worten in den Vordergrund zu spielen versucht, so sehr ist sie in Wahrheit die Autokratin ihrer Abteilung. Sie ist bis in die letzte Haarspitze eitel und von sich überzeugt. Sie ist, wenn du mich fragst, eine narzisstische Egomanin.«

»Bist du eifersüchtig?«, fragte Alex spöttisch.

»Nicht für viel Geld würde ich mit Ascher tauschen wollen.« Sonja schüttelte den Kopf. »Ist euch aufgefallen, mit was für einem selbstgefälligen Lächeln sie angedeutet hat, bald mit einer medizinischen Sensation vor die Presse treten zu können? Allein diese Ankündigung stand im diametralen Widerspruch zu ihrer ›handwerklichen Bescheidenheit‹. Nein«, beendete Sonja ihre Bewertung, »mit dieser Frau ist nicht gut Kirschen essen.«

Olga nickte nachdenklich und beobachtete die Professorin. Diese stand in ein angeregtes Gespräch vertieft mit dem Präsidenten und zwei hochbetagten Herren etwas abseits und nahm nebenbei Komplimente von vorbeigehenden Zuhörern entgegen. Ascher strahlte über das ganze Gesicht. Sie genoss den Erfolg ihres Vortrags sichtlich. Allerdings fiel Olga auf, wie nervös die Professorin immer wieder auf die Uhr blickte. Hatte sie noch etwas vor? Das erschien Olga ungewöhnlich für so einen Abend und sie machte Alex darauf aufmerksam.

»Wenn hier alle gehen«, pflichtete ihr Alex bei, »bleibe ich ihr auf den Fersen. Das entspricht sowieso meinem Auftrag. Mal sehen, was an Sonjas Misstrauen dran ist.«

16

Er musste weniger als eine halbe Stunde warten, dann kam Ascher unbegleitet aus der Tür der Akademie und lief zügig die Straße entlang zu einer Straßenbahnhaltestelle. Alex kontrollierte seine Geldbörse und stellte erleichtert fest, eine Streifenkarte dabeizuhaben; er wollte nicht noch einmal in eine Fahrscheinkontrolle geraten und nur mit viel Glück davonkommen. Ascher stieg in den vorderen Teil der Straßenbahn, Alex setzte sich ans Ende und behielt den halb vollen Wagen im Blick. Nach wenigen Stationen verließ die Professorin die Tram. Alex folgte ihr unauffällig, bis sie in einem Jugendstilhaus verschwand. Er kontrollierte das Klingelbrett und suchte sich auf der gegenüberliegenden Straßenseite einen versteckten Warteplatz in der Hoffnung, dass die Wissenschaftlerin noch einmal ihre Wohnung verließ. Er setzte auf seinen Ermittlerinstinkt und ergab sich geduldig in das Warten.

Das Bild der attraktiven Forscherin vor sich, wanderten seine Gedanken zu Dorothee und dem gestrigen Abend. Sie hatten sich wegen des Einbruchs bei Nina Kaul gestritten. Dorothee hatte ihm heftige Vorwürfe gemacht, die Polizei verzögert alarmiert zu haben. Seine Eigenmächtigkeiten wären aus Sicht einer Ermittlungs- und Strafverfolgungsbehörde nicht hinnehmbar. Er behindere die Arbeit der Polizei und stelle die vermeintlichen Rechte seiner Auftraggeber über die Prinzipien des Rechtsstaats.

Nur der vorgerückten Stunde zuliebe artete der Streit nicht aus und zeigte sich Dorothee einer Versöhnung aufgeschlossen, die in einer leidenschaftlichen Viertelstunde ihren Ausdruck fand, nach der Alex wie ein gefällter Baum eingeschlafen war. Beim Frühstückskaffee hatte Dorothee ihn ermahnt, mit der Kriminalpolizei zu kooperieren.

Alex wusste, sie würde immer wieder auf seine eigenwilligen Methoden zurückkommen. Er wollte sich nicht ausmalen, wie sie in Rage geraten würde, erführe sie von seinem Diebstahl des Laptops von Guangzhao, den sie für unbeteiligt hielt. Immer wieder legte sie ihm Lancaster nahe und bedauerte offensichtlich, sich nicht in die Ermittlungen einschalten zu können. Das mochte sich nun ändern, da das Landeskriminalamt eine Sonderkommission unter der Leitung des ihr gut bekannten Rudolf Bolzen eingerichtet hatte.

Alex traute Dorothee jede Einmischung zu, wenn sie den Rechtsstaat in Gefahr sah. Seiner Verliebtheit jedenfalls schadete Dorothees Pflichtbewusstsein erheblich. Alex begann sich mit dem Gedanken anzufreunden, die längste Zeit eine Beziehung mit Dorothee gehabt zu haben. *Ich habe offensichtlich kein Glück mit den Frauen,* haderte er mit seinem Schicksal und landete unversehens wieder einmal bei seiner Tochter Lisa. Vielleicht sollte er auf das Angebot seiner Ex-Frau eingehen und Lisa einen Brief schreiben, den Judith weiterleiten würde. Da war diese Leerstelle in seinen Gefühlen, diese verlorenen Erinnerungen, die ihn schmerzten. Er trauerte dem fröhlichen Kinderlachen der Dreijährigen nach. Das *Weißt-du-noch-damals* fehlte ihm. Sollte er ihr das schreiben? Mit welchen Worten? Er fühlte sich unwohl bei dem Versuch, diese Gefühle zu formulieren. Das war nicht seine Welt. Wenn es darum ging, Sachverhalte möglichst präzise zu beschreiben, hielt er sich für hinreichend kompetent – aber Gefühle?

Erleichtert bemerkte Alex, dass Ascher ihr Wohnhaus verließ. Unter einem leichten Mantel trug sie ein raffiniert geschnittenes Kleid.

Mal sehen, in was für ein Getümmel sie aufbricht.

Das war seine Welt: Agieren im Hier und Heute mit einem klar umrissenen Auftrag, beobachten, was vor sich ging und Buch führen über die festgestellten Ereignisse.

Konzentriert darauf bedacht, nicht aufzufallen, folgte er der Forscherin in gebührendem Abstand. Plötzlich stutzte er. Aus dem Schatten eines Hauseingangs trat ein dunkel gekleideter Mann, der sich an Aschers Fersen heftete. Umsichtig darauf bedacht, von diesem nicht bemerkt zu werden, setzte Alex die Beschattung fort. Nach wenigen Minuten gab es für ihn keinen Zweifel mehr: Die Forscherin wurde verfolgt. Sie bemerkte es nicht. Vielmehr lief sie zielstrebig durch die Straßen und gelangte nach einer Viertelstunde zu einem stadtbekannten Tanzklub, den sie mit der gleichen Selbstsicherheit betrat wie vor drei Stunden das Podium der Wissenschaftsakademie. Ihr Schattenmann verharrte einige Minuten vor dem Schaufenster eines benachbarten Uhrengeschäfts, dann betrat er das Etablissement.

Alex musterte argwöhnisch seinen eigenen Anzug. Nicht die passendste Kleidung für einen angesagten Partytreffpunkt. Doch noch schien es Alex früh genug am Abend, um als langweilig aussehender Tänzer eingelassen zu werden.

So war es auch: Anstandslos konnte er den bulligen Türsteher passieren und an der Garderobe seinen Mantel abgeben. Langsam schlenderte er durch die untere Ebene des Tanzklubs. Die lang gestreckte Bar war gut besucht, aber von den um die Tanzfläche stehenden Tischen war lediglich jeder zweite besetzt. Auf dem Parkett tummelten sich etliche Salsa-Anfänger, die nach den Vorgaben einer Tanzlehrerin Grundschritt und erste Figuren einübten.

Ascher und ihr Schattenmann waren nirgends zu sehen, was Alex kaum überraschte. Sicher war die Professorin eine ausgezeichnete Tänzerin und würde Anfänger meiden. Insgeheim bedauerte Alex das, denn hier hätte er vielleicht einen Tanz wagen können. Unbegabt, wie er für rhythmische Bewegungen leider war, konnte er sich auf den nächsten beiden Ebenen allenfalls passiv am Geschehen beteiligen. Erstaunlicherweise schien der Altersdurchschnitt der Gäste weit jenseits der Jugend zu liegen, und in der Tat bemerkte er nicht nur eine Frau in der Runde, die den Dreißigern entwachsen schien.

Erstaunt stellte er an sich das Abschweifen seiner Aufmerksamkeit fest. Nach Frauen Ausschau zu halten, war ihm noch vor wenigen Tagen undenkbar erschienen, doch nun zog ihn eine attraktive Blondine am hintersten Ende des Tresens magisch an. Sie war kaum jünger als er selbst, ihr gewelltes Haar hatte denselben Goldton wie Sonjas Haare und ihre blauen Augen bewiesen Feuer. Als Alex nah genug heran war, erschrak er über sich selbst, denn die Frau erinnerte ihn frappierend an Judith.

Immer wieder, ärgerte sich Alex, *bin ich in Versuchung, auf diesen Frauentyp anzusprechen*. Er drehte auf dem Absatz um und ging zur Treppe, hinauf in die nächste Ebene. Auf der Tanzfläche wirbelten einige sportliche Paare zu flotten Salsa-Klängen, Tische und Tresen waren spärlich besetzt. Alex nahm die Treppe zur dritten Ebene. Hier spielte die Musik einige Dezibel leiser als ein Stockwerk tiefer. Er war auf der Tango-Ebene angelangt, und die Melodie des argentinischen Tangos ging sogar ihm ins Blut.

Als er den Tanzsaal betrat, entdeckte er Ascher sofort. Die Wissenschaftlerin plauderte angeregt mit einem jungen Mann, der sie halb bewundernd, halb amüsiert anschaute. Sie beugte sich im Reden leicht nach vorne und gewährte ihrem Gegenüber verlockende Einblicke in ihr Dekolleté, denen sich ihr Gesprächspartner bemüht verweigerte.

Was hatte Sonja analysiert? *Ascher ist ein Mensch, der alles und jeden unter Kontrolle haben will. Wie zutreffend,* urteilte Alex und durchmaß gemächlich den Raum auf der Suche nach Aschers Schattenmann. Der hatte sich an einen Tisch gesetzt, von dem aus er Tresen und Treppenabsatz im Auge behalten konnte. *Das ist nicht seine erste Beschattung,* ahnte Alex und musterte Aschers Verfolger, während er auf einen freien Barhocker neben einer dramatisch gekleideten Tangoqueen zusteuerte.

»Darf ich?«, fragte er und bemerkte ihr kurzes Zaudern, ehe sie gönnerhaft nickte. Alex verzieh ihr, schließlich sah er beileibe nicht wie ein kühner Tango-Tänzer aus mit seinem altmodischen Anzug und dem kaum verborgenen Bauch. *Wenn schon nicht wegen Dorothee, dann zumindest für mich selbst sollte ich ernst machen mit dem Abnehmen,* grummelte Alex in sich hinein und beobachtete Aschers Beobachter. Schlank, schmales Gesicht, kaum älter als Anfang dreißig, tief liegende Augen, gewelltes braunes Haar. Unauffällig gekleidet, schwarze Jeans, schwarze Jacke, lässig ein halb offenes weißes Hemd, moderne Sneakers an den Füßen.

»Was darf's sein?« Der Barkeeper, freundlich und aufmerksam.

»Gin Tonic bitte.«

»Welcher Gin?«

»Gewürzbetont, herb.«

»Geht klar.«

Am Handgelenk trug Aschers Schatten eine dezente Uhr, vermutlich sehr teuer. Das war kein armer Bettelstudent. Als der Kellner ihm und den beiden Frauen an seinem Tisch die Drinks brachte, übernahm er die Zeche. Seine Tischnachbarinnen prosteten ihm zu. Er erwiderte galant und ließ gleichwohl seine Zielperson nicht aus den Augen. *Geschickt, geschickt,* erkannte Alex die Professionalität des Beschatters an und fischte seine Geldbörse aus der Hosentasche.

»Twelve Monkeys«, erläuterte der Barkeeper. »Vierzehnsechzig.«

Alex schob ihm einen Zwanzig-Euro-Schein hin und winkte ab. »Stimmt so.«

»Bist du nur spendabel oder auch ein guter Tänzer?«, eröffnete seine Nachbarin den Tresenflirt.

»Weder noch«, erwiderte Alex und erhob sein Glas. »Lediglich großzügig.«

»Heißt das, du tanzt nicht?«

»Leider ja.«

»Warum bist du dann hier?«

»Ich liebe die Musik.«

Aschers Schatten unterhielt sich angeregt mit seinen beiden Tischdamen, während die Professorin auf der Tanzfläche ihren jungen Galan von Figur zu Figur führte.

»Das ist ein Argument«, antwortete die Tangoqueen. »Trotzdem schade.«

Ascher tanzte exzellent, und obzwar sie mit ihrem Partner etwas Mühe zu haben schien, hatte sie ihn unter Kontrolle.

»Es sind einfach zu wenig Tänzer hier«, fuhr Alex' Nachbarin fort und deutete auf Ascher. »Und zu wenig Gute. Schau die da an, wie perfekt die ihre Schritte und Figuren setzt. Ihren Mann muss sie führen wie ein Jockey seinen Hengst. Das ist ein Jammer.«

»Woran siehst du das?«, fragte Alex.

Seine Nachbarin lachte. »Du kannst wirklich nicht tanzen. Schau nur, wie ungelenk der Mann in seinen jeweils nächsten Schritt hineinfällt. Von allein könnte der keine drei Takte korrekt durchtanzen.«

»Ist die Frau so gut?«, tat Alex erstaunt.

»Die ist Extraklasse«, lobte seine Nachbarin und hielt ihm ihr Glas hin. »Ich bin Eleonor.«

»Alexander.« Er stieß mit ihr an und blickte wieder auf Aschers Schatten. Dessen unauffällige Aufmerksamkeit ließ keinen Augenblick nach. Er behielt die Forscherin stets im Blick. Jetzt zückte er sein Handy und tat, als würde er Nachrichten lesen, aber Alex' geschultes Auge erkannte, dass er fotografierte. Was führte er im Schilde?

»Was machst du beruflich?«

»Fotografieren.«

»Porträts?« Eleonor bemühte sich, das Gespräch am Laufen zu halten.

Da Alex versuchen musste, unauffällig zu bleiben, ging er darauf ein. Aschers Schatten könnte ansonsten auffallen, dass hier noch einer weder um des Tanzens noch um des Flirtens willen hier war. »Könnte man so sagen«, gab Alex eine verrätselte Antwort und prostete Eleonor zu.

»Bist du am Ende ein Modefotograf?«

»Im weitesten Sinn. Weißt du, ich sehe mich in erster Linie als Künstler, ein Künstler, der von Menschen das zutreffende Bild schießt.«

»Wie würde das bei mir aussehen?«

Alex schaute sie lange an, legte den Kopf schief, kratzte sich am Kinn und rieb schließlich mit dem Mittelfinger der rechten Hand über die steile Furche oberhalb seiner Nasenwurzel. »Unbedingt schwarz-weiß. Der Rock etwas wild verrutscht, wegen des Beins, du verstehst?«

»Vielleicht mit Strumpfband?«

»Nein, weniger verrucht als vielmehr lässig, wie nach einer durchtanzten Nacht. Das Mieder ein wenig offen ...«

»Du Schelm.« Sie lachte und öffnete einen Knopf ihrer Bluse. »Besser?«

»Fantastisch!«

Ascher führte ihren Knaben von der Tanzfläche. Ihr Schatten verfolgte jede Bewegung. Alex beobachtete, wie die Forscherin mit ihrem Tanzpartner zurück an den Tresen ging, dort mit ihm anstieß, trank und ihn leidenschaftlich küsste. Aschers Schatten fotografierte.

»Suchst du Models?«

Alex zuckte zusammen. Eleonor war näher herangerückt. »Natürlich. Diese Tänzerin, von der du gerade geschwärmt hast, die wäre zum Beispiel sehr interessant.«

»Deshalb linst du der hinterher?«

»Wie bitte?«

»Schaust ihr nach ...«

»Dich hätte ich selbstverständlich auch gern vor der Kamera.«

»Schwarz-weiß?«

»Da kommst du besonders gut raus«, erwiderte Alex ihren tief dringenden Blick und machte sich über sich selbst lustig, was für einen oberflächlichen Flirt er gerade mitspielte. Dabei war es kaum drei Monate her, dass er ziemlich gehemmt in einem Biergarten nach einem Platz Ausschau gehalten hatte, an dem er mit einer netten Frau ins Gespräch kommen konnte. Genau wie damals Dorothee übernahm heute Eleonor den aktiven Part der Gesprächsführung.

»Archie!«, rief sie unvermittelt und drehte sich zur Tanzfläche. Von dort näherte sich auf den ersten Blick ein Torero aus der Stierkampfarena, ganz der passende Partner für Eleonor, die Tangoqueen. Sie sprang auf und umarmte den Tänzer. Sie führte ihn an die Bar und stellte ihn Alex vor. Die beiden Männer nickten sich zu, dann nahm Archie Eleonors Hand und zog sie mit Beginn des nächsten Musikstückes auf die Tanzfläche.

Während Ascher in Zärtlichkeiten vertieft war und ihr Schattenmann ab und zu ein Foto schoss, verfolgte Alex den Tanz seiner Tresennachbarin und verstand schnell, was sie in Bezug auf Aschers Tanzpartner gemeint hatte. Der Torero bewegte sich mit einer Eleganz und Geschmeidigkeit, die sich mit der beweglichen Hingabe seiner Königin zu einem choreografischen Wunderwerk verdichtete. Dagegen waren die Bewegungen von Aschers Jüngling unbeholfenes Stampfen gewesen. Archie und Eleonor avancierten im Nu zu den Stars auf der Tanzfläche. Alex blieb nichts, außer zu staunen. Als sie ihre erste Tanzpause einlegten, applaudierte er ihnen, und Archie nahm die Komplimente huldvoll an.

Eleonor strahlte und fragte: »Magst du nicht auch mal Fotos von einem Tanzpaar machen?«

»Unbedingt«, erwiderte Alex und gab Eleonor seine Telefonnummer, ehe sie mit ihrem Tänzer zurück auf das Parkett huschte. Alex beobachtete Ascher und ihren Schattenmann. Als er in den Zärtlichkeiten der Wissenschaftlerin zunehmende Leidenschaft zu entdecken vermeinte, winkte er Eleonor und Archie zu und verließ die dritte Ebene. Unten nahm er seinen Mantel und suchte sich auf der gegenüberliegenden Straßenseite einen unauffälligen Platz. Hier würde er warten, bis Ascher mit ihrem Prinzen den Tanzklub verließ, gewiss gefolgt von ihrem Schatten.

Seine Geduld wurde auf eine harte Probe gestellt. Im Warten blieb genug Zeit für Alex, sich über seine augenblickliche Situation Gedanken zu machen. Mehr und mehr kristallisierten sich die Schwierigkeiten heraus, die seine Beziehung zu Dorothee mit sich brachten. Enttäuscht stellte er fest, sich nach und nach zu entlieben. War es Dorothees Neigung, möglichst viel in ihrem Leben zu kontrollieren? Gab es Ähnlichkeiten zwischen seiner Freundin und Cleo Ascher? *Vielleicht sollte ich darüber mit Sonja sprechen, die scheint eine Antenne für diese Dinge zu besitzen,* stellte Alex einmal mehr fest, wie viel Unverständnis er selbst gegenüber Frauen zeigte. Judith hatte ihm das oft vorgeworfen, bezogen auf sie und auf Lisa, seine Tochter. Vermutlich hatte seine Ex-Frau recht.

Warten macht grüblerisch, und so grübelte Alex mehr als eine Stunde über sein Verhältnis zu Frauen und zu seiner Tochter. Erleichtert nahm er schließlich wahr, dass Ascher Arm in Arm mit ihrem Begleiter auf die Straße kam und offensichtlich den Heimweg antrat. Wenig später erschien der Schattenmann. Ohne zu zögern, schlug dieser ebenfalls den Weg zu Aschers Wohnhaus ein.

Sie nimmt ihn bestimmt mit nach Hause, folgerte Alex und beschloss, einen kleinen Umweg zu nehmen. Er lief los, denn er wollte vor den drei Personen nahe Aschers Hauseingang Stellung beziehen.

Zehn Minuten später gelangte er außer Atem an sein Ziel. Er versteckte sich in einer dunklen Toreinfahrt schräg gegenüber. Gleich würden die Turteltäubchen und ihr Schatten eintreffen.

Fehlanzeige.

Die Minuten vergingen. Niemand kam die Straße entlang. Alex wurde zunehmend unruhig. Was war geschehen? Nahmen die beiden Verliebten einen Absacker in einer Bar oder waren sie auf dem Weg in seine Wohnung? Jetzt ärgerte sich Alex über seinen voreiligen Schluss, vor Aschers Hauseingang zu warten. Es war weit nach Mitternacht. Er gab seinen Beobachtungsposten auf und machte sich enttäuscht auf den Heimweg.

17

Es war, als wäre der Sommer noch einmal zurückgekehrt. Blauer Himmel mit Schäfchenwolken über München, schon früh am Morgen beinahe zwanzig Grad. Olga und Sonja frühstückten auf Sonjas Dachterrasse Croissants, tranken Crema und rätselten, was Alex am Abend herausgefunden haben könnte.

»Er hat keine SMS geschrieben«, sagte Olga enttäuscht.

»Wahrscheinlich ist es spät geworden«, beruhigte Sonja. »Die Ascher ist zwar kein Unschuldslamm, aber aufgefressen haben wird sie ihn schon nicht.«

»Trotzdem«, erwiderte Olga und zerkrümelte ihr Croissant, »habe ich ein ungutes Gefühl. Der Fall gefällt mir nicht.«

»Dabei wird die Geschichte jetzt erst richtig spannend.«

»Wenn wir wenigstens handfeste Anhaltspunkte hätten.«

»Guangzhao ist einer. Er hat mindestens ein Motiv und er hat an zweifelhafte E-Mail-Adressen sensible Daten gesendet. In Meskanen hat er eine ideale Komplizin, die ihrerseits mindestens ein Motiv hat. Das ist ein guter Anfang. Guangzhaos Laptop wird sich als Fundgrube erweisen, wirst schon sehen. Wenn Alex mich den Computer erst einmal auf Herz und Nieren testen lässt ...«

»Ach Wasp, du hast echt Spaß am Hacken.«

Sonja nickte.

»Und Ascher. Was könnte an ihr faul sein?«, fragte Olga weiter.

»Sie ist ehrgeizig und von sich eingenommen. Für ihren Erfolg ist sie bereit, beinahe jeden Preis zu zahlen.«

»Mit Geheimnisverrat zerstört sie ihre Karriere.«

»Das ist wahr«, antwortete Sonja und strich sich durchs Haar. »Sie wird es, wenn überhaupt, geschickt anstellen. Vermutlich trifft sie Kauls Verdacht an der falschen Stelle. Wir sollten bei Ascher auf andere Ungereimtheiten achten.«

»Nämlich?«

»Wenn es Zugang zum Institutsnetzwerk gibt, werde ich da ein wenig wildern. Ich glaube, dass Ascher sich bei den anderen Forschungsgruppen am Institut für ihre eigenen Zwecke bedient. Deshalb hat sie sich sofort auf Kauls getürkte Daten gestürzt.«

»Du bist unverbesserlich«, tadelte Olga ihre Freundin im Scherz. »Aber du hast eine feine Spürnase.«

»Wir werden sehen.«

Olga betrat ihre Kanzlei und wurde sofort von einer aufgeregt mit den Händen wedelnden Angela empfangen.

»Was ist passiert?«

»Diese Kommissarin«, flüsterte Angela. »Ich habe sie ins Besprechungszimmer gesetzt. Die schaut heute richtig grimmig drein.«

»Was will sie?«

»Hat sie nicht verraten.«

»Danke, passt schon«, sagte Olga und betrat ihren Besprechungsraum.

Die Kommissarin stand am Fenster und blickte hinunter in den Park. Als sie die Tür hörte, drehte sie sich betont langsam um und starrte Olga an.

Olga verzichtete auf eine Begrüßung, zog einen Stuhl heran und setzte sich. Sie schlug die Beine übereinander und wartete.

»Gut, dass Sie sitzen«, begann die Polizistin spitz. »Wir haben Ihren Privatermittler festgenommen.«

Das verschlug Olga die Sprache. Was war mit Alex? Sie musste an sich halten, um nicht aufzuspringen und laut zu werden. Aber jetzt war kein geeigneter Zeitpunkt, sich aufzuregen. Im Gegenteil, Ruhe bewahren war augenblicklich am besten. Sie deutete auf den Stuhl ihr gegenüber.

Sichtlich widerwillig nahm Gerda Klitzke die Einladung an. »Interessiert Sie, warum?«

Olga nickte. Die Kommissarin nahm Blickkontakt auf und versuchte, Olga niederzuringen. Olgas erster Schreck hatte sich gelegt und sie beruhigte sich mit dem Gedanken, Alex zumindest in Sicherheit zu wissen.

»Welchen Auftrag haben Sie ihm gestern Abend erteilt?«

»Keinen«, antwortete Olga kühl.

»Sie behindern unsere Ermittlungen im Fall Kaul und untergraben sie sogar«, bellte die Polizistin.

Olga presste die Lippen aufeinander.

»Wie kommen Sie dazu, diesen verkrachten Sorger auf Frau Professor Ascher loszulassen wie einen Stalker?«

Jetzt schüttelte Olga den Kopf. Worauf wollte die Kommissarin hinaus? Sie fragte sich, woher die Polizei wusste, dass Alex der Forscherin auf den Zahn fühlte, und rätselte, was geschehen war. Mehr als angespannt fiel es ihr schwer, weiter zu schweigen.

»Er wurde heute Morgen gegen ein Uhr von einer Zivilstreife aufgegriffen, als er dabei war, einen Beobachtungsposten gegenüber Aschers Wohnhaus zu verlassen. Angeblich hat er Frau Ascher den ganzen Abend beschattet und unerlaubter Weise von ihr Fotos gemacht. Ein Freund hat die Polizei alarmiert. Weil er sich weder ausweisen noch eine plausible Erklärung für sein Tun abgeben konnte, haben ihn die uniformierten Kollegen festgenommen und unsere Sonderkommission informiert. Hauptkommissar Bolzen hat seine Überstellung ins Landeskriminalamt veranlasst und leitet derzeit die Vernehmung Ihres Ermittlers.«

Mehr als sonderbar, wunderte sich Olga und schwieg weiter. Sie konnte sich kaum vorstellen, dass sich Alex bei einer Beschattung ertappen ließ, und noch weniger, dass die Polizei kam und ihn verhaftete. Was war vorgefallen?

»Er verweigert die Aussage und besteht auf der Beiziehung eines Anwalts, also von Ihnen.«

Olga stand auf. »Gehen wir«, sagte sie, verließ das Besprechungszimmer und bemerkte im Hinausgehen: »Wir treffen uns in einer Viertelstunde am Haupteingang des LKA.« Ohne eine Antwort abzuwarten, ging Olga zu ihrem Fahrrad und machte sich auf den Weg.

Rudolf Bolzen und Alex Sorger saßen bei Kaffee und Kuchen am Fenster und schienen beste Freunde zu sein, als Olga das Büro betrat. Bolzen gab Klitzke ein Zeichen, und sie schloss die Tür von außen. Olga war mit den beiden früheren Kollegen allein.

Alex grinste verschmitzt und begrüßte sie mit den Worten: »Eigentlich brauchen wir dich nicht mehr.«

»In Ihrer Funktion als Anwältin des Kollegen Sorger«, ergänzte der Kriminalhauptkommissar, ging auf Olga zu und reichte ihr die Hand. »Aber als Unterstützerin bei unserer Suche nach Frau Kaul brauchen wir sie umso mehr.«

Olga schaute verblüfft in das schnauzbärtige Gesicht des Kriminalers, um dessen Augenwinkel feine Lachfältchen lagen. Unter buschigen Augenbrauen blitzten blaue Augen, und Olga wusste, dieser Mann beherrschte das kriminalistische Klavier über alle Oktaven. Sie nahm sich vor, auf der Hut zu bleiben, obwohl Alex im Hintergrund vielsagend zwinkerte.

»Kollege Sorger und ich haben ein altes Kriegsbeil begraben«, fuhr Bolzen fort und bot Olga den freien Platz am Fenstertisch an. »Dabei hat uns ein unglaublicher Zufall geholfen: Sorgers Festnahme heute Morgen um 01:13 Uhr.«

Jetzt verstand Olga gar nichts mehr. Alex saß grinsend auf seinem Stuhl und schwieg. Der Kommissar goss ihr eine Tasse Kaffee ein und legte ein Stück Käsekuchen auf ihren Teller. *Auch er,* schmunzelte Olga, *ist ein Meister der Inszenierung.*

»Um 00:58 Uhr ging über den Notruf die Meldung ein, dass ein Stalker Frau Professor Ascher belästigt. Die Funkstreife griff Kollegen Sorger in unmittelbarer Nähe zu Aschers Wohnhaus auf und verbrachte ihn auf das Revier, weil er sich nicht ordnungsgemäß ausweisen konnte. Da Frau Professor Ascher im

Zusammenhang mit unseren Ermittlungen beim *BaRCOSI* in unserer Datenbank vermerkt ist, wurden wir von den Kollegen informiert und veranlassten Alex' Überstellung zu uns.«

Er legte eine Kunstpause ein und stach einen Bissen von seinem Kuchen ab.

»Sie werden meinen Ärger verstehen«, fuhr Bolzen fort, »als man mich aus dem Schlaf riss, weil meine tüchtige Kommissarin Klitzke diesen«, er stockte kurz und schaute zu Alex, »Fang für sehr bedeutsam hielt. Und dann war Ihr Privatermittler zunächst auch noch verstockt.«

Allmählich kam sich Olga vor wie in einem absurden Theaterstück.

»Lassen Sie mich die Dinge auf den Punkt bringen: Alex und ich haben uns erst einmal zwei Stunden über unsere gemeinsame Vergangenheit unterhalten und einige Missverständnisse ausgeräumt. Auf der Basis dieser vertrauensbildenden Maßnahme hat er mir von dem Auftrag Ihrer Mandantin erzählt, im Privatleben von Frau Ascher zu recherchieren, und dabei erwähnt, dass diese gestern Abend von einer unbekannten Person beschattet wurde. Wir haben es also mit einem massiven Angriff auf das *BaRCOSI* und sein Personal zu tun. Frau Ascher ist übrigens heute Nacht nicht mehr in ihre Wohnung zurückgekommen und bisher auch noch nicht am Institut erschienen. Auf der Grundlage dieser Erkenntnisse haben Alex und ich absolut vertrauensvolle Zusammenarbeit vereinbart und ich würde Sie bitten, Frau Swatschuk, sich uns mit all ihren Kenntnissen und Fähigkeiten anzuschließen.«

»Darüber lässt sich reden«, antwortete Olga behutsam. »Allerdings weiß ich fast nichts, was neu für Sie wäre.«

»Wir sollten unseren Kenntnisstand abgleichen«, schlug der Kommissar jovial vor.

»Gern«, entgegnete Olga und ging in die Offensive. »Was haben Sie für mich?«

»Das Institut wird von drei Seiten massiv angegriffen, wobei die Angriffe unterschiedliche Qualität haben. Es beginnt mit dem Einbruch bei Frau Kaul letzten Freitag und dem Diebstahl ihres MacBooks, auf dem sich sensible, wertvolle Daten befinden. Es setzt sich fort mit einem hochprofessionellen Hackerangriff auf das IT-System des Instituts, bei dem es zu einem partiellen Datendiebstahl kommt. Dann gipfelt es in der rätselhaften Entführung von Frau Kaul. Und seit wenigen Stunden wissen wir von der Beschattung der Professorin Ascher. Alle diese Dinge sehen wir in einem Gesamtzusammenhang.«

»Was geht hier Ihrer Meinung nach vor?«

»Da stehen milliardenschwere Entwicklungen im Mittelpunkt. Es mag hochtrabend klingen, aber der Direktor des Instituts hat uns vertraulich darüber informiert, dass das Institut in wenigen Tagen mit einer Patentanmeldung für einen revolutionären Nachweistest für Brustkrebs in der Früherkennung an die Öffentlichkeit gehen will. Allein so ein Test dürfte weltweit ein Umsatzvolumen von einigen Milliarden Euro ergeben. Daneben stehen mehrere Arbeitsgruppen vor dem Durchbruch im Bereich der Entwicklung von Krebsmedikamenten. Wenn sich im Vorfeld ein Konkurrent dieses Wissen sichern kann …«

»Macht dieser das Geschäft«, ergänzte Alex und fuhr mit der *vertrauensbildenden Maßnahme* fort: »Wir sehen in Abstimmung mit Frau Kaul vor allem eine Verbindung nach China als besonders verdächtig an und haben uns zunächst auf den chinesischen Doktoranden Fang Guangzhao konzentriert. Allerdings konnte ich bei einer ersten Beobachtung des jungen Mannes keine ungewöhnlichen Verhaltensmuster erkennen. Dann hat mir Frau Kaul persönlich nahegelegt, mich intensiver mit Professorin Ascher zu beschäftigen. Diesen Auftrag habe ich gestern ausgeführt, mit dem dir bekannten Ergebnis.«

Olga bemerkte sofort, was Alex nach wie vor verschwieg, und wusste damit die zwischen den beiden früheren Kollegen vereinbarte offene Zusammenarbeit einzuschätzen. Wenn Alex über Guangzhaos Laptop kein Wort verlor, vertraute er Bolzen keineswegs zu hundert Prozent. Sie musste bald unter vier Augen mit Alex sprechen und sich bis dahin mit der Preisgabe von Informationen zurückhalten.

»Allerdings haben wir neben dem Chinesen noch zwei Verdächtige im Kreis der Institutsmitarbeiter identifiziert, nämlich die Doktoranden William Lancaster und Conor Leneghan. Frau Kaul ging von einem Verräter in den eigenen Reihen aus.«

»Diese Vermutung dürfte zutreffen«, erläuterte Bolzen, »denn die Art und Weise des Hacker-Angriffs deutet auf gute Kenntnisse der internen Struktur der Instituts-IT hin.«

»Mir ist nach wie vor unklar, wie die Entführung meiner Mandantin ins Bild passt«, bemerkte Olga und war auf die Antwort des Kriminalers gespannt. Wusste er etwas von Kauls Datenfalle? Hatte Alex diesen Aspekt preisgegeben?

»Das stellt uns vor ein Rätsel. Vermutlich geht den Angreifern die Zeit aus. Das spräche dafür, dass sie von Frau Kaul Informationen erpressen wollen.«

»Mit so gewonnenem Wissen kommt niemand durch«, entrüstete sich Olga, die nun auch in diesem Punkt Klarheit hatte: Alex hatte Kauls Datenmanipulation verschwiegen.

»Leider doch. Sie glauben gar nicht, wie schwer es den Opfern von Forschungsspionage fällt, dem Ideendieb in patentrechtlichen Streitigkeiten einen Ideendiebstahl nachzuweisen. Und die Hände machen sich immer nur kleine Handlanger schmutzig.« Rudolf Bolzen hob resigniert die Hände. »Noch tappen wir hinsichtlich der Entführung von Frau Kaul leider im Dunklen. Erklären Sie mir, warum Frau Kaul die Professorin Ascher verdächtigte.«

»Stutenbissigkeit«, antwortete Olga betont abschätzig. »Wenn Sie mich fragen, gibt es zwischen den Forscherinnen einen heftigen Konkurrenzkampf. Die gönnen sich gegenseitig nichts. Meine Mandantin hat vermutlich Angst, dass ihr die Professorin die Butter vom Brot nimmt.«

»Jedenfalls habe ich keine Anhaltspunkte gefunden«, ergänzte Alex, »die Kauls Verdacht erhärten.«

»Nach deiner Beobachtung«, pflichtete Bolzen bei, »teile ich diese Einschätzung. Ascher ist ähnlich wie Kaul ein Opfer des Angriffs auf das Institut.«

»Hoffentlich ist ihr nichts geschehen«, machte sich Olga Sorgen.

»Wir hoffen das auch und werden vom Institut umgehend benachrichtigt, wenn Frau Ascher dort auftaucht. Leider kann man sie derzeit nicht telefonisch erreichen, es melden sich an beiden Anschlüssen lediglich die Mailboxen. Andere Frage: Haben Sie zu den Doktoranden Lancaster und Leneghan Erkenntnisse?«

Alex referierte zuerst seine Erkenntnisse über Lancaster und dann, was er über den in Londons Problemviertel groß gewordenen Leneghan wusste. Er bot an, als Nächstes über diesen weiter zu recherchieren.

»In den Grenzen des Erlaubten«, mahnte Rudolf Bolzen, blickte auf die Uhr, bedankte sich und beendete ihre Zusammenkunft.

»Eure Verbrüderung ist echt großes Theater«, knüpfte Olga, als sie im nächstgelegenen Café saßen, an das Treffen in Bolzens Büro an. »Du hast ihm kein Jota mehr verraten, als sie ohnehin schon wussten. Was ist heute Nacht wirklich vorgefallen?«

»Also, das mit der Festnahme stimmt, und auch, was dir Bolzen sonst erzählt hat. Er hat mir außerdem gesagt, damals habe er meinen Weggang bedauert, wie viele im Kollegenkreis, und er habe keinesfalls mit Staatsanwalt Vogler gekungelt. Trotzdem werde ich ihm nichts auf die Nase binden, was man gegen mich verwenden kann. Kauls Aktion wollte ich ohne Rücksprache mit dir nicht erwähnen. Aber ich konnte ihm entgegenkommen, indem ich ihm von Aschers Schatten berichtet habe.«

»Mach's nicht so spannend«, drängte Olga. »Was hat es mit diesem Beschatter auf sich?«

Alex erzählte vom gestrigen Abend bis zu seinem vergeblichen Warten vor Aschers Haustür und folgerte abschließend: »Ich fürchte, Aschers Schattenmann hat mich entdeckt. Er dürfte es gewesen sein, der die Polizei gerufen hat. Das zeugt von einem Vollprofi und das wiederum hat Bolzen nun zu meinem Verbündeten gemacht. Denn eines ist klar: Wir haben es mit einem zu allem fähigen kriminellen Netzwerk zu tun.«

»Meine Güte.«

»Leider ist das so. Wenn du auf die Summen schaust, die mit wertvollen Arzneimitteln verdient werden können, ist das kein Wunder.«

»Was haben die mit Kaul vor?«

Alex zog ein bedenkliches Gesicht und rieb sich die Furche über seiner Nasenwurzel. Olga kannte diese Bewegung an Alex; sie verhieß nichts Gutes.

»Wenn der institutsinterne Verräter Wind von Kauls Aktion bekommen hat ...« Alex ließ den Satz unvollendet.

»Du meinst doch nicht ...?«

Alex nickte. »Könnte sein, dass er sie aus dem Verkehr ziehen will.«

»Dann müssen wir das Bolzen sofort sagen.«

»Der ermittelt sowieso in jede Richtung. Aber wir, wir müssen den Verräter finden, und zwar schnell.«

»Wie soll das gehen? Wir drehen uns seit fünf Tagen im Kreis.«

»Sonja muss helfen, den hp komplett auszukundschaften. Für mich ist Guangzhao in die Sache verwickelt. Ich rücke seiner Freundin auf die Pelle, Bolzen hat mir Meskanens Adresse gegeben. Und du findest alles, was geht, über Lancaster und Leneghan heraus. Heute Abend setzen wir uns bei Sonja zusammen und schauen, was uns weiterhilft.«

»Gut. Bringst du den Laptop bei Sonja vorbei?«

»Ja.«

»Okay, ich geb ihr Bescheid. Pass auf dich auf!«

Zurück in der Kanzlei legte ihr Angela drei Terminmappen vor, die Olga rasch abarbeitete, um sich dann mit den Doktoranden zu befassen. Doch über das Internet fand sie kaum mehr über die beiden heraus, als sie schon wusste. Leider verfügten sie unter ihrem Klarnamen weder über einen Facebook- noch einen Instagram-Account, was von einer gewissen Sensibilität im Umgang mit privaten Daten zeugte. Hatten sie etwas zu verheimlichen?

Olga durchsuchte das Internet und wollte schon aufgeben, als sie bei LinkedIn auf *Archibald W. Lancaster* stieß. Immunologe, Inhaber eines Wirkstoff- und eines Methodenpatentes, Spezialgebiet Bluttests.

»Bingo!«, rief Olga begeistert.

Es klopfte und die Bürotür ging auf. Angela schaute herein und fragte: »Hast du mich gerufen?«

»Nein«, lachte Olga, »ich habe mich nur laut gefreut.«

Sie stöberte in Lancasters Kontakten und förderte eine interessante Verbindung zu einem Pharmaunternehmen in Moskau zutage. Sie schickte Sonja eine SMS mit der Bitte, über dieses Unternehmen zu recherchieren.

18

Als Cleo aus der Dusche trat, duftete es in der kuscheligen Mansardenwohnung bereits verführerisch nach Kaffee und aufgebackenen Brezen. Langsam zog sie sich an und blickte mit Wehmut auf das zerwühlte Bett, das sie vor einigen Minuten unwillig verlassen hatte. Sie gähnte und schlurfte hinüber in die Küche, wo Leopold letzte Hand an den Frühstückstisch legte. Sie mochte seine Hände, und während sie versonnen zusah, wie er den Lachsschinken auf einem Teller drapierte, durchlief sie ein wohliger Schauer bei der Erinnerung, was diese sensiblen Finger vor einer halben Stunde mit ihr gemacht hatten.

Sie trat nahe an ihn heran und umarmte ihn von hinten. Er drehte sich um und hauchte ihr einen Kuss auf die Lippen. Sie genoss es, ganz wider ihr eigenes Erwarten. In den letzten Jahren hatte sie es tunlichst vermieden, nach einer leidenschaftlichen Nacht mehr als den letzten Espresso mit dem Mann zu trinken, den sie danach nicht mehr sehen wollte. Mit Leopold war das anders. Er legte einen Finger auf ihre Lippen, wies auf den Stuhl, auf dem sie gestern das erste Glas Champagner mit ihm getrunken hatte, und tippte auf sein Smartphone. Cat Stevens erklang aus dem Bluetooth-Lautsprecher.

Wie kitschig, dachte Cleo, *und wie schön.*

Leopold summte *Morning has broken* mit und schenkte Kaffee ein. Sie strich sich Butter auf die Breze und sah ihm dabei zu, wie er das Gleiche tat. Jede Bewegung seiner Hände erregte sie. Cleo fühlte eine wohlige Sattheit und trotzdem immer noch Appetit. Wann war es ihr letztmals so ergangen? Höchstens anfangs mit Norbert. Cleo genoss den Augenblick. Vorsichtig kraulte sie Cashina im Nacken. Das Kätzchen schnurrte zufrieden.

Als sie ungewöhnlich spät am Institut eintraf, wurde sie von ihrer Sekretärin aufgeregt empfangen und gebeten, sofort zu Direktor Lantenschwier zu gehen.

»Gott sei Dank«, rief Andreas Lantenschwier und stürzte auf Cleo zu, als wolle er sie umarmen. »Wir haben uns Sorgen gemacht, dir könnte etwas zugestoßen sein.«

»Sorry«, entschuldigte sie sich. »Ich habe bloß verschlafen.«

»Die Kriminalpolizei will mit dir sprechen. Ein Kommissar wartet im Büro von Nina. Ist mit dir alles in Ordnung?«

»Natürlich, wieso?«

»Sie befürchten einen breit angelegten Angriff auf unser Institut. Dieser Hackerangriff …«

»Haben wir das jetzt im Griff?«

»Wir konnten die IT vor zwei Stunden hochfahren.«

»Fein. Das ist das Wichtigste. Ich muss mit Helmut reden, die neuesten Laborergebnisse einpflegen. Am Freitag kann ich die Unterlagen dem Patentanwalt geben.«

»Gehen wir dann an die Presse?«, fragte der Direktor freudig.

Cleo nickte und machte sich auf den Weg in Kauls Büro. Dort empfing sie derselbe mürrische Beamte, der sie vor zwei Tagen befragt hatte. Diesmal allerdings stand er auf, trat hinter Kauls Schreibtisch hervor, gab Cleo die Hand und stellte sich vor: »Wondrak. Wenn Sie bitte Platz nehmen wollen.« Er deutete auf einen Stuhl vor Kauls Schreibtisch und setzte sich mit gewichtiger Miene wieder auf Kauls Platz.

»Wie Sie sehen, habe ich an meiner Höflichkeit gearbeitet. Wie wäre es, wenn Sie an Ihrer Ehrlichkeit arbeiten würden?«

»Was soll das heißen?«, fragte Cleo scharf, zu scharf, wie sie sogleich empfand. Doch da lag die Konfrontation bereits in der Luft. *Wenn er freundlicher wäre,* grummelte Cleo, *wäre er durchaus attraktiv mit seinem markanten Kinn und einer angenehm tiefen Stimme.* Sie nahm sich vor, gelassener zu reagieren, egal was kommen würde.

Er musterte sie ausgiebig, ehe er zum Angriff überging. »Vor drei Tagen habe ich Sie gefragt, ob es irgendwelche Auffälligkeiten am Institut gibt, die Sie zu berichten hätten. Ob es verdächtige E-Mails gab oder mysteriöse Anrufe, all so Besonderheiten. Sie haben verneint. Das war unehrlich.«

Cashina ritzte mit ihren Krallen Cleos Schulter. Schmerzlich fragte sich Cleo, was der Polizist wissen konnte. Unwillkürlich kraulte sie Cashina den Nacken, ehe ihr bewusst wurde, wie eigenartig das auf den Beamten wirken musste.

»Unverschämtheit«, zischte sie und hatte den eben erst gefassten Vorsatz bereits vergessen. »Was erlauben Sie sich?«

»Wir ermitteln in einem Fall schwerer Wissenschaftsspionage in Ihrem Institut und sind auf Ihre Kooperation angewiesen«, antwortete Wondrak betont freundlich. »Die Analyse des E-Mail-Verkehrs der letzten Tage hat einige interessante Nachrichten zutage gefördert.«

»Ich höre«, behielt Cleo ihre aggressive Abwehrhaltung bei.

»Besser noch, Sie sehen«, sagte Wondrak, zog ein Blatt Papier aus einem Aktendeckel und legte es vor Cleo.

Die Daten des verschlüsselten Projekts »Immuncheckpointdelta« in eine offene workfile und binnen drei Minuten an die Adresse senden, die mit der nächsten E-Mail bekanntgegeben wird. Zuverlässige Lieferung ist eine vertrauensbildende Maßnahme.

»Der Absender«, fuhr der Kriminalbeamte fort, »war eine gewisse *Alxndra.Mster@hotmail.com*. Wollen Sie mir das erklären?«

Cleo schluckte und griff nach Cashina: Sie war verschwunden. Auf sich allein gestellt, fiel Cleo keine spontane Antwort ein. Was sollte sie tun? Abstreiten? Es als doofen Scherz abtun? Die komplette Erpressungsgeschichte offenlegen? Wie viel wusste die Polizei? Welche Konsequenzen hatte sie zu erwarten?

»Nun, überrascht?«, fragte Wondrak mit süßlicher Stimme.

Cleo wollte ihn anschreien wegen seiner Überheblichkeit. Wie sie es hasste, die Kontrolle zu verlieren. Sie spürte, wie sich ihr Dekolleté entflammte und ihr Hals heiß wurde. Sie wollte im Erdboden versinken. Da erinnerte sie sich an den kurzen Dialog mit Miriam Hufnagel vor zwei Tagen. Die Doktorandin hatte das eingeschränkte Design der Bluttestudie nicht kritisiert. Cleos Maßnahmen waren nachvollziehbar, ihre Studie hatte Bestand. Oder? Wer würde ihre Trickserein durchschauen? Der Erpresser? Cleos Verstand wirbelte chaotisch um die Frage, wie wahrscheinlich es war, ihr auf die Schliche zu kommen, wenn sie die Erpressung einräumte.

Ich muss selbstbewusst bleiben, befahl sie sich, *und die Erpressung herunterspielen.* Also ging sie zum Gegenangriff über. »Ja, ich bin überrascht, dass die Polizei ohne mein Einverständnis meinen E-Mail-Account liest. Hatten Sie einen Durchsuchungsbefehl?«

Ein belustigtes Zucken huschte über Wondraks Mund, ehe er gönnerhaft ausführte, die Einwilligung des Institutsdirektors habe genügt. »In Ihren Institutsregularien ist das Recht der Direktion festgehalten, die dienstlichen E-Mail-Postfächer aller Mitarbeiter überprüfen zu dürfen, falls es begründeten Verdacht auf Missbrauch gibt. Das Post- und Fernmeldegeheimnis gilt hier bezogen auf das Institut und nicht auf die Einzelperson. Also: Warum haben Sie uns diese E-Mail verschwiegen?«

»Zunächst hielt ich sie für einen schlechten Scherz.«

»Zunächst?«

»Zunächst«, bestätigte Cleo und fühlte die Hitze an Hals und Brust weichen. »Nachdem eine weitere E-Mail eintraf, wurde ich nachdenklicher. Trotzdem hielt ich es vorgestern nicht für relevant.«

»Wir wissen, dass Ihnen der avisierte Link geschickt wurde«, stellte Wondrak sachlich fest. »Haben Sie diesen Link angeklickt?«

»Nein«, erwiderte Cleo und fühlte sich wieder auf sicherem Boden. »Kurz danach wurde unsere komplette IT heruntergefahren.«

Der Kriminalbeamte nickte. »Das haben wir überprüft. Die Frage ist, ob Sie mir jetzt erzählen, wie der Kontakt danach verlief? Über Ihre privaten Kanäle? Für die wir derzeit noch keinen richterlichen Durchsuchungsbeschluss haben. Wollen Sie kooperieren?«

»Wissen Sie, was mich befremdet?«

Wondrak blickte erstaunt auf und schüttelte den Kopf.

»Sie behandeln mich wie eine Schuldige. Dabei bin ich bei diesen Angriffen auf unser Institut das Opfer.«

Wondrak nickte bedächtig, stand auf und ging ans Fenster. Schweigend schaute er auf den Campus hinunter.

Was soll das, fragte sich Cleo und bemühte sich, ihre Wut darüber zu bezähmen, keine Kontrolle über die Situation zu besitzen. Da spürte sie Cashinas Stupsnase an ihrem Ohr und streichelte über den kleinen Katzenkopf.

In diesem Augenblick wandte sich der Kriminaler ihr zu und fragte mit sanfter Stimme: »Lassen Sie sich wegen Ihres Ticks behandeln?«

Volltreffer, fluchte Cleo innerlich und wusste, dass ihr Hals nun fleckig und feuerrot war bis hinunter zum Brustbein. Sie starrte ihn an und wünschte ihn zum Teufel.

Er verließ seinen Beobachtungsposten, kam um Kauls Schreibtisch herum und setzte sich auf die Tischkante. »Tut mir leid, ich wollte Sie nicht verletzen.«

Seine Stimme wurde einschmeichelnd. »Arbeiten Sie mit mir zusammen. Sie sind nämlich in Gefahr.«

Verwirrt schaute sie zu ihm auf. »Warum?«

»Sie werden erpresst und Sie werden beschattet. Wir haben Erkenntnisse darüber, dass Sie gestern nach Ihrem Vortrag in der Bayerischen Akademie der Wissenschaften den ganzen Abend beobachtet wurden. Ihr Besuch in der Salsabar gegen 21:30 Uhr ist ebenso beobachtet worden wie ihr weiterer Weg mit einem jungen Mann. Glauben Sie mir, wer immer Sie überwacht, er führt nichts Gutes im Schilde. Wir wollen kein zweites Entführungsopfer. Also: Kooperieren Sie mit uns?«

Diese Mitteilung musste Cleo verdauen. Sie erhob sich und ging im Zimmer auf und ab. Wenigstens konnte dieser Polizist jetzt nicht mehr auf sie herabschauen. Was wusste er noch? Machte es noch Sinn, etwas zu verschweigen? Sie begann sich über sich selbst zu ärgern. Hätte sie die Erpressung sofort offenlegen sollen? Jetzt stand sie in einem schrägen Licht da. Wer weiß, was man ihr nun glaubte. Sie musste mit ihrem Test vorankommen und Lantenschwier und McBannister zufriedenstellen. Sie durfte nicht angreifbar sein, um den nächsten Schritt auf der Karriereleiter zu gehen. Wie begeistert war gestern der Akademiepräsident gewesen und hatte ihr beinahe schon die Zuwahl in die Akademie in Aussicht gestellt. Natürlich gab es in der Sektion eine geheime Wahl, aber die beiden hochverdienten Mitglieder der Sektion IV waren ebenfalls voll des Lobes gewesen und hatten sich von ihr verabschiedet, als sei sie bereits Mitglied dieses elitären Zirkels. Hier durfte es kein Störfeuer geben. Sie musste Akademiemitglied werden, und sie musste ihren Namen weit über Bayerns Grenzen hinaus bekannt machen.

»Selbstverständlich«, sagte sie und schaute Wondrak in die Augen, »werde ich mit Ihnen kooperieren. Aber ich möchte mich erst mit Direktor Lantschwier austauschen und dann gemeinsam mit ihm für Ihre Fragen zur Verfügung stehen.«

»Andreas, ich muss dir etwas berichten, das ich dir bisher verschwiegen habe«, eröffnete sie ihrem Institutsdirektor und trat einen halben Schritt näher an ihn heran als gewöhnlich. Sie nahm seinen verhuschten Blick in ihren Ausschnitt wahr und klopfte sich innerlich auf die Schulter; es war richtig gewesen, den obersten Blusenknopf zu öffnen. Lantenschwier würde ihr weiterhin aus der Hand fressen.

»Ich werde erpresst und ich habe dem Erpresser eine erste Forderung erfüllt. Die Polizei möchte alle Details erfahren. Ich habe zugesichert, zu kooperieren. Aber ich will dich bei allen Gesprächen dabeihaben.«

Lantenschwier erbleichte. In seinen Augen lag eine ungläubige Frage.

»Ich wollte dich nicht beunruhigen, gerade jetzt, wo wir vor einem wichtigen Durchbruch stehen. Außerdem habe ich die Erpressung zuerst auf die leichte Schulter genommen. Ich hatte einen Verdacht, wer mir übel mitspielen will, und diesem Verdacht wollte ich ohne Aufsehen nachgehen.«

»Wer? Was?« Lantenschwier schien es die Sprache verschlagen zu haben.

»Nina Kaul«, gestand Cleo und tat bei der Erwähnung des Namens schuldbewusst. »Wie sollte ich ahnen, dass Kaul entführt werden würde? Ich hielt sie für eifersüchtig und überehrgeizig. Außerdem würde ich ihr so etwas zutrauen.«

»Nina ist meine beste Arbeitsgruppenleiterin. Sie ist fast so hervorragend wie du. Sie würde so etwas nie tun«, ereiferte sich Lantenschwier.

Cleo trat einen Fußbreit näher an ihn heran. »Tut mir leid«, hauchte sie. »Ich war eifersüchtig. Das macht blind.«

Er räusperte sich und trat einen Schritt zurück, ehe er nickte und fragte: »Was hast du getan?«

»Ich habe Daten verraten.«

Lantenschwier schluckte. »Hol den Kommissar herein und lege deine Karten auf den Tisch.«

Vier Stunden später traf sich Cleo erneut unter vier Augen mit Lantenschwier, und sie bemerkte zufrieden, dass er lächelte, als sie eintrat. Das Gespräch mit Wondrak geriet in den Hintergrund, denn nun ging es um den Bluttest, und Cleo hatte fantastische Nachrichten.

»Wir haben es geschafft, Andreas. Wir können in einer Stunde zu Galleitner kommen und die Unterlagen für das Methodenpatent abgeben; der Patentanwalt hat uns eine Stunde reserviert.«

»Wasserdicht?«

»Wasserdicht«, behauptete Cleo im Brustton der Überzeugung. Sie würde einen Teufel tun und Zweifel an ihrer Studie zulassen. Niemand, hoffte sie, würde jemals ihre Manipulation der Daten nachweisen können.

Endlich zu Hause, öffnete Cleo eine Flasche Prosecco und beglückwünschte sich zu ihrem erfolgreichen Tag. Morgen würde der Patentanwalt die Patentschrift einreichen, übermorgen könnten sie am Institut mit einer Pressekonferenz ihren Erfolg vermelden und spätestens am Montag könnte sie ihren Fachartikel an *Nature Medicine* senden. McBannister könnte umgehend dafür sorgen, dass *ImmuGenPharm* eine Produktionslinie für den Test einrichtete. Bald würde sich zum wissenschaftlichen Erfolg der wirtschaftliche dazugesellen.

Cleo rieb sich die Hände und genoss das Prickeln des Proseccos. Als der Harfenklang ihres Smartphones den Eingang einer E-Mail verkündete, ignorierte sie die Nachricht zunächst, hoffte stattdessen auf das Hupsignal, welches eine neue SMS verkündete. Obwohl sie sich von Leopold für einige Tage verabschiedet und unmissverständlich auf ihren Berufsstress bis Freitagabend hingewiesen hatte, wünschte sie sich ein Signal ihres Liebhabers. Er hatte ihren unbändigen Hunger gestillt wie seit vielen Jahren niemand mehr, und sie hatte, eine neue Erfahrung für Cleo, in der einen und anderen Minute die Kontrolle loslassen und sich hingeben können. Für Leopold machte sie eine Ausnahme von ihrem Grundsatz: Kein zweites Mal. Im Gegenteil, sie sehnte bereits jetzt das zweite Mal herbei und konnte sich sogar eine Beziehung mit diesem einfühlsamen Filou vorstellen.

Sie schloss die Augen und erinnerte sich an seine Zärtlichkeiten. Cashina schnurrte. Da erklang die Harfe ihres Smartphones erneut. Cleo trank einen weiteren Schluck, verscheuchte die romantischen Erinnerungen und öffnete ihren E-Mail-Ordner. Ein Foto beherrschte die letzte Nachricht: sie mit Leopold am Tresen der Salsabar in einen Kuss vertieft.

Sofort brannte Cleos Magen. Unterhalb des Fotos unscheinbar der Text: Überzeugt?

Was sollte das? Mit zitternden Fingern öffnete sie die vorherige E-Mail. *Die erste vertrauensbildende Maßnahme hat geklappt. Morgen hat die Lieferung aller Daten zu erfolgen. Vorgehensweise über Link. Und: keine Tricks, keine Polizei. Sie sind bestens überwacht.*

Wondrak hatte also recht, erinnerte sich Cleo an das unerquickliche Gespräch mit dem Kriminalbeamten und war froh darüber, mit Lantenschwier gemeinsam alles offengelegt zu haben, was mit dieser Erpressung zusammenhing. Sie würde sofort mit der Sonderkommission Kontakt aufnehmen und diese E-Mails weiterleiten. Es kostete sie Überwindung, Wondrak anzurufen, zugleich war sie erleichtert, denn nun kannte sie die Zielrichtung des Erpressers: Er hatte es auf die Ergebnisse der Arbeitsgruppe von Kaul abgesehen. Es ging um die Entwicklung eines Medikaments; ihr Bluttest war nicht in Gefahr. Außerdem fühlte sie sich seit heute Nachmittag sicher, denn Andreas Lantenschwier hatte im Gespräch mit Wondrak ihre Designänderung ebenso akzeptiert wie die Reduzierung der Stichprobe. Niemand zweifelte ihre Studie an. Darauf trank Cleo den nächsten Schluck und bekräftigte: *Man muss die Fragen den Antworten anpassen, will man erfolgversprechende Ergebnisse produzieren.*

»Wondrak«, meldete sich der Polizist mit barscher Stimme.

»Es sind neue Erpresser-E-Mails eingegangen«, berichtete Cleo.

»Weiterleiten«, befahl der Kriminaler.

»Sofort«, erwiderte Cleo. »Es ist ein intimes Foto dabei. Darf ich auf Ihre Diskretion hoffen?«

»Selbstverständlich«, antwortete Wondrak versöhnlich. »Das haben wir besprochen. Geht es Ihnen gut?«

»Ja. Ich bin froh, dass Sie das jetzt in der Hand haben. Allerdings finde ich es unheimlich, von einem Verbrecher beschattet zu werden.«

»Sollen wir Ihnen eine Streife vorbeischicken?«

»Nein, danke, das ist nicht nötig.«

Je länger Cleo nach diesem Telefonat darüber nachdachte, umso mehr beunruhigte sie der Gedanken, von dem Erpresser beobachtet zu werden. Wie konnte es sein, dass sie nichts bemerkt hatte? Wie lange war ihr der Fremde gefolgt, was alles hatte er gesehen? Überwachte er sie im Augenblick auch? Was konnte er sehen, was hören? *Ist meine Wohnung verwanzt,* fragte sie sich. *Hat er mein Telefonat mit Wondrak mitbekommen?*

Von Minute zu Minute erschien ihr die Situation bedrohlicher. Sie suchte ihr Wohnzimmer mit Blicken ab, wo eine Spionagekamera versteckt sein könnte, dann überprüfte sie die Kamera über dem Bildschirm im Arbeitszimmer und klebte diese mit einem Heftpflaster ab.

Vergeblich versuchte sie, sich zu beruhigen. Schließlich wusste der Erpresser nichts von ihrer neuen Offenheit gegenüber Institutsleitung und Polizei. Also überwachte er sie nicht rund um die Uhr und erfuhr längst nicht alles über sie. Trotzdem wuchs ihre Panik. Sie fühlte sich hilflos, das hasste sie. Sie wünschte sich Leopold herbei, versagte es sich aber, ihn anzurufen. Keinesfalls sollte ihr Loverboy sie hilflos erleben. *Nein, eine Cleo Berenike Ascher wird mit ihren Problemen allein fertig!*

Sie setzte sich an den Schreibtisch und studierte ein weiteres

Mal die rote Liste ihrer Verdächtigen. Sie betrachtete die gestrichenen Namen: Fang Guangzhao, Pihla Meskanen, Miriam Hufnagel, Nina Kaul und Sunil Bierther. Zweifel blieben. Trotzdem wandte sie sich den verbliebenen Namen zu und fixierte zwei Doktoranden ganz besonders: William Lancaster und Conor Leneghan.

Von seinem Werdegang her war Leneghan beinahe prädestiniert für eine kriminelle Karriere. Cleo kannte die Verhältnisse in Brixton gut genug aus ihrer Zeit in England. Wer dort aufgewachsen war, dem war nichts fremd.

Sein Weg war erstaunlich und glich in mancher Hinsicht ihrem eigenen. Gut möglich, dass Leneghan jedes Mittel recht war, zu Geld zu kommen. Allerdings erhielt er sein derzeitiges Stipendium von *ImmuGenPharm*, dem größten Einzelsponsor des Instituts. Da machte es keinen Sinn, sich mittels Erpressung Informationen zu besorgen, die McBannister vom Institut frei Haus geliefert bekam. Es sei denn, er arbeitete für eine andere Firma.

Cleo rief Leneghans Seite im Mitarbeiterverzeichnis des Instituts auf und studierte sein Gesicht. Beinahe jugendlich, unbedarft, mit klaren, wachsamen Augen. Cleo schüttelte den Kopf. Dieser aufstrebende Doktorand aus der Arbeitsgruppe von Ursula Plötze verfügte nicht über die kriminelle Energie für eine Erpressung.

Blieb Lancaster. Einer der Überflieger des Instituts, der Shootingstar unter den Doktoranden. Hervorragend vernetzt, hochintelligent, bis in die Haarspitzen ehrgeizig.

Cleo kannte ihn gut, denn er arbeitete bei Lantenschwier und in Kauls Arbeitsgruppe und war auf einige Bereiche von Bluttests spezialisiert, die intensive Berührungen zu ihren eigenen Forschungsarbeiten hatten. Lancasters Dissertation war abgeschlossen und lag beim Zweitgutachter der Universität. Er würde das Institut bald verlassen, hatte eine Postdoc-Stelle an der *Columbia*

University in Aussicht. Was hätte er am *BaRCOSI* noch zu verlieren?

Cleo nickte. Lancaster stand zu Recht auf ihrer Liste, und sie wunderte sich, dass sie ihn kürzlich aus dem Fokus verloren hatte. Jetzt erst fiel ihr sein Verhalten in den letzten Wochen auf. Als einer der Wenigen mied er ihren Blickkontakt und fehlte bei von ihr geleiteten Besprechungen selbst dann, wenn sein Themenfeld berührt war.

Nachdem sie Nina Kaul von ihrer Liste hatte streichen müssen, setzte sie Lancaster an die erste Stelle. Jetzt hatte Cleo wieder ein Ziel und damit verbunden das Gefühl, die Kontrolle zurückzuerlangen.

19

Olga wollte gerade nach Hause gehen, als ein Anruf Bolzens sie umdirigierte. Der Ermittlungsleiter bat um eine Besprechung, und so radelte Olga die wenigen Minuten hinüber zum Landeskriminalamt. Als sie Bolzens Büro betrat, saß dieser mit Alex, Klitzke und einem weiteren Polizisten, den Olga noch nicht gesehen hatte, an seinem Besprechungstisch und verteilte Käsekuchen.

»Schön, dass Sie Zeit haben«, empfing er sie. »Auch ein Stück Kuchen? Hilft uns beim Denken.«

Sie nickte und setzte sich auf den letzten freien Stuhl. Ihr Blick begegnete dem der Kommissarin, deren Feindseligkeit mit Händen zu greifen war.

»Wondrak«, stellte sich der andere Beamte vor. »Michael Wondrak, Oberkommissar.«

»Olga Swatschuk.«

»Angenehm. Schön, dass Sie kooperieren. Allmählich schließen sich die Reihen.«

»Na, na«, dröhnte Bolzen, »übertreib's mal nicht. Dieses Institut ist eine Schlangengrube.«

Olga schaute von Wondrak zu Bolzen und wieder zurück. Worauf lief dieses Geplänkel hinaus? Mussten sich Männer dauernd in Hahnenkämpfe verstricken, wenn Frauen im Raum waren? Immerhin schien Alex entspannt auf seinem Stuhl zu sitzen.

»Leider«, begann Bolzen, »haben wir nach wie vor keine Spur von Frau Kaul. Allerdings wissen wir seit wenigen Stunden von einem weiteren Angriff auf das Institut. Frau Ascher wird erpresst.«

Olga versuchte, ihre Überraschung zu überspielen. Was hatte das zu bedeuten? Bis gestern Abend schien Kauls Argwohn gegenüber der Abteilungsleiterin begründet gewesen zu sein, nun war diese selbst ein Opfer krimineller Machenschaften. *Wie viele mysteriöse Wendungen nimmt dieser Fall noch,* fragte sich Olga und lauschte den Ausführungen des Kommissionsleiters.

»Wir haben unsererseits eine Überwachung von Frau Professor Ascher laufen, um ihrem Schattenmann auf die Schliche zu kommen. Entweder wird die Professorin nur gelegentlich beschattet oder extrem professionell. Jedenfalls haben wir bisher keinen Beobachter entdeckt. Die Beschreibung, die du uns gegeben hast, Alex, passt auf keinen Mitarbeiter des Instituts.«

»Zugleich laufen unsere Überprüfungen aller Mitarbeiter des *BaRCOSI*«, fuhr Wondrak fort. »Sollte es einen internen Geheimnisverräter geben, wie von Frau Kaul angenommen, geht dieser geschickt vor. Im Institutsnetz konnten unsere IT-Spezialisten keine Auffälligkeiten entdecken.«

»Besonders in den Fokus gerückt ist allerdings der Doktorand Guangzhao«, ergriff Bolzen wieder das Wort. »Die Institutsleitung ist inzwischen unglücklich darüber, ihn angestellt zu haben. Seine Verflechtung mit einer Pharmafirma in der Volksrepublik ist evident. Leider können wir seine privaten E-Mailkontakte nicht überprüfen, weil ihm angeblich sein Laptop gestohlen wurde. Ehrlich gesagt bezweifeln wir diese Behauptung und bemühen uns derzeit um einen richterlichen Durchsuchungsbeschluss für seine Wohnung.«

»Guter Ansatz«, meldete sich Alex. »Guangzhao ist intim mit Pihla Meskanen befreundet, der ich heute Nachmittag einen Besuch abgestattet habe. Frau Meskanen zeigte sich bei meinen Fragen zu Frau Kaul und deren Forschungsprojekten sehr unsicher. Ich hatte den Eindruck, angelogen zu werden.«

»Bei welchen Fragen?«, beteiligte sich Kommissarin Klitzke am Gespräch.

»Bei allen Fragen, die mit Kauls zentralem Projekt zu tun hatten. Meskanen bestritt jede Kenntnis dieser Studie. Ausweichend und nervös wirkte sie auch bei Fragen nach ihren Kooperationspartnern außerhalb von Universität und Institut. Wenn ihr mich fragt, sollte man Meskanen auf den Zahn fühlen.«

»Interessant«, bemerkte Bolzen. »Meskanen gehört zu Kauls Arbeitsgruppe. Sie gilt als hochintelligent und wissbegierig. Wieso bestreitet sie etwas, das sie unproblematisch einräumen könnte?«

»Sind wir sicher«, fragte Olga, »dass der vermutete Geheimnisverräter etwas mit der Entführung von Kaul zu tun hat? Müssen diese Umstände zusammenhängen oder gibt es unterschiedliche Erklärungen?«

Rudolf Bolzen wirkte überrascht, als er Olga unvermittelt anblickte. In seinen wässrigen Augen lag ungläubiges Staunen.

War meine Frage so abwegig, grübelte Olga, *oder hat er diese Möglichkeit bisher außer Acht gelassen?* Zwar argwöhnte Olga, dass Kaul deshalb entführt wurde, weil der Verräter ihre Abwehrmaßnahme bemerkt hatte und befürchtete, enttarnt zu werden, aber über Kauls Vorgehen hatten Alex und sie die Ermittler des Landeskriminalamts im Unklaren gelassen.

»Man kann eine Grippe bekommen und sich den Fuß brechen«, legte Olga nach. Die Idee gefiel ihr, und sie fragte sich, warum sie gemeinsam mit Alex nicht schon gestern in diese Richtung gedacht hatte. *Man wird betriebsblind,* tadelte sie sich und hielt Bolzens Blick stand.

Alex schien alles amüsiert zu beobachten. *Klar*, erkannte Olga, *er kann Bolzen nach wie vor nicht ausstehen und freut sich, wenn der einen Stockfehler macht.* Andererseits war jetzt kein Platz für Animositäten und Eifersüchteleien. Ihre Mandantin schwebte in Gefahr. Erfolge mussten her!

»Das ist eine gute Idee«, ließ Bolzen mit schleppender Stimme verlauten. »Was kannst du uns in diesem Zusammenhang berichten, Gerda?«

Klitzke drückte ihr Kreuz durch und antwortete: »Wir haben unmittelbar nach der Anzeige der Entführung den privaten

Hintergrund von Frau Kaul durchleuchtet. Sie hat keine nahen Angehörigen und lebt seit Jahren allein. Ihre finanziellen Verhältnisse sind geordnet. Ihr Bekanntenkreis scheint sich in erster Linie auf Trainingspartner aus dem Fitnessstudio zu beschränken, darüber hinaus gibt es eine Jugendfreundin aus ihrer Heimat Aschaffenburg, mit der sie gelegentlich telefoniert. Summa summarum: keinerlei Anhaltspunkte für eine Entführung aus privaten Gründen.« Kurz und präzise. Die Kommissarin blickte herausfordernd in die Runde, ihr Blick verharrte auf Olga.

Wir werden auch keine Freunde mehr, dachte Olga und nickte. »War nur so eine Idee.«

»Wenn Sie bessere Eindrücke haben«, gab sich Bolzen verbindlich, »lassen Sie es uns wissen. Immerhin ist Frau Kaul Ihre Mandantin.«

»Die ich bis Freitag nicht kannte«, erwiderte Olga und winkte ab. Sie würden den Verräter finden müssen. Sollte sie von ihrem Verdacht gegen Lancaster berichten? Doch zuerst wollte sie mit Sonja sprechen, was die über diese russische Pharmafirma herausgefunden hatte, mit der Lancaster in Verbindung stand. Es war nur ein Gefühl, aber aus irgendeinem Grund wollte sie ihre Vermutungen dieser Runde noch verschweigen.

»Wir sehen einen inneren Zusammenhang zwischen dem Hackerangriff auf die Instituts-IT, der Entführung von Frau Kaul und der Erpressung von Frau Ascher. Dabei verdichten sich die Anzeichen, dass es die Angreifer primär auf die Ergebnisse von Frau Kauls Forschung abgesehen haben. Dies umso mehr, als die Arbeit von Frau Ascher heute Nachmittag in einen Patentantrag gemündet ist. Das heißt, deren Ergebnisse sind ab sofort gegen Ideendiebstahl geschützt. Wir müssen unsere Kräfte darauf verwenden herauszufinden, wer mit Kauls Ergebnissen besonderen Gewinn erzielen kann.«

»Jede potente Pharmafirma«, warf Olga ein.

Bolzen nickte. »Es wird eine Firma sein, die über einen Informanten am *BaRCOSI* verfügt. Daher ist meine Bitte an dich, Alex, und an Sie, Frau Swatschuk, die von Frau Kaul Verdächtigten weiter unter die Lupe zu nehmen und uns über alle gewonnenen Erkenntnisse zu unterrichten.«

Olga versprach es ebenso wie Alex.

Nachdem alle ihren Käsekuchen gegessen hatten, beendete Bolzen die Besprechung. Während die anderen hinausgingen, rief Bolzen nach Olga. »Dürfte ich einen Augenblick mit Ihnen unter vier Augen sprechen?«

»Selbstverständlich.«

Bolzen schloss die Tür. »Sie verheimlichen mir etwas. Warum?«

Irritiert fuhr sich Olga durchs Haar und fragte: »Wie kommen Sie darauf?«

»Intuition.« Er tippte auf seinen Bauch. »Ist es wegen Alex?«

»Sie irren sich.«

»Alex leidet darunter, den Dienst quittiert zu haben. Er glaubt nach wie vor, ich hätte an seinem Stuhl gesägt. Das habe ich nicht. Er war damals unser fähigster Ermittler. Er fehlt uns. Sie müssen ihn nicht vor uns beschützen. Wir sind die Guten, Frau Rechtsanwältin. Schlafen Sie darüber.«

20

Alex fühlte sich verraten, als Olga auf Bolzens Bitte hin in dessen Büro zurückkehrte und sich die Tür hinter den beiden schloss. Der mit allen Wassern gewaschene Ermittler würde Olga einseifen und aus ihr das Herauskitzeln, was ihm Alex an Informationen bewusst verweigerte. Alex kannte Bolzens Methoden allzu gut. Er fiel auf seinen früheren Konkurrenten nicht herein. Olga jedoch war zu unerfahren, den Tricks des Kriminalers standzuhalten.

Enttäuscht und mit einer Portion Wut im Bauch ging Alex zum Hauptausgang, schnappte sich kurzentschlossen sein Fahrrad und fuhr durch die halbe Stadt. Schließlich traf er in der Nähe von Aschers Wohnhaus ein, sperrte sein Fahrrad ab und erkundete zu Fuß die Umgebung. Er hielt Ausschau nach Aschers Schattenmann. Alex wusste, er hatte es mit einem Vollprofi zu tun; genau das reizte ihn an diesem Fall. Außerdem, gestand er sich widerwillig ein, wollte er Bolzen zeigen, wer der bessere Ermittler war.

Auf der Straße herrschte wenig Verkehr, Fußgänger waren kaum unterwegs, nirgends stand jemand verdächtig herum. Alex spähte hinauf zu den Fenstern von Aschers Wohnung. Dort brannte Licht. Sie war zu Hause. Unschlüssig schlenderte Alex die Straße auf und ab, behielt den Hauseingang im Blick und überlegte, was er machen sollte. Vermutlich hatte es keinen Sinn, vor Aschers Haus zu warten. Wenn sie heute Erfolg mit der Patentanmeldung und gestern Spaß mit ihrem Liebhaber gehabt hatte, würde sie diesen Abend daheim genießen und früh schlafen gehen. Sollte ihr Beschatter genauso denken, bestand für ihn kein Grund, die Forscherin jetzt im Auge zu behalten. *Dann,* überlegte Alex, *vergeude ich hier meine Zeit.*

Er bog in eine Seitenstraße ein und betrat eine schummrige

Bar. Hinter dem Tresen stand eine verlebte Blondine, der man den langjährigen Tabak- und Alkoholkonsum ansah. Sie unterhielt sich mit zwei älteren Männern und blickte eher desinteressiert auf, als Alex eintrat. Er hob die Hand zum Gruß und schlurfte an die Bar.

»Na, mein Süßer«, begrüßte sie ihn mit rauchiger Stimme. »Was kann ich dir Gutes tun?«

»Bring mich auf andere Gedanken und gib mir ein Pils.«

»Das mit dem Pils geht leichter«, lachte die Wirtin. »Früher war es anders herum.« Sie zwinkerte ihm zu und bediente den Zapfhahn. »Musst jetzt bei beidem Geduld haben.«

Alex nickte. Immerhin, sie war amüsant und erinnerte ihn nicht an seine Ex-Frau. Der weiche Singsang in ihrer Stimme ließ das Bild der Übersetzerin lebendig werden. Als Alex seine Nase in den Schaum eintauchte, standen ihm die übersetzten E-Mails von Guangzhao vor Augen. Lohnte diese Spur weiterhin? Mit welchen Mächten sollte der junge Chinese samt finnischer Freundin verbündet sein, die Ascher erpressten und professionell beschatteten? Außerdem ergab Aschers Erpressung aus Guangzhaos Sicht keinen Sinn. Wenn der Chinese sich wissenschaftliche Artikel von einer Agentur schreiben ließ, hatte er hinreichend Material gesammelt und gestohlen. Er benötigte keine Informationen von Ascher. Egal ob er die Artikel für sich selbst oder für einen anderen schreiben ließ, Guangzhao hätte so oder so einen Gewinn von seiner Spionageaktion. Sein Risiko wäre begrenzt. Was sollte ihm die Entführung Kauls einbringen? Gewaltanwendung passte nicht zum Profil des jungen Wissenschaftlers.

Nein, folgerte Alex und bestellte ein zweites Pils, *Guangzhaos ist vielleicht der Verräter in den eigenen Reihen, aber er ist weder Entführer noch Erpresser.*

»Na, ändern sich die Gedanken schon, Süßer?«, flötete die Wirtin und stellte ihm sein zweites Pils vor die Nase. »Oder muss ich nachhelfen?« Dabei beugte sie sich lasziv über den Tresen. Ihr Ausschnitt war üppig, aber welk.

Alex tat ihr den Gefallen, schaute auf ihr Dekolleté und schenkte ihr ein Lächeln.

»Das Auge trinkt mit«, grinste er und prostete ihr zu.

Sie lachte. »Du gefällst mir. Darfst öfter kommen.« Dann wackelte sie im Stil einer orientalischen Bauchtänzerin kurz mit dem Oberkörper und ging zu ihren argwöhnisch dreinblickenden Stammgästen zurück.

Alex blickte ihr nach und dachte an Dorothee. Seine Gefühle ihr gegenüber gerieten ins Wanken. Heute Abend hatte er ihr keine SMS geschickt, um nach ihrem Tagesverlauf zu fragen, ein Ritual, das er die letzten Monate beinahe liebevoll gepflegt hatte. Eigentlich müsste sie mit ihm und seiner Rolle versöhnt sein, nachdem er ihr von der Einschaltung der Polizei berichtet hatte. Immerhin schätzte sie es sehr, wenn man ihre Ratschläge befolgte. Umso mehr sollte sie von seiner Bereitschaft, mit Bolzen zu kooperieren, angetan sein. Aber Alex fürchtete ihre messerscharfen Nachfragen. Sie würde seine inneren Widerstände herausfinden und ihn ermahnen, sich einzubringen und mitzuarbeiten.

Auf ihre strengen Hinweise hatte er keinen Bock, und die ursprüngliche Sehnsucht, sie zu sehen, zerfaserte in Alltäglichkeit. Es kribbelte nicht mehr im Bauch, wenn er an Dorothee dachte. Frustriert stellte Alex fest, dass die Verliebtheit vorbei war. Er trank sein Pils aus, legte der Wirtin ein ordentliches Trinkgeld auf den Tresen, winkte und ging.

Die Fenster in Aschers Wohnung waren immer noch beleuchtet, aber irgendetwas sah anders aus als vor 90 Minuten. Alex grübelte einige Sekunden, dann nahm er es wahr: In dem einen Raum waren die Gardinen zugezogen. Vorsichtig blickte er sich um, ob er in der näheren Umgebung jemand entdeckte, der

Aschers Fenster beobachtet, aber die Straße war unbelebt. Sein Bauchgefühl trieb ihn zu der entferntesten Stelle, von der aus er Fenster und Hauseingang im Blick behalten konnte. Dort kam ihm der Zufall doppelt zu Hilfe, denn kaum erreichte er den Eingang eines Jugendstilhauses, als ein junger Mann das Haus verließ und achtlos über die Straße ging. Das ermöglichte es Alex, den Hausflur unbemerkt zu betreten. Er stieg die Treppe hinauf zu einem Zwischenabsatz mit Fenster. Dieses gewährte besten Blick auf Aschers Anwesen.

Hier greift mich keine Polizeistreife auf, war er überzeugt, lehnte sich gegen die Wand und behielt sein Zielobjekt im Auge. Dabei schweiften seine Gedanken wieder in sein Privatleben ab, jedoch nicht zu Dorothee, sondern zu Lisa, seiner Tochter. Wie mochte es ihr aktuell gehen? Kam sie mit ihrem Studium voran oder erlebte sie nach dem gescheiterten ersten Studium erneut eine Enttäuschung? Hatte sie ihren Lebensweg gefunden?

Erst vor wenigen Tagen hatte Alex von ihr geträumt, wie meist in den letzten Jahren von dem dreijährigen Mädchen. Viele schöne Bilder brachen über ihn herein. Die Erinnerung schmerzte. Er strich sich eine Träne aus den Augen. Gerade rechtzeitig, denn soeben verließ Ascher ihr Haus. Sie ging in die Richtung seines Beobachtungspostens. So konnte Alex länger an dem Fenster ausharren. Deshalb bemerkte er den grau gewandeten Verfolger, der sich geschickt an Aschers Fersen heftete.

»Also doch«, murmelte Alex und wartete, bis auch der Schattenmann aus seinem Blickfeld verschwand, ehe er seinen Platz verließ und seinerseits die Verfolgung aufnahm. Er musste vorsichtig sein, denn er wollte um jeden Preis vermeiden, von Aschers Schattenmann bemerkt zu werden, der sich wiederholt argwöhnisch umdrehte. An der Trambahnhaltestelle stieg die Forscherin in die soeben angelangte Straßenbahn, geschmeidig schlüpfte ihr Verfolger zur letzten Tür hinein. Alex blieb nichts anderes, als der abfahrenden Bahn nachzublicken.

21

Nachdenklich war Olga zu Sonja geradelt. Was war mit Alex los, warum war er grußlos verschwunden? Sie machte sich Sorgen um ihn. Die Fröhlichkeit der letzten Monate hatte sich verflüchtigt. Irgendetwas schien ihn zu bedrücken. Die Begegnung mit seinem alten Rivalen Bolzen tat offensichtlich ihr Übriges, seine Laune auf den Gefrierpunkt zu bringen. Seine Weigerung, Bolzen ins Vertrauen zu ziehen, konnte sie nachvollziehen. Aber sie zweifelte an der Richtigkeit dieser Entscheidung.

Nach dem kurzen Gespräch mit dem Ermittlungsleiter hätte sie gern mit Alex gesprochen und die Frage geklärt, ob es tunlich wäre, von dem gestohlenen Laptop zu berichten und Kauls Plan mit den falschen Daten offenzulegen. In dieser brenzligen Situation sollten alle Fakten auf den Tisch kommen. Oberstes Ziel war, Kaul zu retten. Hahnenkämpfe alternder Herren mussten zurückstehen.

Wenn sie bis morgen Mittag zu keiner Einigung mit Alex kam, würde sie Bolzen reinen Wein einschenken, nahm sich Olga vor und stieg die Treppe zu Sonjas Wohnung hinauf. Dieser Weg erfüllte sie von Absatz zu Absatz mit Freude. Je höher sie stieg, umso leichter wurde ihr ums Herz.

Sonja erwartete sie ungeduldig und aufgeregt. »Komm rein, schnell«, sprudelte sie heraus, »du hast mit Lancaster und seiner Verbindung zu dieser russischen Pharmafirma einen Volltreffer gelandet.«

»Wirklich?«, fragte Olga und war sofort hellwach.

»Ja. *RosLek* ist der zweitgrößte russische Chemie- und Pharmakonzern und liegt in der Forbes-Liste der größten Unternehmen weltweit auf Platz 1917.«

»Ist das gut?«

»Für ein russisches Unternehmen auf jeden Fall. Komm, lass

uns auf der Dachterrasse etwas trinken, dann erzähle ich dir alles, was ich herausgefunden habe.«

Auf dem Tisch stand ein großes Tablett mit Tapas und im Kühler befand sich eine kalte Flasche Champagner. Olga setzte sich erfreut und schaute Sonja zu, wie sie den Korken mit leisem Zischen aus der Flasche drehte und die Gläser bis zum Perlrand füllte.

»*Santé!*«

Sie ließen die Gläser klingen.

»Ein leckerer Tropfen, den uns Nicola empfohlen hat«, lobte Sonja ihre Freundin vom Champagner-Laden und schob sich ein Fleischbällchen mit Essiggurke in den Mund. »Die Firmenphilosophie von *RosLek*«, begann Sonja ihre Ausführungen, »ist darauf ausgelegt, bis spätestens 2025 für alle medizinischen Bereiche ohne Zulieferungen aus dem Ausland autark Medikamente herstellen zu können. Damit will der Konzern eine politische Vorgabe der Staatsführung umsetzen. Russland will sich im pharmazeutischen Bereich unabhängig vom Ausland machen und nach Möglichkeit seine Produktionskapazitäten so ausbauen, dass das Land sich von einem Importeur zu einem Exporteur wandelt. An entscheidender Stelle im Aufsichtsrat sitzt ein enger Vertrauter des russischen Präsidenten. Der Vorstandsvorsitzende von *RosLek* soll mit Putin befreundet sein. Wenn die Quellen stimmen, die ich heute abgecheckt habe, kennen sich beide schon aus Zeiten des KGB.«

»Meine Güte«, nuschelte Olga mit vollem Mund. »Da steckt geballte Staatsmacht dahinter.«

»So ist es. Ich habe im Internet zwei Berichte gefunden, wonach *RosLek* wenig zimperlich ist, wenn es um das Nachahmen von Wirkstoffen und Medikamenten geht.«

»Also willige Abnehmer von geheimen Forschungsergebnissen«, stellte Olga fest und trank einen Schluck.

»Der Konzern betreibt aktiv Wissenschaftsspionage. Die Erfahrung seines Chefs kommt ihr da offenbar zugute. Jedenfalls ist mir ein amerikanischer Bericht in die Hände gefallen, wonach es in Kalifornien vor einem Jahr zu einem Prozess wegen Industriespionage am Firmensitz von Amgen in Thousand Oaks kam, der aus unerfindlichen Gründen im Sande verlief.«

»Sie wagen sich ins Herz von Amerika?«

»Überrascht dich das?«

Olga schüttelte den Kopf. »Bei dem Präsidenten nicht.«

»Trotzdem fällt es mir schwer zu beurteilen, ob die *RosLek* betreffenden Blogs im Internet ernst zu nehmen oder Ergebnisse von Verschwörungstheorien sind. Wir brauchen mehr Informationen.«

»Und wie erlangen wir die?«, fragte Olga, die spürte, wie sich ihre zunehmende Müdigkeit mit der aufflammenden Aufregung einen inneren Kampf lieferte.

»Ich habe meinen alten Bekannten Mike Scuba in Los Angeles gebeten, sich für mich ein wenig umzuhören.«

»Du bist unverbesserlich«, gähnte Olga.

»Nur gut vernetzt, liebes Gamserl«, wackelte Sonja mit dem Kopf. »Jetzt gehen wir ins Bett, bevor du auf der Dachterrasse einschläfst.«

Sonja zog Olga an sich und gab ihr einen Kuss. Ein sanftes Kribbeln durchlief Olgas Bauch. Die Schmetterlinge erwachten und mit ihnen die Lebensgeister. Olga stand auf, nahm Sonja bei der Hand und zog sie ins Schlafzimmer. Sie ließen sich ins Bett fallen und umschlangen einander. Da war kein Platz mehr für Spionage und Verrat, sondern nur noch für Lust und Zärtlichkeit.

Es dämmerte bereits, als Olga aus dem Schlaf hochschreckte. Wieder durchgeschüttelt von ihrem Albtraum stand sie auf und goss sich in der Küche ein Glas kaltes Wasser ein. So nah wie selten war der Sturz aus der Wand des Grand Capucin diesmal an der Realität gewesen, allerdings stürzte auch diesmal ihr Vater mit ihr auf den beängstigenden Gletscher zu. Dabei waren die Nachrichten von ihrer Mutter beruhigend gewesen, der Vater auf dem Weg der Besserung und die Ärzte guter Hoffnung, dass keine gravierenden Schäden zurückblieben. Eine Sorge weniger.

Dafür wuchs die Sorge um Kaul, von der seit nunmehr zwei Tagen und drei Nächten jede Spur fehlte. *Wenn wir sie nicht bis morgen finden,* befürchtete Olga, *kann ich nicht mit Sonja in die Dolomiten fahren.* Dabei freuten sie sich seit Wochen auf diesen Kletterurlaub. *Warum nur,* ärgerte sich Olga, *habe ich dieses Mandat angenommen?* Sie ahnte, dass ihr längst die Kontrolle über das Geschehen abhandengekommen war. Zudem war ihr innerer Kompass gestört. Sie stocherte in einem Nebel von Verdächtigungen herum und zweifelte allmählich an allem. Welcher Spur jagte Alex nach, was trieb ihn an? Spielte Bolzen mit gezinkten Karten? War Kaul Opfer oder auch Täterin? Wie lautete die Antwort auf diese Frage bei Ascher? *Und was, um Himmels willen, habe eigentlich ich mit der ganzen Sache zu tun,* raufte sich Olga die Haare und schaltete die Kaffeemaschine ein. Ihr Mandat lautete, Kaul vor dem Vorwurf der Forschungsfälschung zu schützen, sollte mit dem Einspeisen der gefälschten Daten etwas schiefgehen; nicht mehr und nicht weniger.

Schlaftrunken erschien Sonja in der Küche, umarmte Olga und flüsterte: »Was treibt dich um?«

»Ich muss die Polizei über Kauls Versuch informieren, den Verräter zu finden«, stöhnte Olga, »auch wenn das Alex nicht passt. Er ist gestern einfach verschwunden. Hahnenkampf mit seinem alten Rivalen. Weiß der Teufel, was er ausheckt. Ich muss die Geheimniskrämerei beenden.«

»Aber wir bleiben an dem Fall dran, oder?«

»Ja, das bin ich Kaul schuldig. Aber mir ist nicht wohl bei der Sache.«

»Dann kümmere ich mich heute Vormittag um Lancaster. Vielleicht hältst du dich ihn betreffend gegenüber der Polizei noch mit Infos zurück? Wir sollten keine Verdächtigungen in die Welt setzen, ehe wir unsere Verdachtsmomente überprüft haben.«

»Mache ich. Du bist vorsichtig?«

»Selbstverständlich.«

Als sie ihre Kanzlei betrat, winkte ihr Angela zu und deutete auf die Tür des Besprechungsraums. »Besuch«, flüsterte sie.

»Klitzke?«

»Sorger.«

Zerknittert, aber grinsend saß Alex an Olgas Besprechungstisch. Zwei Croissants lagen bereit, und Angela hatte ihm bereits eine Crema serviert.

»Mir auch 'nen Kaffee«, bat Olga ihre Gehilfin und setzte sich zu Alex an den Tisch.

»Wo warst du gestern plötzlich?«

»Hast du dir Sorgen gemacht?«

»Da verstehe ich keinen Spaß«, grummelte Olga und legte ihre Hand auf seine. »Gut, dass du da bist. Wir müssen reden.«

»Deshalb bin ich da. Also: Ascher wird nach wie vor professionell beschattet. Ich habe das gestern beobachtet, konnte aber leider nicht verfolgen, wo die Professorin am späten Abend hingefahren ist. Mit der Tram haben mich Ascher und ihr Schattenmann abgehängt.«

»Das heißt, die Erpressung ist ernst zu nehmen. Willst du Bolzen dazu Rückmeldung geben?«

»Nein, ich will Aschers Verfolger schnappen.«

»Alex, das ist zu gefährlich. Wir wissen nicht, mit wem wir es zu tun haben.«

»Mit Profis«, antwortete Alex cool. »Ich bin auch einer. Was wollte Bolzen gestern von dir?«

»Er will unsere Mithilfe. Wir sind die Guten, hat er gesagt. Alex, er hat recht.«

»Bolzen ist ein Menschenfischer.« Alex ärgerte sich sichtlich. »Er ist sich seiner Wirkung bewusst. Er spielt die Rolle des guten Onkels perfekt. In Wahrheit ist er ein Chamäleon, das sich seiner Umgebung anpasst und auf Beute lauert. Dabei hat er zuerst sich selbst im Blick, ist auf seinen Vorteil bedacht. Du darfst ihm nicht auf den Leim gehen, Olga.«

»Er ist Polizist und er leitet die Sonderkommission. Wer, wenn nicht er, hat eine Chance, Kaul so schnell wie möglich zu finden?«

Alex zuckte die Achseln. Es wirkte resigniert.

»Ich muss ihm von Kauls Plan mit den gefälschten Daten erzählen.«

»Wenn du meinst«, erwiderte Alex matt. »Lass wenigstens meinen Laptop-Fehlschlag aus dem Spiel.«

Olga fehlte die Energie, ihn davon zu überzeugen, dass jetzt ein ungeeigneter Zeitpunkt war, alte Rechnungen zu begleichen.

»Was ist denn mit Sorger los?«, fragte Angela, nachdem Alex gegangen war. »Habt ihr euch gestritten?«

»Nein, warum?«

»Er schlich wie ein begossener Pudel davon.«

»Unser Fall bereitet ihm Kopfzerbrechen. Das gibt sich wieder«, versuchte Olga eine optimistische Antwort, nahm einen Stapel Akten vom Tresen und setzte sich damit an den Schreibtisch. Es gab zwar nicht viel, aber immerhin ein wenig alltägliche Kanzleiarbeit zu bewältigen; zu wenig, um auf Dauer bestehen zu können, genug, um im Moment finanziell über die Runden zu kommen. Wenn die drei Vorgänge bearbeitet waren, würde sie, ehe sie ins Fitnessstudio ging, Bolzen über ihre Erkenntnisse informieren.

22

Michael Wondrak lümmelte in seinem Stuhl. Während Cleo auf den Link klickte, den der Erpresser vor einer Minute gesendet hatte, fixierte ein IT-Spezialist des Landeskriminalamts neben ihr den Bildschirm.

»Startklar«, hallte die Stimme von Holger Dilling aus dem Funkgerät. Der IT-Chef des *BaRCOSI* saß am Zentralserver des Instituts. Er überwachte die Meldungen eines Programms, das den digitalen Kurs auskundschaften sollte, den Cleos Datensendung einschlug. Cleo lud die gesammelten Ergebnisse von Kauls wichtigstem Projekt auf die angegebene Zieladresse. Das funktionierte ähnlich wie das Hochladen eines Videofilms auf YouTube, dauerte jedoch zum Leidwesen von Holger Dilling nur wenige Sekunden. Kaum gelangten die Daten an ihren Bestimmungsort, fror die Internetseite auf dem Bildschirm ein und reagierte auf keine Eingabe mehr. Über den Taskmanager musste Cleo den Browser schließen. Beim anschließenden Neustart des Internet-Explorers war von der Erpresserseite nichts mehr zu sehen. Der Verlauf zeigte lediglich Leerstellen.

»Fehlanzeige«, rief Dilling ins Funkgerät.

Der Kriminalbeamte murmelte frustriert »exzellent, hochprofessionell«, es klang beinahe bewundernd.

Cleo sah dem Treiben entspannt zu. Der Erpresser hatte, was er wollte, und er schädigte damit eine andere Abteilung. Das war zwar bedauerlich, aber solange ihr bahnbrechender Bluttest nicht involviert war, konnte Cleo so einen Angriff auf das Institut aushalten. *Schließlich*, rieb sie sich die Hände, *ist sich jeder selbst der Nächste.*

»Wir werden jetzt das Angriffsmuster analysieren«, informierte der IT-Spezialist und verabschiedete sich.

Auch Wondrak ging hinaus, erinnerte Cleo jedoch daran,

sich sofort zu melden, wenn vom Erpresser eine Nachricht einging.

Wieder allein, redigierte Cleo ihren Aufsatz für *Nature Medicine* über ihren Bluttest. In deutlicher Erweiterung ihres vor einem Monat erschienenen Beitrags zum Nachweis einer Brustkrebserkrankung legte sie nun Schritt für Schritt die Entwicklung ihres Bluttests dar. Zur Veranschaulichung dienten ihr mehrere Grafiken, die sie geschickt aufgehübscht hatte. Die Wirksamkeit des Tests war überzeugend dargelegt, über die deutlichen altersabhängigen Unterschiede musste man sich keine Gedanken machen. Alles war schlüssig und nachvollziehbar. Die *scientific community* würde ihr zu Füßen liegen. Cleo klopfte sich auf die Schulter. Am liebsten hätte sie den Artikel sofort weggeschickt, aber sie musste die schriftliche Bestätigung der Patentanmeldung abwarten. Außerdem wollten Lantenschwier und McBannister die Nachricht erst auf der morgigen Pressekonferenz bekanntgeben. Sie würden eine medizinische Sensation verkünden. Wunderbar.

Cleo lehnte sich in ihrem bequemen Bürosessel zurück. Sie schloss die Augen und erlaubte sich, zu träumen. Sie schwelgte in den Bildern der letzten Nacht, Leopolds Überraschung, als sie unvermutet vor seiner Tür gestanden hatte, sein Begehren und seine Erregung, und genoss ein weiteres Mal, mit welch einfühlsamer Leidenschaft er sie in Besitz genommen hatte. Nach einer lustvollen Stunde hatte sie sich in Leopolds Arme gekuschelt und tief geschlafen.

Der Tagtraum zerfaserte. Eine dunkle Drohung griff um sich. Cleo öffnete die Augen und vergewisserte sich, dass in ihrem Büro alles an seinem Platz lag. *Werde ich beobachtet,* fragte sie sich ängstlich. Gestern Abend in der Straßenbahn, da war ein Mann in einem grauen Kapuzenpulli gewesen, der sie nicht aus den Augen gelassen hatte. War er mit ihr ausgestiegen? Sie hatte ihn aus den Augen verloren. Wollte der Erpresser noch etwas?

Erpresser gaben selten auf, Erpresser waren gierig. Mit Gier kannte sich Cleo aus. *Gier lässt sich nur kurz besänftigen, meist wird sie nach jedem Erfolg unstillbarer.*

Cleo bekam Atemnot, ihr Puls beschleunigte sich. *Gier ist nie zufrieden,* wusste sie, *Gier muss man abtöten.*

»Ja«, rief sie aus und sprang hektisch auf. »Wir müssen den Erpresser finden, und zwar bald!«

Der Adrenalinschub half. Sie loggte sich ins Mitarbeitersystem des Instituts und öffnete Lancasters Personalblatt. Sorgsam scannte sie sein Gesicht. Das war nicht der junge Mann von gestern in der Straßenbahn. Wer weiß, vermutlich hatte der Erpresser mehr als einen Komplizen. Sie griff zum Telefon und rief in Lancasters Arbeitsraum an. Sunil Bierther meldete sich und teilte ihr mit, dass Lancaster seit Montag nicht mehr im Institut gewesen sei. Cleo bedankte sich und schickte Wondrak eine SMS, ob er noch einmal zu ihr kommen könne. In der Zwischenzeit recherchierte sie im Internet über Lancaster und stieß auf seine LinkedIn-Seite. Als sie durch die Zähne pfiff, fauchte Cashina und sprang ihr von der Schulter.

»Schau an, schau an«, murmelte Cleo, »er hat Kontakt zum Berliner Pharmareferenten von *RosLek*.«

Sofort lief ein Erinnerungsfilm vor ihren Augen ab. Berlin im Juli: Ein trocken-heißer Sommertag hatte sie am Hauptbahnhof empfangen, als sie aus dem morgendlichen Sprinter gestiegen war und ihren Rollkoffer über den Bahnhofsvorplatz gezogen hatte. Im Taxi war es zu warm und der Fahrer roch nach Knoblauch. Endlich im Kongresshotel angekommen, umfing sie die Kühle wohltuend. Nach dem Check-in blieb noch etwas Zeit für einen Sprung in den Pool. Sie fing den bewundernden Blick eines attraktiven Mittvierzigers auf, sportlich schlank, markantes Gesicht. Sie zog zehn Bahnen, dann hieß es, sich auf den Weg in ihr Panel zu machen.

Am ersten Kongresstag hielt sie einen Vortrag über die Bedeutung von Biomarkern in der immunologischen Forschung. Sie erhielt viel Applaus. Nach Abschluss des Panels trat ein eleganter Mann mit einer Frage an sie heran; es war der interessante Mittvierziger vom Hotelpool. Er wollte wissen, ob sich mithilfe der Botenstoffe Bluttests für kanzerogene Körperreaktionen entwickeln ließen. Cleo hielt sich zwar bedeckt, bejahte die Frage jedoch grundsätzlich. Er verwickelte sie in eine kurze Diskussion und zeigte neben fachlicher Prägnanz erstaunlichen Charme. In Cleo erwachte der Hunger. Seine Reaktion auf das Öffnen des obersten Blusenknopfs war eindeutig. Sie verabredeten sich nach dem Dinner an der Hotelbar. Selten hatte sie bei einem Flirt eine so gekonnte Durchmischung von fachlichen und erotisierenden Bemerkungen erlebt. Sie begleitete ihn auf sein Zimmer. Zwei Stunden später legte sie sich befriedigt in ihr eigenes Bett und ließ anderntags das Frühstück hochbringen. Cleo ging ihren One-Night-Stands am nächsten Morgen gern aus dem Weg. Sie hasste Peinlichkeiten.

Doch er nahm am Vormittag an dem Panel teil, das sie leitete. Wieder trat er mit einer fachlichen Frage an sie heran, sehr höflich und seriös. Ob sie ihm für eine Kooperation Daten ihrer Studien zur Verfügung stellen könne, fragte er schließlich und deutete an, weiteren Kontakt zu schätzen. Cleo ließ ihn professionell abblitzen. Sie verlängerte niemals einen One-Night-Stand. Viktor akzeptierte ihre Absage, aber sie spürte seine Enttäuschung. Damals bezog sie es auf sich.

Abends im ICE nach München hatte sie seine Visitenkarte in den Abfall geworfen. Es war keine private Karte, sondern die des Pharmareferenten von *RosLek* gewesen.

In Cleo schrillten alle Alarmglocken, als Michael Wondrak endlich ihr Zimmer betrat.

23

»Für diese Information bin ich Ihnen sehr dankbar«, bemerkte Kommissar Bolzen nachdenklich, als Olga ihren Bericht über den Beginn ihres Mandats und Kauls Datenmanipulation vom Montag beendet hatte. »Das wirft ein ganz neues Licht auf den Fall und gibt mir einen völlig anderen Ermittlungsansatz.«

Aus seiner Stimme war für Olga der Vorwurf herauszuhören, sie habe die Polizei zu spät informiert, aber er akzeptierte offenbar ihr Bestreben, ihre Mandantin zu schützen.

»Sollte der Instituts-Maulwurf Wind von Frau Kauls Manipulation bekommen haben, ist in der Tat nicht auszuschließen, dass er sich ertappt fühlt und sie mundtot machen will. Herrje, wir müssen das Schlimmste befürchten!«

»Was werden Sie unternehmen?«, fragte Olga schuldbewusst.

»Unsere Anstrengungen, den Verräter zu finden, nochmals verstärken. Was treibt Sorger?«

»Ich weiß es nicht. Vielleicht beobachtet er Lancaster oder Leneghan. Beide stehen auf unserer Prioritätenliste ganz oben.«

»Den Chinesen Guangzhao haben Sie aussortiert?«

»Nicht wirklich«, antwortete Olga ausweichend. »Trotzdem fehlen vernünftige Anhaltspunkte.«

»Gut. Wir sind an ihm und seiner Freundin dran. Sollten Sie Kontakt zu Sorger haben, sagen Sie ihm, er soll sich bei mir melden. Ich kenne ihn, er geht gern allein auf den Kriegspfad.«

Olga nickte. »Er glaubt dasselbe von Ihnen. Wenn Sie uns alle Ihre Informationen geben würden, könnte das Vertrauen wachsen.«

»Sie wissen um meine Verschwiegenheitspflichten, so wie ich um Ihre weiß. Trotzdem bemühe ich mich um Transparenz. Also, für Sie und Sorger: Vor einer Stunde hat Frau Ascher eine besonders interessante Forderung des Erpressers erfüllt und die Daten von Frau Kauls wichtigstem Projekt herausgegeben. Wir haben einen speziellen *Sniffer* eingesetzt, um der Webseite auf die Spur zu kommen, welche die Daten entgegengenommen hat. Leider vergeblich. Unser Gegner arbeitet mit den modernsten Tricks der Verschleierung.«

»Dann hat der Erpresser jetzt die manipulierten Daten von Kaul.«

Rudolf Bolzen schaute Olga überrascht an. »Sind Sie sicher?«

»Ja.«

»Was hilft uns das?«

»Kaul hat ein Programm geschrieben, mit dem sie den Weg der Daten verfolgen kann. Wenn wir das auswerten könnten ...«

»Auf welchem Rechner läuft dieses Programm?«

»Das weiß ich nicht.«

»Wir kümmern uns darum. Wir werden noch einmal Frau Kauls Wohnung betreten müssen.«

»Kein Problem.«

»Wenn wir etwas finden, gebe ich Ihnen Bescheid. Versprochen.«

Olga verließ sein Büro, da rief er ihr hinterher: »Bringen Sie Sorger zur Vernunft!«

Im Fitnessstudio spannte Olga das Buch eines Anwaltskollegen auf das Display des Crosstrainers und las sich an einer Kurzgeschichte über eine falsche Anschuldigung fest. Es ging in der Geschichte um Kinder und den Vorwurf des sexuellen Missbrauchs. Der Mann wurde unschuldig verurteilt, sein Leben zerstört. Viele Jahre später begegnete ihm eine seiner Kinderanklägerinnen wieder, inzwischen erwachsen. Er hegte Mordfantasien.

Zeile um Zeile fieberte Olga dem Ende entgegen und war tief beeindruckt. Als Olga mit der Geschichte fertig war, schlug sie das Buch zu und sinnierte der finalen Wendung nach. Die Vergeltung war ausgeblieben, rechtsstaatliche Gerechtigkeit trat an die

Stelle der Rache. Es gab keine Verzeihung am Ende, stattdessen lapidaren Rechtsfrieden.

Ist das Gerechtigkeit, überlegte Olga und dachte spontan an Gudrun Möller. Schmerzlich spürte Olga ihr schlechtes Gewissen, dass sie Bolzen erst heute über Kauls Pläne informiert hatte. Sie stellte sich selbst infrage und litt unter dem Widerspruch, der sich in ihrem Denken auftat. *Was ist gerecht,* fragte sie sich, *und was ist eine Gerechtigkeit um jeden Preis wert?*

Sie stieg vom Crosstrainer herab, las Sonjas SMS: *Komme heute nicht ins Training* und lief hinüber zum *Cyber-Cycling.* Sie musste sich auspowern und den Kopf für einige Minuten frei bekommen. Längst hatte sich nämlich zur Sorge um Kaul eine diffuse Angst gesellt. Dieser Fall war zu heftig für private Ermittlungen. Sie war froh, Bolzen eingeweiht zu haben. Aber sie hätte auch Lancasters Verbindungen zu *RosLek* erwähnen müssen. Wenn da mal nichts schiefging!

Wieder erwartete Sonja sie aufgeregt und hatte kaum Zeit für die rituelle Umarmung zur Begrüßung. »Lancaster ist ein hochintelligentes Bürschchen«, platzte sie mit ihren Neuigkeiten heraus. »Nur mit der Hardware-Hygiene steht er auf Kriegsfuß.«

»Was ist denn das jetzt für ein Ding?«, rätselte Olga.

»Wenn du dein Homebanking von dem gleichen Gerät aus machst, auf das du zum Beispiel deinen Log-in-Schlüssel per SMS gesendet bekommst, kann ein Angreifer beides von diesem einen Gerät abgreifen. Du infizierst die eine Kommunikationslinie durch die andere und umgekehrt. Es ist ein wenig«, grinste Sonja, stolz auf ihre ersten Klettererfahrungen, »wie mit einem Einfachseil statt einem Doppelseil zu klettern.«

»Aha.«

»Lancaster hat von einem Tablet aus Nachrichten an seinen Kontaktmann bei *RosLek* geschickt, auf das er sich auch Daten aus dem Institut gesendet hat. Zwar benutzt er zwei unterschiedliche E-Mail-Accounts bei verschiedenen Providern, trotzdem ist das nicht gut genug, um die Verbindung zu verschleiern.«

»Was heißt das?«

»Ich konnte einige Datenlieferungen nachverfolgen. Lancaster ist der von Kaul gesuchte Verräter!«

»Bist du dir sicher?«

»Neunundneunzig Prozent.«

Olga nahm ihre Freundin in den Arm und streichelte ihr über den Kopf. Anstatt sich zu freuen, flüsterte ihr ein undefinierbares Gefühl Zweifel ein. Irgendetwas passte hier nicht zusammen. Was? Es lag ihr auf der Zunge, aber es kam ihr nicht in den Sinn. »Da stimmt etwas nicht«, murmelte sie. Olga hatte das untrügliche Gefühl, unmittelbar vor des Rätsels Lösung zu stehen und die richtige Antwort trotzdem nicht zu erkennen. Sie zermarterte sich das Hirn und strich Sonja automatisch weiter über den Kopf.

»Warten wir noch die Informationen von meinem Bekannten ab«, störte Sonja sie in ihren Gedanken.

Der Faden war gerissen.

»Wir müssen umgehend Alex informieren«, sagte Olga und fingerte ihr Smartphone aus dem Rucksack. Da er das Telefonat nicht entgegennahm, schrieb sie ihm eine Kurznachricht: *Lancaster ist der Maulwurf, Verbindung nach Russland. Vorsichtig sein!*

»Wie bist du an diese Informationen gelangt?«

»Na, wie schon? Ich habe mich in sein Postfach am Institut geschlichen und seinen Datenverkehr analysiert. Die Mitarbeiter schicken sich immer wieder auf externe Rechner Daten, um damit zu Hause oder auf Reisen arbeiten zu können. Die Endgeräte der Mitarbeiter sind autorisiert, das Institut führt darüber eine Liste. Es war ziemlich einfach, das festzustellen und die Liste auszulesen. Lancaster hat drei zugelassene private Endgeräte, darunter ein Tablet. Ich habe an alle Endgeräte eine harmlose

E-Mail geschickt, an die ich meinen kleinen Schnüffler angehängt habe. Danach habe ich einen Streifzug durch die Endgeräte gemacht. Lancaster benutzt sein Tablet besonders gerne, und der doppelte E-Mail-Account war schnell gefunden. Dann hatte ich ihn, alles keine Zauberei. Der Knabe müsste einfach mehr auf seine Hardware-Hygiene achten. In diesem Punkt handelt er unprofessionell.«

Das war das Stichwort. Olga japste elektrisiert nach Luft.

»Bolzen sagt, der Erpresser sei ein absoluter IT-Profi. Wie passt das zusammen?«

»Gar nicht.«

»Bingo«, rief Olga. »Dann ist Lancaster vielleicht ein Verräter, aber kein Erpresser. Weißt du, was für Daten er weitergereicht hat?«

»Kann ich dir sagen«, erwiderte Sonja, nahm Olga an der Hand und zog sie in ihr Arbeitszimmer vor den großen Computerbildschirm. Nach einigen Klicks öffnete sich eine komplexe Tabelle. Die Überschrift lautete: *T-Prog-Immu3.*

Olga starrte auf den Datennamen. »Das ist es«, flüsterte sie schließlich ungläubig. »Das sind Kauls Daten.«

»Dann haben wir den Beweis, dass Lancaster ein falsches Spiel spielt«, jubelte Sonja.

»Nein«, sagte Olga und seufzte. »Dieselben Daten hat heute der Erpresser angefordert.«

»Dann haben wir es vermutlich mit zwei verschiedenen Tätern zu tun, die beide auf dieselbe Beute lauern.«

»Und jetzt?«, fragte Olga ratlos.

»Ganz einfach: Du setzt dich mit Bolzen in Verbindung und heftest dich an Lancasters Fersen. Ich schaue, ob ich auf Guangzhaos Laptop Hinweise auf weitere Unregelmäßigkeiten finde.«

Bolzen bat sie zu sich ins Büro, und so radelte Olga einmal mehr durch die Stadt, vorbei an ihrer Lieblingsgrillbar. Dort hielt sie kurz an in der vagen Hoffnung, Alex bei einem Kirschweizen anzutreffen, doch die Bar war fast leer.

»Wir sind gerade dabei, Lancaster zur Fahndung auszuschreiben«, verkündete Rudolf Bolzen stolz, nachdem Olga ihm ihren Verdacht gegenüber William Lancaster mitgeteilt hatte. »Er wurde seit drei Tagen nicht mehr am Institut gesehen. Frau Ascher hält ihn wegen einer Verbindung zu *RosLek* ebenfalls für den Maulwurf am Institut.«

»Den haben wir gleich«, schnarrte die ebenfalls im Büro anwesende Kommissarin Klitzke. »Deshalb, Frau Anwältin, hätten Sie sich nicht herbemühen müssen.«

Olga ignorierte die Kommissarin und schaute Rudolf Bolzen fest in die Augen: »Lancaster ist nicht der Erpresser.«

»Wie kommen Sie darauf?«

»Die Daten, die der Erpresser heute angefordert hat, die hat Lancaster schon vor Tagen an *RosLek* gesendet.«

Rudolf Bolzen verzog sein Gesicht zu einer windschiefen Grimasse. Wenn die Lage weniger ernst gewesen wäre, hätte Olga gelacht; Bolzen sah gerade ausgesprochen dämlich aus.

»Jetzt bin ich neugierig«, entfuhr es dem Ermittlungsleiter scharf. Dabei zeigte er mit dem Zeigefinger auf Olga. »Was haben Sie getan?«

»Nun«, antwortete Olga ausweichend, »eine kleine Datenanalyse hat das ergeben.«

Plötzlich lachte Bolzen schallend. »Er hat es also wieder getan! Die Katze lässt das Mausen nicht.«

»Was meinen Sie?«

»Sorger. Er hat mal wieder fremde Computer gehackt. Ist doch so, oder?«

»Nein, es ist anders, als Sie denken.«

»Nämlich?«

»Anwaltsgeheimnis.«

Bolzen sprang hinter seinem Schreibtisch auf, das Gesicht puterrot, die Augen funkelten. »Dann ist unsere Zusammenarbeit beendet!«

Olga stand auf und ging.

Auf der Straße versuchte sie erneut, Alex zu erreichen. Vergeblich. Einem Impuls nachgebend, radelte sie zu Kauls Wohnung. Rotweißes Absperrband versperrte den Zugang zum Garten. Weit und breit war niemand zu sehen. Kurzerhand kletterte Olga über das Gartentor und ging zur Terrasse. Auch diese Tür war mit Absperrband verschlossen und mit einem polizeilichen Papiersiegel gesichert. Olga nahm ihre Nagelfeile aus dem Rucksack und ritzte das Siegel auf. Dann betrat sie das Wohnzimmer. Es lag da wie am Montagabend. Sie ging in Kauls Arbeitszimmer und sah den Desktop unter dem Schreibtisch stehen. Ob sich darin das Programm befand für die Nachverfolgung der manipulierten Daten? Es war einen Versuch wert, doch Olga wusste, sie würde die Software nicht finden. Das war eine Aufgabe für Sonja.

Jetzt machte sich das kleine Werkzeug-Kit bezahlt, das Olga beim Fahrradfahren immer im Rucksack mit sich führte. Sie zog es heraus und schraubte die Abdeckplatte von Kauls Computer ab. Auf der unteren Steckebene entdeckte sie die Festplatte. Sie zog die gesamte Platine aus dem PC, schraubte die Festplatte ab und steckte sie in ihren Rucksack. Dann schob sie die Platine zurück, setzte den Deckel wieder auf und verließ die Wohnung.

Während sie gemächlich durch die Stadt radelte, blickte sie sich immer wieder um, weil sie sich beobachtet fühlte, konnte jedoch niemand entdecken. Je näher sie Sonjas Wohnung kam, umso schneller fuhr sie, bis sie schließlich außer Atem ankam und die Treppe hinaufhetzte. Ihr Puls raste und in der Brust spürte sie eine beängstigende Beklemmung. Erinnerungen an die Verfolgungsjagd vor drei Monaten kamen hoch. Tief in ihrem Unterbewusstsein hatte sich die Angst eingenistet, und diese Angst nahm ihr gerade den Atem.

Als ihr Sonja die Tür öffnete und sie umarmte, beruhigte sich ihr Herzschlag allmählich. Olga stieß einen leisen Seufzer aus. Ja, hier war sie geborgen.

24

Über die SMS von Olga hatte Alex lange nachgedacht. Wenn Russen in diesen Spionagethriller verstrickt waren, hieß es, höllisch aufzupassen. Trotzdem hatte er sich vor Lancasters Wohnung auf die Lauer gelegt, gut getarnt in seinem unscheinbaren Polo und gewappnet mit der Geduld von zehn Jahren Erfahrung als Privatermittler. Als Gerda Klitzke mit einem weiteren Zivilpolizisten auftauchte, war er nur mäßig überrascht, und als sie nach einigen Minuten unverrichteter Dinge wieder abfuhren, kicherte er leise vor sich hin und behielt seinen Posten bei. Erfreulicherweise zahlte sich das bald aus, denn Lancaster kam in Begleitung eines jungen Mannes die Straße entlang.

Schlagartig war Alex hellwach. Lancasters Begleitung war Aschers Schattenmann. Die beiden verschwanden im Hauseingang und Alex überlegte, was er tun sollte. Er sträubte sich gegen das Naheliegende. Natürlich hätte er umgehend Bolzen informieren sollen, aber Alex wollte dem früheren Kollegen diesen Erfolg nicht auf dem Silbertablett präsentieren. Was war gewonnen, wenn Bolzens Mannschaft jetzt Lancaster und den Schattenmann festnahmen? Gegen Lancaster hatte man eventuell einige Beweise wegen Forschungsspionage in der Hand, gegen Aschers Beobachter lag jedoch nichts vor. Den müssten sie nach der Personalienfeststellung laufen lassen. Da konnte Alex auch selbst herausfinden, wer dieser äußerst professionell wirkende Observant war. Wegen Lancaster wiederum musste man sich keine Sorgen machen, der blieb die nächsten Wochen gewiss in München, um seine Promotion abzuschließen. So stand Alex' Entscheidung fest: Er würde auf eigene Faust weitermachen.

Dabei wurde ihm schmerzhaft bewusst, vorläufig den Kontakt zu Olga und Sonja unterlassen zu müssen. Er wollte seine Kumpaninnen in keinen Gewissenskonflikt stürzen. Zudem musste er

Olga davor schützen, sich bei Bolzen zu verplappern. Sie vertraute dem Hauptkommissar mehr, als ihm lieb war.

Nein, alter Knabe, dachte Alex, *jetzt bist du auf dich allein gestellt.*

Während er auf seinem Posten blieb, sortierte er ein weiteres Mal die Fakten, die sich in diesem rätselhaften Fall bisher als belastbar erwiesen hatten. Unbestreitbar gab es am *BaRCOSI* Forschungsspionage. Die erste Person, die massiv Verdacht geschöpft hatte, war Kaul. Diese betreute in eigener Verantwortung ein zentrales Projekt, das sich mit der Entwicklung eines Krebsmedikamentes befasste und im Erfolgsfall ein Millionengeschäft ermöglichte. Dieses Projekt stand im Fokus, darauf bezogen sich die Anstrengungen der Spione. Daher wurde bei Kaul eingebrochen und ihr MacBook gestohlen. Parallel gab es einen gezielten Hackerangriff auf die IT des Instituts, der großen Schaden anrichtete, von dem man aber nicht wusste, wie viel und welche Daten dabei gegebenenfalls erbeutet wurden. Kaul wiederum entwickelte eine Strategie, um den Verräter zu entdecken, und zog als Rückendeckung eine Rechtsanwältin ins Vertrauen: Olga. Kaul hatte eine Liste mit potenziellen Verdächtigen, diese ließ sie überprüfen. Dabei schälten sich zwei Personen heraus: Fang Guangzhao und William Lancaster. Beide Doktoranden hatten Datenmaterial des Instituts an Dritte weitergeleitet, allerdings in unterschiedlicher Qualität. Insofern hatte sich nun Lancaster als Hauptverdächtiger herausgestellt.

Ich sitze vor dem richtigen Hauseingang, machte sich Alex selbst ein Kompliment. Die Frage war, was der oder die Täter auf Kauls MacBook gefunden hatten, das sie veranlasste, die Arbeitsgruppenleiterin in ihre Gewalt zu bringen. Denn das stand zweifelsfrei fest: Nina Kaul war am Montagabend entführt worden. Seither fehlte von ihr jede Spur. Was diese Entführung betraf, schien ihm Guangzhao als Täter unwahrscheinlich, denn selbst mit Pihla Meskanen als Komplizin traute er dem Chinesen so ein

Verbrechen nicht zu. Auch hier sprach nach der neuesten Erkenntnis seiner Verbindung zu Russland alles für William Lancaster als Täter. Gut möglich, hoffte Alex, dass Aschers Schattenmann ihn zu Kaul führte.

Umso wichtiger, an diesem dranzubleiben, bestärkte sich Alex in seinem Entschluss.

Aber wie fügte sich die Erpressung von Ascher in das Gesamtbild? Diese stand in keiner unmittelbaren Beziehung zu Kauls Medikamentenentwicklung. Allerdings konnte sie als Mitglied der Institutsleitung auf alle Daten zugreifen, folglich konnte man über sie an die begehrten Informationen gelangen. Am naheliegendsten schien Alex der Gedanke der doppelten Absicherung. Zwei Quellen waren besser als eine. Zudem konnte man die von zwei Seiten erlangten Daten miteinander abgleichen und eventuelle Fehler herausfiltern.

»Ja«, entfuhr es Alex unwillkürlich, denn ihm kam gerade die plausible Erklärung. Sollte William Lancaster herausgefunden haben, dass Kaul den Verräter mittels manipulierter Forschungsdaten überführen wollte, benötigte er dringend eine Gegenprobe, also eine zweite Quelle. Für diesen Fall ergab die Erpressung von Ascher Sinn. Dann lag es nahe, die Erpresste zu observieren, um sich abzusichern. Auch das sprach für William Lancaster mit seinem professionellen Komplizen als Täter. Waren die Russen involviert, gab es keine Zweifel: Die konnten so etwas. Fang Guangzhao und Pihla Meskanen konnten das nicht.

Nun kam es darauf an, Nina Kaul aus den Fängen ihrer Entführer zu befreien und Lancasters Hintermänner aufzuspüren. Jetzt, da Alex seinen Gegner kannte, fühlte er sich für den letzten Akt in diesem Drama gewappnet. Jetzt musste Aschers Schattenmann nur noch auf die Straße treten, dann nähme die Geschichte ihren Lauf. Beinahe euphorisch starrte Alex auf den Hauseingang.

Die Tür öffnete sich selten. Keine der herauskommenden Personen war für Alex von Interesse. Allmählich befielen ihn Zweifel an seiner selbst gewählten Mission, doch was er sich in den Kopf gesetzt hatte, wollte er durchziehen. Im Kampf gegen die zunehmende Langeweile schweiften seine Gedanken zu Dorothee. Er würde mit ihr reden müssen. Das war ihm unangenehm, aber je länger er darüber nachdachte, umso deutlicher wurde es: Er hatte sich schleichend entliebt und ihre korrekte Art ging ihm zusehends auf die Nerven. Dabei schätzte er ihren analytischen Blick auf die Dinge und ihren kriminalistischen Instinkt. Immerhin hatte sie sofort auf William Lancaster getippt.

Wenn sie lockerer mit ihren Berufspflichten umginge, könnte er sich jetzt prima mit ihr beraten. Aber sie würde ihn umgehend verpflichten, Bolzen zu informieren und den Erfolg seinem Rivalen in den Rachen werfen. Das war ein No-Go. Außerdem hörte er schon ihre Worte: *Das habe ich dir gleich gesagt.* Auf ihre Besserwisserei konnte er gut und gern verzichten.

Als rührte sein Unterbewusstsein mit einem Kochlöffel in einer abgestandenen Suppe, kam allmählich mancher Bodensatz seiner Gefühle nach oben. Er ärgerte sich darüber, von ihr zunehmend als ein literarisch ungebildeter, den schönen Künsten abholder Banause, mit dem man kein Theater, keine Oper und kein Museum besuchen konnte, gesehen zu werden. Über die letzten drei Monate hinweg hatte sich ihr Bildungsvorsprung ihm gegenüber immer deutlicher bemerkbar gemacht. Dass er mit seinem behäbigen Schmerbauch nicht an ihre Sportlichkeit heranreichte, erwies sich ebenfalls als Erotikbremse.

Trotzdem schade, bedauerte er, denn sie gefiel ihm nach wie vor und er mochte ihre schnoddrige Art. *Wie kann eine Frau,* fragte er sich, *nur zwei so unterschiedliche Seiten aufweisen?* Aber war es bei seiner Ex-Frau Judith nicht ähnlich gewesen, wenngleich in anderen Bereichen?

Einmal mehr haderte Alex mit seinem zweifelhaften Glück bei Frauen. *Was soll's,* brummte er grimmig, *ich bin sowieso kein Familienmensch.*

Da betrat Aschers Schattenmann die Straße.

25

»Du stellst mich vor ordentliche Herausforderungen«, beschwerte sich Sonja scherzhaft und setzte sich mit einem Glas Pinot Noir neben Olga auf die Dachterrasse. »Kaul hat ihre Festplatte sehr gut geschützt. Jetzt lasse ich mein Brute-Force-Programm das Kennwort knacken. Das dauert. Wenn sie ihr MacBook ähnlich abgesichert hat, ist es für den Dieb unbrauchbar.«

»Es sei denn«, schmeichelte Olga ihrer Freundin, »er ist so versiert wie du.«

»Stimmt. Wenn die Russen den Laptop in den Fingern haben, dann knacken sie ihn.«

»Können die Spezialisten vom Landeskriminalamt das auch?«

»Sagen wir mal, sie müssten es können. Aber wenn ich mir anschaue, was unser Bundesamt für IT-Sicherheit so alles verbockt ...« Sonja ließ den Rest des Satzes in der Luft hängen, das war Aussage genug.

»Du meinst, du entschlüsselst Kauls PC-Geheimnisse vor Bolzens Truppe?«

»Wetten würde ich darauf zwar nicht, aber ich trau's mir zu.«

»Dann müsste ich wieder mit Bolzen Kontakt aufnehmen«, nörgelte Olga und erzählte von ihrem unfreundlichen Abschied im LKA. »Mehr und mehr kann ich verstehen, warum Alex so reserviert ist.«

»Wo steckt er überhaupt?«, fragte Sonja.

»Seit er heute Vormittag beleidigt von dannen gezogen ist, habe ich nichts mehr von ihm gehört.«

»Keine Antwort auf deine SMS?«

»Nein. Allmählich mache ich mir Sorgen.«

»Weißt du, über was ich mir auch Sorgen mache?«, fragte

Sonja, drehte ihr Weinglas unschlüssig in der Hand und wartete auf Olgas Kopfschütteln. »Ob wir übermorgen in unseren Kletterurlaub fahren können.«

»Wenn wir Kaul bis morgen Abend gefunden haben …« Olga stockte. »Ach verdammt, du hast recht. Ich habe mich so drauf gefreut.«

»Verschieben wir um eine Woche?«

Olga nickte.

Sonja stand auf. »Ich regle das mit dem Hotel«, sagte sie. »Jetzt schau ich mal nach meinem Nussknacker.«

Sie ging ins Arbeitszimmer, kam nach wenigen Minuten zurück und meinte: »Eigenartig. Mein Brute-Force-Programm ist abgestürzt und lässt sich nicht mehr auf die Festplatte ansetzen. Kaul muss ein sehr spezielles Abwehrprogramm installiert haben. So was beherrscht kein IT-Normalo.«

»Was meinst du damit?«

»Die Platte ist extrem abgesichert, das kann bloß ein absoluter Spezialist. Ich weiß, dass es solche Schutzprogramme gibt, aber die kann man nirgendwo kaufen. Sie sind eigentlich den Geheimdiensten vorbehalten.«

»Das klingt verrückt.«

»Olga, was weißt du tatsächlich über deine Mandantin?«

Da musste Olga kaum nachdenken. »So gut wie nichts. Sie ist Fachärztin für Innere Medizin, arbeitet als Immunologin. Sie hat keine nahen Angehörigen, lebt seit vielen Jahren allein und hat eine Jugendfreundin aus ihrer Heimat Aschaffenburg, mit der sie gelegentlich telefoniert. Zu mir kam sie auf eine dubiose Empfehlung. Keine Ahnung, von wem. Angeblich sind ihre finanziellen Verhältnisse geordnet. Sie geht in ein Fitnessstudio und hat dort einige lockere Kontakte. Mehr hat Bolzens Truppe nicht herausgefunden.«

»Stümper«, entfuhr es Sonja. »Da muss es was geben. Wir brauchen bessere Informationen.«

»Wie sollen wir an solche Infos kommen, wenn nicht einmal das Landeskriminalamt etwas herausfindet?«

»Gründlich recherchieren, das haben die Kriminaler unterlassen. Es wird seinen Grund haben, warum Alex keine hohe Meinung von Bolzen hat.«

»Wenn Alex wenigstens greifbar wäre«, sagte Olga und schrieb ihm eine weitere SMS: *Bitte melde Dich; wir müssen dringend etwas besprechen.*

Zwei Stunden und ein leckeres Abendessen später gab es weder ein Lebenszeichen von Alex noch einen Durchbruch beim Entsperren von Kauls Festplatte.

»Wir checken deine Mandantin jetzt auf Herz und Nieren«, beschloss Sonja grimmig und setzte sich an den Laptop. »Kannst du Alex hinterherspionieren? Vielleicht macht er Halligalli mit seiner Herzallerbliebsten!«

»Das glaube ich weniger, aber ich rufe Dorothee an. Vielleicht weiß sie, wo Alex steckt.«

»Keine Ahnung«, antwortete Dorothee auf Olgas Frage. »Sie kommen mir zuvor, ich wollte Sie auch schon anrufen. Seit zwei Tagen hat er sich bei mir nimmer gerührt. Hängt das mit Ihrem Fall zusammen?«

»Das könnte sein«, erwiderte Olga. »Hat er Ihnen viel erzählt?«

»Geht so. Seit Bolzen mit dem Fall betraut ist, hält er sich bedeckt.«

Einer inneren Eingebung folgend fragte Olga die Staatsanwältin, ob sie sich trotz fortgeschrittener Stunde treffen könnten. »Ich würde gewisse Dinge nicht gern am Telefon besprechen«, erläuterte Olga und war angenehm überrascht über Dorothees spontane Zusage.

Eine Viertelstunde später klingelte Olga am Türschild von Hauber. Die Staatsanwältin wohnte in einem modernen Mietshaus im dritten Obergeschoß. Olga verzichtete auf den Lift, stieg zu Fuß hinauf und wurde an der offenen Tür erwartet. Sie gaben sich die Hand und musterten sich wechselseitig. Zwar war Olga der Staatsanwältin schon einige Male im Gericht begegnet, aber nun standen sie sich das erste Mal in einem persönlichen Kontext gegenüber. Eine gewisse Anspannung lag in der Luft. Olga war dankbar, als ihr Dorothee gastfreundlich Hausschuhe anbot.

»Kommen Sie, wir setzen uns in die Küche. Was trinken Sie?«

»Was Sie im Angebot haben«, erwiderte Olga und nahm von der peniblen Ordnung in der Küche Notiz.

»Dann gibt's Bier«, entschied die Staatsanwältin, stellte Gläser auf den Tisch und holte zwei Flaschen Münchner Helles aus dem Kühlschrank. Sie schenkte die Gläser voll, perfekt mit einer kleinen Schaumkrone versehen. Dann setzte sie sich, prostete Olga zu und fragte: »Was können Sie mir über diesen Fall erzählen?«

»Die Vertraulichkeit ist gewahrt?«

»Wir sitzen privat in meiner Küche«, erwiderte Dorothee.

Olga berichtete umfassend und ließ lediglich die Episode von Guangzhaos Laptop aus.

Hauber trank nachdenklich ihr Glas leer, ehe sie sich äußerte. »Von Anfang an habe ich Alex auf Lancaster aufmerksam gemacht. Für solche Typen habe ich einen siebten Sinn.« Sie holte zwei weitere Bierflaschen aus dem Kühlschrank, ehe sie fortfuhr: »Wenn Sie mit Ihrem Verdacht richtigliegen, dass die Russen ihre Finger im Spiel haben, dann machen wir uns zu Recht Sorgen um Alex. Er hat sich zuletzt sehr bedeckt gehalten. Er ist unverbesserlich, was seine Alleingänge betrifft. Vermutlich will er Bolzen beweisen, wer der bessere Ermittler ist. Die beiden sind sich spinnefeind. Alex kennt meine Meinung über das LKA; ich halte die Leute für fähig.« Sie schenkte sich schweigend ihr Bier ein. Auf der Stirn zeigten sich scharfe Querfalten, ob aus Sorge oder Unmut, vermochte Olga nicht zu sagen.

»Auf seine Art ist Alex ein Outlaw«, bemerkte die Staatsanwältin. Es klang ärgerlich. »Kooperieren Sie vollumfänglich mit der Ermittlungskommission?«, fragte Dorothee.

»Soweit es die Rechte meiner Mandantin wahrt«, antwortete Olga. »Zum Ärger von Bolzen.«

»Das kann ich verstehen, er will den polizeilichen Erfolg und hat Ihre Rolle zu wenig im Blick. Selbstverständlich müssen Sie die Rechte von Frau Kaul wahren. Aber sagen Sie mir eines: Sind Sie sicher, dass bei Ihrer Mandantin alles mit rechten Dingen zugeht? Ich habe Alex den Rat gegeben, Kaul auf den Zahn zu fühlen. Allein, dass sie keine polizeilichen Ermittlungen wollte, ist verdächtig.«

»Genau darüber will ich mit Ihnen reden. Mir sind ebenfalls Zweifel gekommen und ich wollte Sie bitten, mitzuhelfen, Kauls Lebenslauf auszuleuchten. Sie hätten einige Möglichkeiten, auf die wir verzichten müssen.«

»Wie meinen Sie das?«

»Beispielsweise rasche Auskünfte von Meldebehörden.«

»Haben Sie Anhaltspunkte, dass was nicht passt?«

»Die Art und Weise, wie sie ihre Festplatte geschützt hat. Das kann nur ein IT-Fachmann, eine Ärztin wäre überfordert.«

»Vermutlich wäre eine Ärztin auch mit den Datenmanipulationen überfordert, die sie angeblich vorgenommen hat«, folgerte Dorothee. »Das dürfte genügen, einige Auskunftsersuchen zu begründen. Okay, ich kümmere mich darum. Haben Sie Bolzen entsprechend informiert?«

»Nein. Das dürfte auch keinen Zweck haben, schließlich hat Kommissarin Klitzke mit Nachdruck vorgetragen, Kauls Privatleben erkundet zu haben.«

»Immer wollen alle recht behalten«, seufzte die Staatsanwältin.

Du auch, dachte Olga.

Als Olga eine halbe Stunde später in Sonjas Wohnung zurückkam, war Sonja vor ihrem Laptop eingeschlafen. Zärtlich blickte Olga auf ihre Freundin, ehe sie ihr über die Wange streichelte und sie aufweckte. Verwirrt schaute Sonja auf, dann rieb sie sich die Augen und deutete auf den dunklen Bildschirm.

»Hast du etwas herausgefunden?«, fragte Olga.

Sonja nickte, berührte das Touchpad und legte den Zeigefinger auf den Scanner. Der Monitor erwachte und zeigte ein Klassenfoto.

Olga betrachtete die Fotografie, konnte nichts erkennen und sagte dies auch.

»Eben«, gähnte Sonja. »Auf dem Foto müsste Kaul zu sehen sein.«

»Warum?«

»Das ist ihre Abiturklasse.«

»Vielleicht war sie beim Fototermin krank.«

Sonja klickte ein Icon an, ein neues Foto erschien auf dem Bildschirm, auch das ohne das Konterfei von Kaul. »Das ist das Foto von der zwölften Klasse.«

»Eigenartig«, murmelte Olga.

»Es kommt noch besser«, ergänzte Sonja, die nun wieder hellwach wirkte. »Auf keiner einzigen Seite des Aschaffenburger Gymnasiums findet sich eine Nina Kaul. Deine Mandantin hat ein Geheimnis.«

26

Als Cleo am Freitag um neun Uhr den Hörsaal des *BaRCOSI* betrat, brummte es wie in einem Bienenstock. Die Pressekonferenz war hervorragend besucht, sogar vom Bayerischen Rundfunk und vom Zweiten Deutschen Fernsehen waren Kamerateams hier. Cleo bemühte sich um einen ernsten Gesichtsausdruck, als sie sich zwischen Lantenschwier und McBannister aufs Podium setzte.

Mit wenigen Minuten Verspätung begrüßte die Pressesprecherin des *BaRCOSI* die Anwesenden und verkündete den Ablauf der Veranstaltung. Dann begann Lantenschwier mit seinem Statement. Er presste seine Worte aus stolzgeschwellter Brust und pries das Institut als international herausragende Brutstätte der immunologischen Forschung. Skizzenhaft erklärte er die Arbeit der vier Abteilungen und lobte sich selbst für die intensive Zusammenarbeit mit dem benachbarten Universitätsklinikum. Die Breite und Tiefe der am *BaRCOSI* bearbeiteten Fragestellungen habe bei intensiver Zusammenarbeit mit der universitären Frauenheilkunde zu einer revolutionären Methode geführt, Krebserkrankungen der Brust besonders frühzeitig und ohne Nebenwirkungen zu erkennen.

Trotz seines hölzernen Vortrags erntete der Institutsdirektor lebhaften Applaus.

Dann übernahm Cleo das Wort. »Meine Damen und Herren«, hauchte sie ins Mikrofon, »können Sie sich vorstellen, wie viele Frauen allein in Deutschland Jahr für Jahr mit der Diagnose Brustkrebs konfrontiert werden? Rund 69.000. Zusätzlich wird bei mehr als 6.000 Frauen ein in-situ-Tumor diagnostiziert. Rund ein Drittel dieser Patientinnen ist jünger als fünfundfünfzig Jahre. Ein knappes Viertel der erkrankten Frauen stirbt. Brustkrebs, meine Damen und Herren, ist die häufigste Krebserkrankung von Frauen. Das Mammakarzinom ist und bleibt eine Herausforderung für die Medizin.« Cleo ließ ihre Worte wirken. »Frühzeitige Erkennung hilft Leben retten«, betonte sie mit ihrem nächsten Satz. »Bisher zahlen die Krankenkassen jungen Frauen unter dem fünfzigsten Lebensjahr lediglich eine jährliche Tastuntersuchung beim Frauenarzt, Frauen zwischen fünfzig und siebzig erhalten eine Mammographie. Seien wir ehrlich. Die eine Untersuchung ist unangenehm, die andere geht mit einer Strahlenbelastung einher.« Wieder legte Cleo eine wohldosierte Kunstpause ein. »Wir stellen Ihnen heute einen Bluttest vor, der aus drei Tropfen Blut ein Ergebnis generiert, das zuverlässiger ist als die Mammographie, keine Schmerzen verursacht und die Patientin keiner Strahlendosis aussetzt. Wir profitieren von unserer Forschung zu Immunzellen aller Art, denn wir erkennen in drei Tropfen Blut die Botenstoffe der Tumorzellen. Diese Botenstoffe dienen uns in der immunzellenbasierten Therapie dazu, programmierte T-Zellen auf die Tumorzellen zu hetzen, um diese zu vernichten. So weit sind wir im Augenblick noch nicht. Aber wir haben unsere Zielansprache fertig. Damit können wir ein revolutionäres Testverfahren etablieren, das auch jüngeren Frauen bei geringen Kosten eine effektive Krebsvorsorge nicht invasiver Art erlaubt.«

Trotz anhaltenden Beifalls behielt Cleo ihren nüchternernsten Gesichtsausdruck bei.

»Wollen wir hoffen«, flüsterte sie als letzten Satz ins Mikrofon, »dass wir die Sterblichkeit damit signifikant senken können.«

Dominic McBannister füllte schließlich den Saal mit internationalem Flair, als er mit seiner tiefen Stimme in geschliffenem Oxford-Englisch – nachdem er die Anwesenden auf Deutsch mit sympathischem britischem Akzent begrüßt hatte – auf die guten Kontakte zwischen Oxford und München hinwies und alle mit der Ankündigung aufhorchen ließ, der Test werde bis Anfang kommenden Jahres für die praktische Anwendung verfügbar sein. Die notwendige Zertifizierung sei gestern eingeleitet worden. Um möglichst viel von den Erlösen in die weitere Forschung am *BaRCOSI* fließen zu lassen, habe er gemeinsam mit Professor Lantenschwier und Professorin Ascher eine Spin-off-GmbH gegründet, welche die Marktreife vorantreibe.

»Ladys and Gentlemen«, rief er ins Publikum, »dies ist ein *Milestone* im Kampf gegen den Krebs! Sie dürfen stolz sein auf Ihre Münchner Forscher!«

Zwei Stunden später fuhr Cleo mit McBannister und Lantenschwier in die Stadt in ein gediegenes Gourmet-Restaurant, wo sie auf ihren Erfolg anstießen. Als sie beim Dessert angekommen waren, brachte ein sichtlich erleichterter Institutsdirektor kaum noch einen klaren Satz zustande. Er bedankte sich überschwänglich, als ihn McBannister anschließend in ein Taxi setzte, den Fahrer im Voraus entlohnte und Lantenschwiers Adresse angab.

»Jetzt können wir zwei unseren Erfolg richtig feiern«, freute sich Dominic McBannister in fast akzentfreiem Deutsch. »Auf meinem Zimmer steht eine besondere Flasche Dom Perignon. Diesmal gibt es keine Ausreden.«

»Ach Dominic«, erwiderte Cleo und zupfte ihren Gönner am Ohrläppchen, »das haben wir doch längst geklärt.«

»*No no, my dear*«, raunte er ihr ins Ohr. »Das hast du gedacht. Meine Geduld ist nur sehr groß. Wenn es sich lohnt. Bei dir lohnt es sich gewiss.«

»Dann gedulde dich weiter«, zierte sich Cleo, duldete allerdings seinen Arm über ihrer Schulter.

Sanft schob er sie in Richtung des weltbekannten Luxushotels, in welchem er residierte. »Du willst immer bestimmen, Cleo, *I know*«, flüsterte er ihr zu. »*But sometimes* ...« Er schaute sie verschmitzt an. »*Sometimes* ... hat das ein Ende. Du wirst für unseren großen Deal heute Nachmittag nicht an deinen jungen Lover denken.«

Schlagartig versteifte sich Cleo. Urplötzlich blieb ihr Herz stehen, ihre Fingerspitzen zitterten, sie bekam keine Luft mehr und ihr wurde eiskalt. *Woher, zum Teufel,* fragte sie sich und rang um Fassung. »Woher ...?«

»Erzähle ich dir oben, Darling«, versprach McBannister mit sanfter Stimme.

Sie war vom Hotel unmittelbar mit dem Taxi nach Hause gefahren und stand seit zwanzig Minuten unter der Dusche. Sie seifte und seifte sich ab, trotzdem fühlte sie sich schmutzig. Am liebsten würde sie sich die Haut herunterreißen, so unwohl fühlte sie sich. Da fiel ihr der Albtraum wieder ein, der Teufel mit seinem Rolldietrich, und unvermittelt übergab sie sich. *Schade um den Champagner,* versuchte sie es mit Galgenhumor.

Sie ekelte sich vor sich selbst, weil sie es trotz ihres Widerwillens genossen hatte. So wie Dominic war sie noch von keinem Mann genommen worden, so heftig, so ausdauernd und so kompromisslos. Sie hatte sich seiner brachialen Stärke ausgeliefert und jeden Höhepunkt intensiver genossen als den vorherigen. Erst als sie zum fünften Mal in Wellen den kleinen Tod starb, ließ er sein eigenes Sterben zu. Danach hatte er ihr die E-Mail des Erpressers gezeigt, jenes Foto in der Anlage, das sie auch erhalten hatte: Sie mit Leopold am Tresen der Salsabar in einen Kuss vertieft. Verstörender jedoch war der Text: *Deine Hure geht mit jedem ins Bett, nur nicht mit der Wahrheit. Lass die Finger von ihrer Forschung!*

»Was meint er damit?«, hatte McBannister gefragt und war in einen seidenen Morgenmantel geschlüpft.

Nachdem sie ihm von der Erpressung berichtet hatte, war sein einziger Kommentar: »*Don't worry.* Du kannst jetzt gehen.«

Das war es, was ihr Übelkeit verursachte: dieser geschäftsmäßige, unpersönliche Abgang. Sie trocknete sich ab und putzte sich die Zähne. Dann setzte sie sich in ihren Fernsehsessel und wartete auf Cashina. Die Katze blieb verschollen. Das geschah immer öfter, seit Wondrak sie despektierlich auf ihren *Tick* angesprochen hatte.

Cleo vermisste ihre virtuelle Katze, sie war das Beständigste in ihrem ruhelosen Leben, sie war der Bezugspunkt für vertrauliche Gedanken. Doch sie blieb verschwunden.

Schmollend stand Cleo auf, zog sich an und öffnete ihren Outlook-Ordner. Mehr als zehn E-Mails waren eingegangen, fast ausnahmslos Glückwünsche zu ihrem großartigen Erfolg. Die Nachricht hatte sich wie ein Lauffeuer verbreitet. Ein Bluttest zur Früherkennung von Brustkrebs, was für eine Sensation. Vielleicht schon der Durchbruch auf dem Weg zu allerhöchsten Ehren?

Noch versagte sich Cleo den Triumphschrei. Sie wusste schließlich um die Fehler, die das Verfahren aufwies. Nur gut, dass sie Wondrak und Lantenschwier das Design ihrer Untersuchungen weitgehend wahrheitsgemäß erläutert hatte. Lantenschwier könnte nie sagen, er hätte von nichts gewusst. Ein Kriminalkommissar war ihr Zeuge.

»So eine Erpressung hat auch ihr Gutes«, murmelte Cleo und öffnete die letzte E-Mail. Die traf sie erneut wie ein Peitschenschlag.

Genieße Deinen Erfolg. Bald wirst Du Dir wünschen, die Zeit bliebe stehen. Der Link mit den weiteren Anweisungen kommt demnächst.

Das hatte sie befürchtet. *Ein Erpresser kennt kein Ende, seine Gier ist unersättlich.* Cleo sah keinen anderen Ausweg: Sie bat erneut Kommissar Wondrak zu einem Gespräch.

27

Den ganzen Vormittag verbrachte Olga in ihrer Kanzlei am Computer mit Recherchen zu ihrer Mandantin und wartete auf den erlösenden Anruf von Dorothee Hauber. Die elektronischen Spuren ihrer Mandantin erschöpften sich in ihren wissenschaftlichen Veröffentlichungen und Teilnahmen an Fachkongressen. Sie zeigten eine ehrgeizige, erfolgreiche junge Wissenschaftlerin. So umfangreich ihre Publikationsliste war, so dürftig waren Lebenszeichen aus Schüler- und Studententagen. Nach und nach verdichtete sich Olgas Argwohn, dass es keine Jugendliche namens Nina Kaul gegeben hatte. Dorothees Nachforschungen mussten Klarheit schaffen. So schnell wie möglich.

Früher als gewöhnlich radelte Olga ins Fitnessstudio. Da Sonja mit Kauls Festplatte kämpfte und nicht zum Sport kam, ging Olga sofort in den Raum fürs *Cyber-Cycling*. Sie konnte in der Mitte des Warm-ups einer Extended-Class einsteigen. Im Video strampelte ihr Lieblingscoach zu eingängigen Beats. Olga brachte ihren Puls rasch in Schwung. Ihr Smartphone klemmte sie mit einem Gummi auf den Mittelholm des Lenkers, um keine Nachrichten oder Anrufe zu verpassen. Je ungeduldiger sie auf ein Signal von Dorothee wartete, desto sorgenvoller sehnte sie eine Nachricht von Alex herbei.

Er kann mir unmöglich wegen meiner Kooperationsbereitschaft für Bolzen so beleidigt sein, dass er tagelang abtaucht, obwohl wir in der heißen Phase eines gemeinsamen Falles stecken, beruhigte sich Olga einerseits und befürchtete andererseits, Alex könnte etwas zugestoßen sein. Kauls Fall hatte von Anfang an etwas Beängstigendes an sich. Aber mit *RosLeks* Erscheinen auf der Bildfläche wuchs eine beinahe körperliche Bedrohung heran. Sie legte einen Gang zu und radelte gegen ihre Angst an, bis ihr Puls in den roten Bereich schnellte. Allmählich verloren sich ihre

Gedanken. Die Anstrengung entfaltete eine kontemplative Wirkung. Gerade als ihr Puls bei hundert Prozent anschlug, blinkte eine Push-Nachricht auf: eine SMS von Alex. Gott sei Dank.

»Bin ich froh, dich zu sehen«, begrüßte Olga ihren Privatermittler. Zwei Kirschweizen standen bereits auf dem Tisch. Alex machte eine einladende Handbewegung, griff nach seinem Glas und prostete Olga zu. Er sah müde aus.

»Tut mir leid, wenn du dir Sorgen gemacht hast«, entschuldigte er sich. »Ich habe einige Dinge klären müssen. Da ist zunächst Dorothee. Sie weiß es noch nicht, aber ich denke, unsere Beziehung geht zu Ende. Wir haben zu unterschiedliche Auffassungen vom Leben. Ich ändere mich nicht mehr. Ich will meinen Weg gehen.«

Er trank einen Schluck und wartete auf Olgas Reaktion.

»Schade, das mit Dorothee«, bemerkte Olga schließlich. »Aber ich verstehe dich. Sie ist schon ein wenig perfektionistisch.«

»Wie kommst du darauf?«

»Sie hat mich gestern Abend zu sich eingeladen. Wir mussten einige Dinge besprechen.«

»Hast du sie in unseren Fall hereingezogen?«

»Für eine besondere Fragestellung.«

»Verdammt noch mal, wie konntest du mir das antun?«, rief Alex ärgerlich. »Die rennt sofort zu Bolzen. Warum hast du dich mit ihr getroffen?«

»Weil wir Informationen über Kaul brauchen.«

»Ausgerechnet von Dorothee. Wenn du wüsstest ...« Er sprach nicht weiter.

Olga spürte seine Verärgerung, legte beschwichtigend ihre Hand auf seinen Arm und fragte: »Was hat dich letzte Nacht umgetrieben?«

»Lisa. Was meinst du, soll ich ihr einen Brief schreiben?«

»Wenn das Richtige drinsteht, wär's eine gute Idee.«

»Würdest du ihn bei Gelegenheit durchlesen?«, fragte Alex zaghaft und zog einen Briefumschlag aus seiner Jackentasche. »Das habe ich mal entworfen«, sagte er und schob ihr den Umschlag über den Tisch.

Olga nickte und steckte das Briefkuvert ein.

»Außerdem habe ich mir stundenlang mit der Observation von Lancaster die Zeit vertrieben«, kam Alex auf seine Nachforschungen zu sprechen. »Es hat sich gelohnt. Lancaster steckt mit Aschers Schattenmann unter einer Decke. Dieser hat gestern Nachmittag Lancaster besucht und dann zu sich in ein Appartementhaus in Obersendling mitgenommen. Vielleicht halten sie Kaul dort gefangen.«

»Wenn dem so wäre, müssten wir Bolzen schleunigst unterrichten.«

Alex wehrte vehement ab. »Lass mich das selbst zu Ende bringen. Wenn es mir nicht gelingt, Kaul bis heute Abend freizubekommen, darfst du Bolzen informieren.«

»Alex, lass doch diesen sinnlosen Hahnenkampf. Du steckst in alten Rivalitäten fest.«

»Stimmt, aber Bolzen hat seinen Anteil daran, dass ich damals das LKA verlassen musste. Wenn alles vorbei ist, erzähle ich dir die ganze Geschichte. Jetzt bitte ich dich, mir zu vertrauen. Heute Abend ist deine Mandantin frei.«

»Was hast du vor?«

»Lass dich überraschen. Besser, du kennst keine Details.«

»Alex, das ist gefährlich. Lancaster arbeitet mit den Russen zusammen.«

»Das hast du mir geschrieben. Weißt du inzwischen Näheres?«

»Und ob«, bekräftigte Olga und erzählte Alex alles, was Sonja über *RosLek* in Erfahrung gebracht hatte.

Alex pfiff durch die Zähne und rieb sich die Furche über der

Nasenwurzel. »Das macht die Sache schwieriger«, brummte er grimmig, stand auf und gab Olga einen Kuss auf die Stirn.

Das hatte er noch nie getan. Olga blickte ihm lange hinterher, ehe sie den Platz in ihrer Lieblingsgrillbar verließ.

Eine Stunde später, Olga saß inzwischen wieder an ihrem Kanzleischreibtisch, meldete sich Dorothee aufgeregt am Telefon.

»Von Anfang an habe ich gesagt, er soll sich diese Kaul genau ansehen«, ereiferte sich die Staatsanwältin. »Jedenfalls kann ich Ihnen mitteilen, dass Ihre Mandantin zu keinem Zeitpunkt in Aschaffenburg gemeldet war. In behördlichen Melderegistern taucht sie erstmals vor elf Jahren in Würzburg auf, als sie sich dort nach dem Physikum für das klinische Medizinstudium immatrikuliert hat.«

»Das ist interessant«, bemerkte Olga. »Wissen Sie, wo Kaul ihr präklinisches Studium absolviert hat?«

»Nein, aber ich habe bei der Studentenverwaltung in Würzburg angefragt, ob die Immatrikulationsunterlagen aus dem Jahr 2008 vorliegen und für den positiven Fall Akteneinsicht beantragt. Allerdings fürchte ich, dass das dauert. Haben Sie noch etwas herausgefunden?«

»Nein«, log Olga und hatte ein schlechtes Gewissen. Doch sie hatte Alex versprochen, ihm diesen Tag Vorsprung zu gewähren, ehe sie die Ermittlungsbehörden informieren musste.

»Hat sich Alex bei Ihnen gemeldet?«

»Leider nein«, log Olga ein zweites Mal.

»Wenn sich etwas ergibt, hören wir voneinander«, beendete die Staatsanwältin das Gespräch und ließ Olga grübelnd zurück. Warum passte Kauls Lebenslauf nicht zu den Meldedaten? Was wollte sie mit offensichtlich falschen Angaben verschleiern? Olga beschlich ein mulmiges Gefühl. Entweder, Kaul hatte eine schlimme Vergangenheit oder sie war eine Betrügerin.

»Es ist beunruhigend perfekt«, erläuterte Sonja. »Ohne einige Tipps meines Hackerkumpels Mike Scuba hätte ich die Festplatte nie geknackt. Er wettet auf Geheimdienst-Software und meint, auf diesem Niveau programmieren nur CIA, Mossad, FSB und das chinesische Ministerium für Staatssicherheit. Von wem der Festplattentresor stammt, darauf wollte er sich nicht festlegen; er schwankt zwischen den Russen und den Chinesen.«

»Beide hätten wir in unserem Verdächtigen-Portfolio. Trauen wir Kaul zu, mit einem dieser Geheimdienste zusammenzuarbeiten?«

»Spannende Frage. Dann hätte sie dich ordentlich verarscht.«

»Hast du was auf der Festplatte gefunden, was uns weiterhilft?«

»Das ist das nächste Rätsel. Sie hat jeden Ordner einzeln verschlüsselt mit Ausnahme ihrer WORD-Dokumente; da sind nur wissenschaftliche Aufsätze gespeichert.«

»Also alles für die Katz?«, fragte Olga enttäuscht.

»Nicht unbedingt. Immerhin habe ich das Programm gefunden, mit dem Kaul die manipulierten Daten verfolgen will. Das ist zwar mit einem Passwort geschützt, aber daran arbeitet mein Brute-Force-Nussknacker.«

»Gibt es sonstige Neuigkeiten?«

»Mike konnte mir zu dem Prozess Amgen versus *RosLek* den Blog eines investigativen Journalisten besorgen. Demnach haben die Russen den Richter bestochen, der Amgen hinter vorgehaltener Hand den Rat gegeben hat, den Prozess nicht weiterzuverfolgen. Angeblich kam es im stillen Kämmerlein zu einem Vergleich zwischen den beiden Firmen. Das erklärt, warum *RosLek* sein Produkt nicht in Nordamerika vertreibt, und zeigt uns, mit was für Methoden diese Firma arbeitet.«

»Wir bräuchten verwertbare Beweise für die Zusammenarbeit von Lancaster mit *RosLek*.«

Sonja nickte. »Wenn ihn die Polizei festnimmt und seine Geräte beschlagnahmt, finden sie alles, was sie brauchen. Von unserem Einbruch in seinen Account wird nie jemand erfahren. Jetzt muss man ihn bloß schnappen.«

Olga berichtete, was Alex seit gestern herausgefunden hatte, und dass er bis heute Abend Lancaster und seinen Komplizen hochgehen lassen und Kaul befreien wollte.

»Alex ist ein Teufelskerl«, stellte Sonja bewundernd fest. »Aber er muss sich in Acht nehmen, er kämpft gegen einen mächtigen Gegner.«

»Eines verstehe ich trotzdem nicht«, hakte Olga nach. »Warum ist Lancasters Tablet nicht annähernd so gut geschützt wie Kauls Festplatte? Und wieso steckt er mit dem Erpresser unter einer Decke, wenn er alle Daten, die von Ascher erpresst wurden, bereits an *RosLek* geschickt hat?«

»Diesen Widerspruch haben wir gestern schon bemerkt und ich würde ihn gelten lassen, wenn Alex Lancaster und Aschers Schattenmann nicht zusammen gesehen hätte.«

»Hast du eigentlich auf Guangzhaos hp Hinweise gefunden?«

Sonja schüttelte den Kopf. »Nein, aber ich habe noch nicht alle Dateien gescannt. Und jetzt müssen wir erst Kauls Geheimnis lüften.«

Olga erschrak, als der Computer kläffte.

Sonja lachte. »Das ist meine Brute-Force-Software, ich habe ihr ein Dobermannbellen spendiert.«

»Wasp, du bist ein Nerd.« Olga kicherte und gab Sonja einen Kuss. »Dann lass ich dich allein und bereite uns in der Küche einen Imbiss vor.«

»Gamserl, du bist ein Schatz«, freute sich Sonja. »Gleich bin ich bei dir.«

28

»Ihr Erfolg ging ordentlich über den Nachrichtenticker«, stellte Kommissar Wondrak mit bewunderndem Unterton fest, nachdem er an Cleos Küchentisch Platz genommen hatte. »Sie müssen vor Stolz platzen, oder? Stattdessen rufen Sie nach mir, einem einfachen Kommissar, der noch an seinem höflichen Verhalten arbeiten muss.«

Will er mich necken, fragte sich Cleo und legte ihm ihr Smartphone vor. Die letzte Erpresser-E-Mail war geöffnet, damit er sofort lesen konnte, warum er hier war. *Jedenfalls nicht zum Flirten,* ärgerte sich Cleo über seine unverhohlenen Blicke auf ihre Figur. Die konnte sich immer noch sehen lassen und darauf war sie tatsächlich stolz, aber nicht nach diesem Nachmittag in McBannisters Suite.

Sie schluckte ihren Groll hinunter und erwiderte: »Seien Sie nicht nachtragend. Bei unserer ersten Begegnung haben Sie sich wahrhaft nicht gentlemanlike verhalten, doch jetzt sind Sie so etwas Ähnliches wie mein persönlicher Bodyguard, oder?«

»Das hätten Sie wohl gern«, erwiderte er mit anzüglichem Grinsen.

Männer, fluchte Cleo und deutete resolut auf die E-Mail. »Es hört nicht auf.«

Das wirkte. Er las den Erpressertext, zog ein nachdenkliches Gesicht und fragte in besorgtem Tonfall: »Was meint er damit?«

»Womit?«

»Mit diesem verkappten Goethe-Zitat?«

»Er – oder sie – will mir meinen Triumph vergällen.«

»Wäre dies überhaupt möglich? Sie und Ihr Direktor haben mir erklärt, Ihre Studie sei unangreifbar.«

»Gegen Rufmord ist man nie gefeit.«

Wondrak wiegte den Kopf hin und her. »Wir werden die

nächste Forderung abwarten müssen. Vielleicht haben unsere IT-Leute diesmal mehr Glück mit ihrem *Sniffer.*«

»Mehr haben Sie nicht zu bieten?«

Wondrak schüttelte den Kopf.

»Haben Sie William Lancaster auf den Zahn gefühlt?«

»Versucht haben wir es, ihn jedoch nicht angetroffen.«

»Und Viktor Morosow?«

»Gegen den Pharmareferenten von *RosLek* liegt nichts vor, wir können ohne begründeten Anfangsverdacht keine Ermittlungen führen.«

»Sie können zumindest eine Befragung veranlassen.«

»Was würde das bringen?«, wandte Wondrak ein und lästerte über seine Berliner Kollegen. »Wir stehen«, ergänzte er dann, »mit dem Verfassungsschutz in Verbindung. Vielleicht gibt es dort Erkenntnisse. Wir müssen Geduld haben.«

»Geduld, Geduld«, fauchte Cleo, »dieses Wort höre ich zu oft. Ich werde *jetzt* erpresst, Herr Kommissar. Tun Sie etwas dagegen!«

»Wollen Sie Polizeischutz?«

»Nein, verdammt, ich will, dass Sie den Erpresser schnappen.«

Wondrak zuckte die Achseln. In seinem Blick lag eine seltsame Mischung aus Mitleid und Begehren, die Cleo maßlos erzürnte.

Sie griff an ihre Schulter und wollte sich in Cashinas weichem Fell festkrallen. Wie so oft in letzter Zeit war die Katze nicht an ihrem Ort. Wondrak bemerkte die Bewegung und grinste schamlos. Cleo geriet außer sich, sprang auf und versetzte dem Kommissar eine schallende Ohrfeige.

Verdutzt fasste sich Wondrak an die Wange. »Wofür war das denn?«

»Für dein gottverdammtes Grinsen«, kreischte Cleo und rannte aus der Küche. Im Flur blieb sie hilflos stehen und raufte sich die Haare. *Was habe ich getan,* wunderte sie sich über sich selbst und diesen Wutausbruch. Wann hatte sie jemals so sehr die Kontrolle verloren? Sie spürte diesen ohnmächtigen Zorn, der an ihr nagte. Es war das Ausgeliefertsein, das sie bei dieser Erpressung zermürbte.

Sie atmete lange aus und langsam ein. Als Wondrak hinter ihr erschien, zuckte sie schreckhaft zusammen, drehte sich um und warf sich schluchzend in seine Arme.

»Bitte, geh du an die Tür«, bat sie ihn, als die Wohnungsglocke schellte.

Er war bei ihr geblieben, hatte die vergangene Stunde ihre Hand gehalten und ihr geduldig zugehört. Er hatte nicht versucht, den Arm um sie zu legen, war völlig zurückhaltend, aber auf eine maskuline Art präsent. Sie fühlte sich beschützt. Ihr Zorn war verraucht, ihr Ohnmachtsgefühl abgeflaut. Wundersamerweise konnte Cleo jetzt an seiner Seite ihre Hilflosigkeit akzeptieren und ihm die Kontrolle überlassen. Sie erzählte ihm von ihrem Vater und seinen Jähzornausbrüchen, mit denen er die gesamte Familie einschüchterte, sprach über den Spleen ihrer Mutter, den Kindern unverwechselbare Namen zu geben, schilderte die beengten Verhältnisse in der Dreieinhalb-Zimmer-Wohnung und berichtete von ihrem Traum, dem Klein-Klein ihrer Herkunft zu entfliehen und es einmal zu Wohlstand und Ansehen zu bringen. Beinahe lapidar gestand sie, überall die Erste sein zu wollen und bereits im Gymnasium alles darangesetzt zu haben, ihren Willen durchzusetzen. Sie sprach von der schleichenden Entfremdung von ihrer Familie und ihrer Unfähigkeit, stabile Beziehungen einzugehen, verriet ihre Sehnsucht nach einer Katze, die sie aus Vernunftgründen nicht realisierte, bis ihr Cashina zulief. Eines Tages habe dieses Birma-Kätzchen wie aus dem Nichts auf ihrer Schulter gesessen. Nur ihr habe sie ihre Sorgen und Nöte mitteilen können, mit ihr habe sie fortan ihr Leben geteilt.

»Es ist schlimm, wenn du Cashina *meinen Tick* nennst. Sie ist das einzige Wesen, das ich habe«, hatte sie mit erstickter Stimme gestanden und sich für die Ohrfeige entschuldigt.

Er hatte sein Einverständnis mit einem festeren Druck seiner Hand signalisiert und hatte die ganze Stunde beinahe reglos neben ihr auf der Couch im Wohnzimmer gesessen, während allmählich die Dämmerung hereinbrach.

Es klingelte erneut.

»Bitte geh du an die Tür«, flüsterte Cleo.

Kurz darauf kehrte Wondrak mit einem großen Blumenstrauß in der Hand zurück.

»Der wurde für dich abgegeben. Wohin damit?«

»Ich besorge eine Vase.«

Sie ging an den Schrank, holte eine Glasvase heraus, füllte sie in der Küche mit Wasser und stellte den bunten Strauß hinein. Dann nahm sie die Karte und las: *Herzlichen Glückwunsch zu Deinem großartigen Erfolg. Gern trinke ich darauf mit Dir den Champagner aus Deinem Kühlschrank. Leopold.*

»Ein Verehrer?«, fragte Wondrak.

An seinem Tonfall glaubte Cleo so etwas wie Eifersucht zu erkennen. Sie reichte ihm die Karte.

»Ich dachte, du bist beziehungsunfähig?«, fragte er.

»Ein Two-Nights-Stand, aber ein guter«, flüsterte sie und schämte sich für ihre Worte. »Du musst nicht eifersüchtig sein.«

Er drehte die Handflächen nach oben und setzte sich wieder auf die Couch.

Sie legte die Karte zur Vase, setzte sich neben ihn und ergriff seine Hand. »Es gibt noch viel zu erzählen«, sagte sie und legte ihre Lebensbeichte ab, schilderte ihre Gier nach Erfolg und ihren Hunger auf Männer, die sie für eine Nacht unterwerfen konnte, und erzählte diesem Kommissar, der geduldig ihre Hand hielt, alles, was sie bisher höchstens Cashina anvertraut hatte.

Dabei war sie während des Erzählens über sich selbst erstaunt und fragte sich, wie es sein konnte, dass sie sich einem Fremden derart öffnete. Wondrak war ein geduldiger Zuhörer, der ihre Worte aufsog wie ein Schwamm das Wasser, ohne dabei, wie es manche Studenten taten, an ihren Lippen zu hängen. Er lauschte ihrer Erzählung und hielt unbeirrt ihre Hand. Ebenso unverändert passte eine Handbreit zwischen ihre auf der Couch wie festgenagelt sitzenden Körper. Er nutzte die Nähe, die entstand, nicht aus. Seit der Ohrfeige vermied er jeden Blick auf ihren Körper. Wondrak, freute sich Cleo, war ein wunderbarer, unaufdringlicher Zuhörer.

Erneut schellte die Wohnungsklingel.

»Gehst du wieder?«, bat sie ihn.

Er nickte und kam bald darauf mit einem weiteren Blumenstrauß zurück. Dieser allerdings war weniger prächtig als jener von Leopold, und er kam ohne Karte.

»Von einem Freund, hat der Fleurop-Bote gesagt«, erklärte Wondrak.

»Leg ihn einfach auf den Tisch und komm zu mir«, sagte Cleo und ihre Stimme wurde bei den letzten Worten eine Nuance dunkler. Als er ihre Hand ergriff, lehnte sie sich gegen seine Schulter und redete weiter. »Ich habe Angst«, flüsterte sie. »Angst, dass alles den Bach runtergeht. Da stehe ich vor meinen größten Erfolgen und blicke in einen Abgrund. Man muss die richtigen Fragen stellen, um die passenden Antworten zu erhalten. Das ist mein Motto. Nur wer so handelt, hat größtmögliche Aussicht auf Erfolg. Wer Neuland betritt, darf Fehler machen. Unser Bluttest ist noch nicht perfekt. Wenn der Erpresser hier ansetzt, kann ich mich kaum wehren.«

Er legte seinen Arm um ihre Schulter. Sie hob den Kopf und blickte zu ihm auf.

»Du musst keine Angst haben«, beruhigte er sie und legte einen Finger auf ihre Lippen. »Und du musst mir keine Geständnisse machen.«

Sie öffnete die Lippen und leckte mit der Zungenspitze an seiner Fingerkuppe. Da nahm er ihr Gesicht in beide Hände und küsste sie.

29

Wie bei ihrer ersten Verabredung hatte Sonja *Bottega Veneta* aufgelegt und das schwarze Seidenkleid angezogen. Allerdings waren sie nicht zu dem heimeligen Italiener nahe dem Stadtteilmarkt gegangen, sondern in die neueröffnete Brasserie drei Straßen weiter, die von Münchens führender Tageszeitung überschwänglich gelobt wurde. Sie waren die ersten Gäste, ließen sich einen alkoholfreien Aperitif empfehlen und die Speisen des Tages erklären. Übereinstimmend entschieden sie sich für einen Loup de Mer mit Salbei auf gedünstetem Gemüse, vorab eine Zwiebelsuppe und zum Dessert ein Fondant au Chocolat, dazu eine Flasche Gigondas.

Olga legte ihr Smartphone neben das Besteck und hoffte auf baldige Nachricht von Alex. Inzwischen war sie mehr als beunruhigt über seinen Alleingang, denn Sonja hatte beängstigende Informationen auf Kauls Festplatte gefunden.

»Kein Wunder«, bemerkte Sonja nach dem ersten Schluck. »Bei dem Inhalt muss man die Festplatte sichern wie Fort Knox.«

»Wasp, bist schon Klasse«, zeigte sich Olga begeistert von den Fähigkeiten ihrer Freundin, »wie du diesen Tresor geknackt hast.«

»Lob mich nicht zu sehr, Gamserl, ohne die Hilfe von Mike Scuba hätte ich keine Chance gehabt.«

»Trotzdem ... Wenn Alex wenigstens wüsste, was du herausgefunden hast. Hoffentlich läuft er den Russen nicht direkt in eine Falle.«

»Deine SMS blieb unbeantwortet?«

Olga bejahte. Sie machte sich große Sorgen um ihren Freund. Neben Frieder, ihrem langjährigen Kletterpartner, war Alex der einzige Mann, zu dem sie nach Marcos Tod eine freundschaftliche Beziehung pflegte. Aber Alex nahm die Dinge gern selbst in die Hand. Das bereitete Olga nun Kopfschmerzen. »Weißt du, mir macht der Gedanke Angst, immer weiter auf eigene Faust ein Ideal zu verfolgen.«

»Wie meinst du das?«

»Unser Streben nach Gerechtigkeit«, antwortete Olga. »Alex ist beinahe besessen von dem Gedanken, für Gerechtigkeit sorgen zu müssen. Er will die Schuldigen zur Rechenschaft ziehen. Wie bei Horbacher.«

»Darauf bin ich heute noch stolz«, lachte Sonja. »Das war ein Glanzstück unter der Rubrik *betrogener Betrüger.*«

»Wir haben mit unlauteren Mitteln für ein wenig Gerechtigkeit gesorgt«, erwiderte Olga nachdenklich. »Allmählich zweifle ich, ob es richtig ist, so etwas zu tun.«

»Alex zweifelt nicht.«

»Genau das ist das Problem. Im Gegenteil, er kämpft immer verbissener für sein Gerechtigkeitsideal. Habe ich dir erzählt, dass er sich von Dorothee trennen will?«

»Warum das denn?«

»Weil er weiter seinen Weg gehen will, und das verträgt sich nicht mit Dorothees Auffassung.«

»Du wirst lachen, so was habe ich mir von Anfang an gedacht.«

Olga nickte. »Er ist unkonventionell, kreativ, nicht immer rechtstreu, dafür ordentlich stur. Sie ist penibel und korrekt, aber so muss es wohl auch sein.«

»Du wirst jetzt hoffentlich nicht zu rechtstreu, oder? Sonst müsste ich das Hacken an den Nagel hängen.«

»Du gehörst zu den Guten«, beruhigte Olga. »Aber ich überlege, ob ich meine Einstellung zu diesem Thema ändere.«

Sonja trank ihren Aperitif.

»Außerdem«, fuhr Olga fort, »überlege ich, meine Kanzlei aufzugeben und in die Wissenschaft zu gehen.«

Sonja blickte Olga fragend an.

»Vielleicht ist jetzt der falsche Zeitpunkt …« Olga zögerte kurz. »Trotzdem, wir sollten über die Zukunft reden.«

»Für die Zukunft ist immer der richtige Zeitpunkt«, sagte Sonja. »Wann ziehst du bei mir ein?«

»Ist das dein Ernst?«

»Ja.«

Olga stand auf, beugte sich über den Tisch und küsste Sonja. »Danke«, flüsterte sie und setzte sich wieder. »Nach unserem Dolomitenurlaub.«

»Das nenn ich mal ein Wort«, strahlte Sonja und winkte dem Kellner. »Zwei Gläser Champagner bitte.«

Neunzig Minuten später, nach einem leckeren Fondant au Chocolat, gab es immer noch keine Nachricht von Alex. Olga und Sonja tauchten aus ihren verliebten Zukunftsplänen auf und waren von einer Minute auf die andere zurück bei ihren Sorgen um den Privatermittler.

»Eigentlich muss ich jetzt Bolzen alarmieren. Was meinst du?« Olga blickte Sonja fragend an.

»Seinen Erzfeind von damals?«

»Wer soll ihm sonst helfen?«

»Dorothee?«

»Ist das besser?«

»Immerhin ist sie noch seine Freundin.«

»Da hast du auch wieder recht.«

Eine Stunde später saßen Olga, Sonja und Dorothee auf Sonjas Dachterrasse und diskutierten über den richtigen Weg, Alex beizustehen. Dorothee plädierte dafür, sofort mit Bolzen Kontakt aufzunehmen, fühlte sich jedoch in gewisser Hinsicht verpflichtet, Alex gegen seinen Konkurrenten aus früheren LKA-Zeiten zu schützen.

»Wenn wir wüssten, wo Alex den Beschatter von Ascher aufgespürt hat, könnten wir die Polizei hinschicken. Aber was soll die Polizei mit der vagen Angabe, Alex ist irgendwo in Sendling, anfangen?«, fragte Olga, die hin- und hergerissen war.

»Sollten wir unsere sonstigen Erkenntnisse an die Kripo weitergeben?«, brachte sich Sonja ein. »Wissen die über Kauls ungeklärte Vergangenheit Bescheid? Kennt Bolzen die problematischen Verbindungen Kauls zu dem russischen Pharmariesen?«

»Was für Verbindungen?«, fragte Dorothee überrascht.

»Das haben wir Ihnen noch nicht erzählen können«, erläuterte Olga. »Anhand des privaten E-Mail-Accounts von Kaul konnten wir eine verschlüsselte Kommunikation zwischen ihr und dem russischen Pharmaunternehmen *RosLek* feststellen. Das ist jenes Unternehmen, dem Lancaster Forschungsdaten des *BaRCOSI* geschickt hat, weshalb das LKA Lancaster zur Fahndung ausschreibt. Das Institut selbst hat keinerlei Verbindung zu russischen Einrichtungen.«

»In der Tat eigenartig«, pflichtete Dorothee bei. »Bolzen hat davon keine Ahnung?«

»Vermutlich nicht.«

»Wie kommen Sie an Kauls private E-Mails?«

»Über ihre Festplatte«, gestand Sonja freimütig.

»Wurde die nicht von der Polizei beschlagnahmt?«

»Nein. Die Polizei hat mit meinem anwaltlichen Einverständnis lediglich eine Kopie von der Festplatte angefertigt und wertet diese aus.«

»Allerdings dürfte das auch für die IT-Spezialisten des LKA schwerer Tobak sein«, warf Sonja ein. »Die Festplatte ist extrem gut gegen unberechtigte Zugriffe geschützt.«

»Sie konnten die Platte trotzdem auslesen? Oder kennen Sie die Zugangscodes und haben diese der Polizei vorenthalten?«, hakte die Staatsanwältin nach, der Olga anmerkte, nun in ihrem Element zu sein.

»Spezialprobleme im Softwarebereich sind mein Beruf«, erklärte Sonja. »Mit viel Mühe ist es mir gelungen, Kauls Tresor zu knacken. Allerdings konnte ich die E-Mails zwischen ihr und *RosLek* noch nicht entschlüsseln.«

»Das macht uns sehr misstrauisch. Außerdem wissen wir nichts über Kauls Vergangenheit«, konstatierte Olga. »Daher halte ich Kauls Verbindung zu *RosLek* für verdächtig.«

»In der Tat«, bemerkte Dorothee und legte die Stirn in Falten. »Sollte es einen Zusammenhang geben zwischen Lancaster und Kaul?«

»Wie würde der ausschauen?«, grübelte Sonja.

»Ergibt Kauls Entführung dann überhaupt Sinn?«, fragte Olga.

Sie schauten sich an und schwiegen. *Der Fall wird immer noch rätselhafter,* dachte Olga. Bisher war ihre größte Befürchtung gewesen, dass ihre Mandantin mundtot gemacht werden sollte, weil der Verräter argwöhnte, sie komme ihm auf die Schliche. Vielleicht war das ein fataler Trugschluss gewesen. Was, wenn ...? Olga mochte es zunächst kaum glauben, dann sprach sie es laut aus: »Vielleicht ist es eine vorgetäuschte Entführung.«

Kurz nach Mitternacht standen Rudolf Bolzen und Gerda Klitzke in Sonjas Diele. Die drei Frauen waren längst ins Wohnzimmer umgezogen, wohin Sonja die beiden Kriminaler einlud.

»Wir möchten Sie von einigen Umständen in Kenntnis setzen«, begann Dorothee, ganz Staatsanwältin, nachdem alle um den Couchtisch herumsaßen, und berichtete knapp und präzise, was Computer- und Melderegister-Recherchen ergeben hatten.

»Wenn Sie mich fragen«, beendete sie ihre Ausführungen, »sollten Sie so schnell wie möglich mit der Spurensicherung noch einmal Kauls Wohnung auf den Kopf stellen, ob Sie Hinweise für eine vorgetäuschte Entführung finden.«

»Ein vollkommen neuer Ermittlungsansatz«, stotterte der Kriminalhauptkommissar. »Dafür gab es bis jetzt keinerlei Anhaltspunkte. Wo ist überhaupt Sorger?«

»Darauf kommen wir gleich«, behielt Dorothee die Kontrolle über das Geschehen. »Zuerst verraten Sie uns, wie weit Ihre Leute mit der Analyse von Kauls Festplatte gekommen sind und ob Sie Erkenntnisse über den Erpresser von Frau Ascher haben.«

»Eigentlich«, versuchte Bolzen abzuwehren, »darf ich Ihnen dazu keine Auskunft geben.« Dorothee richtete sich kerzengerade auf und blickte den Ermittler streng an. »Aufgrund Ihres Berufes«, beschwichtigte Bolzen, »will ich eine Ausnahme machen: An Kauls Festplatte haben sich die Kollegen die Zähne ausgebissen. Da steckt ein Sicherungssystem dahinter, das bisher keiner der Kollegen zu Gesicht bekommen hat. Hinsichtlich der Erpressung von Frau Ascher sind wir ehrlich gesagt ahnungslos. Aber ein Kollege von uns ist bei Ascher.«

»Ist Wondrak tatsächlich noch bei der Professorin?«, wollte Klitzke wissen.

Bolzen zuckte mit den Achseln und sagte: »Glaube schon. Ruf ihn mal an. Wir brauchen ihn für Kauls Wohnung. Und alarmiere die SpuSi.«

»Außerdem sollten Sie einige Streifenwagen in Sendling anweisen, nach Alex Sorger Ausschau zu halten. Angeblich hält sich der Observant der Professorin gemeinsam mit Lancaster in diesem Stadtviertel auf«, regte Dorothee an. Es klang wie ein Befehl.

»Sorger ist also auf Pirsch«, folgerte Bolzen. »Rufen Sie ihn an, er soll uns sagen, wo er steckt.«

»Täten wir gern, aber wir erreichen seit Stunden nur seine Mailbox«, teilte Olga mit.

»Dieser Sauhund«, knurrte Bolzen und telefonierte mit der Einsatzzentrale.

»Wondrak hat sein Handy ausgeschaltet«, meldete Klitzke.

»Das auch noch«, fluchte Bolzen, und dann, an Dorothee gewandt: »Wir gehen Ihren Anregungen mit allem nach, was uns zur Verfügung steht. Sollten Sie weitere Hinweise für uns haben ...«

»Melde ich mich umgehend. Das Gleiche gilt für Sie: Was immer es gibt, rufen Sie mich an«, verlangte sie und gab Bolzen ihre Visitenkarte. Dann fragte sie: »Welcher meiner Kollegen betreut den Fall?«

»Michael Herberg.«

»Danke. Ich werde mich morgen mit ihm in Verbindung setzen.«

»Jetzt ist Wochenende.«

»Wir sind immer im Dienst«, antwortete Dorothee, und Olga hörte den Stolz in ihrer Stimme.

»Was machen wir jetzt?«, fragte Olga, als die Polizisten gegangen waren. »Untätig herumsitzen und warten, was geschieht?«

»Nein. Ich mache mich über den hp her«, kündigte Sonja an. »Vielleicht finden wir bei Guangzhao noch etwas von Belang.«

»Guangzhao? Der Chinese und sein Laptop?« Dorothees Stimme klang schneidend. »Habe ich da etwas übersehen?«

Sonja schlug sich die Hand vor den Mund, doch es war zu spät.

»Sagen Sie bloß, Sie sind im Besitz des gestohlenen Laptops«, setzte Dorothee nach.

Sonja nickte.

»Wie kommt das?«

»Falsche Frage«, mischte sich Olga ein. Für einen Moment hatte sie den Eindruck, die Staatsanwältin würde gleich explodieren, dann glätteten sich Dorothees Stirnfalten.

»Gehen wir spazieren«, forderte sie Olga auf.

»Machen wir«, erwiderte Olga und gab Sonja zum Abschied einen Kuss.

30

Nachdem er sich mit Olga getroffen hatte, war Alex zum Wohnhaus von William Lancaster geradelt und hatte sich Zugang zum Appartement des Wissenschaftlers verschafft. Die kleine Wohnung wies erstaunliche Parallelen zu Guangzhaos Zuhause auf; auch bei Lancaster herrschte eine penible Ordnung. Rasch fand Alex die Leitz-Ordner mit den Bankunterlagen des jungen Wissenschaftlers. Siehe da, auch hier konnte er einige hohe Zahlungseingänge feststellen. Alex fotografierte die Kontoauszüge. Dann durchsuchte er die Schubladen und Fächer des Einbauschrankes. Er ging systematisch und gründlich vor, räumte Fach um Fach des Kleiderschrankes aus und wieder ein und plötzlich hielt er ein 15-Zoll-MacBook in der Hand.

Bingo. Alex schnalzte mit der Zunge und klappte den Laptop auf. Es war tot. *Vermutlich ist der Akku leer,* dachte Alex, nahm das Gerät an sich und verließ Lancasters Appartement. Er beschloss, zunächst in sein Büro zu fahren, den Laptop mit Strom zu versorgen und zu versuchen, dem Gerät irgendwelche Hinweise zu entlocken. In der Stadt herrschte viel Betrieb, das bevorstehende Oktoberfest machte sich deutlich bemerkbar. *Wenn der Fall gelöst ist, gehe ich mit Olga und Sonja einmal auf die Wies'n,* nahm er sich vor, dankbar, von den beiden unterstützt zu werden. Obwohl er sie erst seit rund drei Monaten kannte, hatte er Sonja bereits in sein Herz geschlossen, und für ihre Virtuosität im Umgang mit Computern bewunderte er sie grenzenlos. *Es macht Spaß, mit ihr zusammenzuarbeiten,* stellte er fest und freute sich, endlich eine heiße Spur verfolgen zu können.

Nachdem er es fast zwei Stunden versucht hatte, kapitulierte er und legte Kauls MacBook zur Seite. Wie konnte die Ärztin den Zugriff auf ihren Computer derart professionell schützen? Bald würde er sie das persönlich fragen können, war Alex zuversichtlich, denn nun war es an der Zeit, sich auf Kauls Befreiung vorzubereiten. Spätestens seit der Durchsuchung von Lancasters Appartement zweifelte Alex nicht mehr an seiner Theorie, wie alles zusammenhing. Ausgangspunkt einer konzertierten Spionageaktion war die russische Pharmafirma *RosLek*, die entsprechend einer offiziellen Staatsdoktrin alles daransetzen muss, sämtliche wesentlichen Medikamente autark herstellen zu können, um Russland vom Weltmarkt unabhängig zu machen. Dazu gehörte die Teilhabe an den neuesten Entwicklungen im Pharmasektor. Das Münchner Institut ließ sich leicht als eine der weltweit führenden Einrichtungen identifizieren. Man brauchte kein ehemaliger KGB-Offizier zu sein, um zu wissen, dass es in Deutschland leichter als in den Vereinigten Staaten oder der Volksrepublik China war, Forschungsspionage zu betreiben. Mithilfe des FSB wurden zwei Nachwuchswissenschaftler angeworben, über verschleierte Kanäle die Ergebnisse wichtiger Studien zu verraten: William Lancaster und Fang Guangzhao.

Den Chinesen verwendete *RosLek* als Kontrolle mit dem einzigen Ziel, durch dessen Daten stichprobenweise überprüfen zu können, ob William Lancaster korrekt lieferte. Daher übersandte Guangzhao weniger Daten und dies über verschleierte E-Mail-Adressen, die mit dubiosen Forschungsagenturen in Verbindung gebracht werden konnten. Vermutlich dachte Guangzhao, er würde seinem Heimatland helfen; soweit er seine Freundin Meskanen möglicherweise zur Mithelferin machte, tat er dies in naiver Unschuld. Sollte am *BaRCOSI* eines Tages der Verrat auffliegen, würde der Verdacht rasch auf Guangzhao fallen, und die Spur zum Empfänger der Daten würde sich in der Grauzone der betrügerischen Forschungsagenturen verlieren.

Lancaster dagegen war *RosLeks* eigentlicher Agent unter den Mitarbeitern des *BaRCOSI* und über die tatsächlichen Zusammenhänge informiert. *Allerdings werden sie ihm nie verraten haben, dass sie ihn durch Guangzhao heimlich kontrollierten,* schmunzelte Alex. Lancaster war als hochmotivierter New Yorker unverdächtig, aber gerade über seinen Ehrgeiz empfänglich für die Anwerbeversuche der Russen. Seine wissenschaftliche Karriere bekäme enormen Schub, weil er mit seinen Veröffentlichungen an den *BaRCOSI*-Ergebnissen partizipieren konnte, und nebenbei ließ sich mit *RosLek* ordentlich Geld verdienen. Lancaster befand sich in einer optimalen Position, bis Kaul beschloss, dem Verräter eine Falle zu stellen. Als er davon Wind bekam, wurde seine Position fragil. Eine Gegenstrategie war gefragt. *RosLek* musste helfen, und *RosLek* half. Sie schickten einen Profi und suchten sich ein Opfer für einen Frontalangriff: Cleo Berenike Ascher.

Sie wussten vermutlich durch Lancaster von Aschers unbändigem Ehrgeiz und ihrer Neigung, Untersuchungsergebnisse zu schönen, um rascher erfolgreich sein zu können, und beschlossen, es mit einer Erpressung zu versuchen. Als die Professorin darauf einging, hatten sie den erhofften Volltreffer gelandet. Das von Ascher erbeutete Datenmaterial diente lediglich als weiterer Korrekturdatensatz.

Die Russen arbeiteten nach der simplen Methode, mit welcher viele Verlage Texte erfassen lassen: Ein Text wird von zwei billigen Schreibkräften getippt, die Typoskripte werden von Computerprogrammen übereinandergelegt und die Fehler in Sekundenbruchteilen herausgefiltert. Der Korrektor muss lediglich die Nichtübereinstimmungen überprüfen und richtigstellen, schon ist ein ganzer Roman kostengünstig in der Setzmaschine.

Trotzdem war es wichtig herauszufinden, welche Tricks Kaul einsetzte, um den Verräter zu finden, denn sie mussten Lancaster schützen. Daher zunächst der Einbruch in Kauls Wohnung und der Diebstahl des MacBook. Doch der Laptop ließ sich nicht knacken. Zugleich rückte der Erfolg einer besonders werthaltigen Studie immer näher, *RosLek* benötigte die letzten Daten, um damit selbst rasch auf den Markt zu kommen. Ein Hackerangriff auf die IT-Struktur des Instituts endete aus Sicht von *RosLek* in einem Desaster. Jetzt wurde die Polizei involviert, Untersuchungen wurden durchgeführt, der Boden wurde für Lancaster heiß. Er durfte keinesfalls enttarnt werden. Es blieb keine andere Wahl, als Kaul zu entführen, um ihre Taktik zu erfahren und herauszufinden, wie viel sie bereits wusste. Parallel setzten die Russen die Erpressung von Ascher fort und erbeuteten zusätzliches Material. Um die Professorin unter Kontrolle zu behalten, wurde sie beschattet.

Dabei geriet ich in ihren Fokus, folgerte Alex, *was mir die Festnahme durch die Streifenpolizisten eingebracht hat.* Mittlerweile hatten sie alle erforderlichen Daten von Kauls Projekt, um das revolutionäre Krebsmedikament herstellen und am Weltmarkt platzieren zu können. *Für Lancaster wird die Luft dünn, deshalb werden sie ihn aus München abziehen; Lancaster wird nicht mehr in sein Appartement zurückkehren,* vermutete Alex und war überzeugt: Heute Nacht würden die Russen ihn aus München fortschaffen und Kaul in der Wohnung des Profiagenten sich selbst überlassen.

Sie haben die Rechnung ohne mich gemacht, gab sich Alex selbstbewusst. *Ich werde Kaul befreien und Bolzen seine beiden Täter frei Haus liefern. Der Lorbeer ist meiner!*

Alex griff tief in die Trickkiste. Er wollte sich so unkenntlich wie möglich machen, um Aschers Schattenmann nicht aufzufallen, sollte dieser die Umgebung überwachen. Sachte streifte er die Latexmaske über, die ihm das Atmen erschwerte und sein Gesicht radikal veränderte. Er setzte die Halbglatzenperücke auf und schlüpfte in den abgewetzten Anzug, der ihm das Aussehen eines heruntergekommenen Alkoholikers verpasste. Er steckte mehrere Kabelbinder, sein Wurfmesser und sein altgedientes Nokia-Handy mit einer unbenutzten Prepaidkarte ein. Er überprüfte den Akku und programmierte Olgas Mobilnummer. Dann zog er die ausgetretenen Laufschuhe an und ging zum nächsten Taxistand.

Der Taxler schaute ihn schief an. Alex steckte ihm einen Fünfzig-Euro-Schein zu und ließ sich nach Obersendling fahren. Dort angekommen, drehte er einige Runden in unregelmäßigen Kreisen um sein Zielobjekt, bis gut dreißig Euro auf dem Taxameter aufgelaufen waren.

»Hier steige ich aus«, bedeutete er dem Fahrer. »Das Restgeld gehört Ihnen.«

Langsam näherte er sich dem Wohnblock, in dem Lancaster gestern mit Aschers Schattenmann verschwunden war. Auf dem Klingelbrett mit vierundzwanzig Knöpfen fehlten an zwei Klingeln die Namen. Bei einem Knopf war der Name mit Tesafilm angebracht.

»Eine dieser drei Wohnungen ist es«, murmelte Alex und öffnete den Hauseingang mit seinem Dietrich.

Langsam stieg er die Treppen hoch ins zweite Stockwerk, bog in den rechten Flur ab und suchte die Tür zur vorletzten Wohnung. Auch hier kein Namensschild. Er lauschte. Stille. Aus der Wohnung gegenüber drangen das Quengeln eines Kindes und eine genervte Frauenstimme, die »gib jetzt endlich Ruhe« verlangte.

Das Haus war hellhörig, das kam Alex' Plänen entgegen. Kurz vergewisserte er sich, dass es in seiner Zielwohnung ruhig blieb, dann öffnete er die Tür binnen weniger Sekunden und trat ein. Hier war niemand. Ein einziger Blick in die Küche zeigte, dass die Wohnung seit Längerem von einem sehr unordentlichen Menschen bewohnt wurde. Umsichtig ging Alex in den Hausflur zurück und stieg hinauf ins nächste Stockwerk. Ein muskelbepackter Jugendlicher kam ihm entgegen und musterte ihn angriffslustig.

»He Alter«, knurrte der Halbstarke, »willste hier Alk oder was? Bettel ja nicht rum, sonst gibt's was auf die Fresse.«

»Willy is' zu Besuch hier«, stotterte Alex und gab sich Mühe, möglichst feucht zu sprechen.

»Mann, du sabberst ja.« Der Kraftprotz drehte sich angewidert weg und sprang die Treppe hinunter.

Alex betrat den linken Flur und fand an der zweiten Tür den mit Tesafilm befestigten Namen: *Arkani.* Wieder lauschte er. Jemand stöhnte. Alex legte das Ohr an die Tür und musste grinsen; da stöhnten zwei Menschen in einem altvertrauten Rhythmus. Das ersparte ihm den Griff zum Dietrich.

Gemächlich schlurfte er zurück ins Treppenhaus und erklomm das oberste Stockwerk. Gerade, als er sich nach rechts wenden wollte, trat am Ende des Gangs eine sportliche Gestalt aus einer Tür, die ihm bekannt vorkam. Instinktiv wandte sich Alex nach links und schlurfte in den dunklen Flur. Er drückte auf den nächsten Lichtschalter und der muffig riechende Flur wurde in dämmrigen Schummer getaucht. Alex zog seinen rechten Fuß nach und strebte der vorletzten Wohnungstür zu. Hinter sich hörte er, wie sich die Aufzugstür öffnete. *Steig in den Lift,* wünschte sich Alex und klingelte an der Tür, vor der er nun stand. Von drinnen hörte er ein Keifen, hinter sich vernahm er das typische Geräusch eines sich in Bewegung setzenden Fahrstuhls. Er wandte sich von der Wohnungstür ab, als diese aufgerissen wurde und ihn eine magere Frau anbellte: »Was willst denn du?«

Alex hob abwehrend die Hände und murmelte: »Hab mich vertan.«

»Dann schleich dich, du Penner«, schrie die Frau und knallte die Tür zu.

Nichts lieber als das, dachte Alex und ging zurück ins Treppenhaus. Das Aufzuggeräusch war verstummt. Alex lauschte angestrengt in die Tiefe. Es blieb still. Alex tastete sich den dunkeln Flur entlang und gelangte zu der Tür, aus welcher der Schattenmann getreten war. Kein Laut war zu hören. *Soll ich oder soll ich nicht,* fragte sich Alex einen unschlüssigen Augenblick lang, dann steckte er den Stachel ins Schloss und befand sich in der Diele einer offensichtlichen Junggesellenbude.

Alex schüttelte den Kopf und zog sich schnell zurück. Waren die Vögel ausgeflogen? Hektisch bestieg er den Lift und fuhr ins Erdgeschoß. Rasch trat er auf die Straße. Weit und breit war kein sportlicher Mann mit Kapuzenpulli zu sehen.

Alex stieg in den Keller hinab und lehnte sich gegen die Wand. *Finde den Fehler,* befahl er sich ungehalten. Irgendetwas stimmte hier nicht, aber was? Oben im Flur war es dämmrig gewesen, gut möglich, dass er sich in dem Sportler getäuscht hatte. Das würde zum Eindruck der Wohnung passen.

Hast dich umsonst aufgeregt, alter Knabe, redete er sich gut zu. Sein Puls beruhigte sich allmählich. Was, fragte er sich, wenn der Vollprofi schon länger in München wohnte? Oder die Wohnung eine ständige Adresse für SFB-Agenten war? Dann gab es kein improvisiertes und kein fehlendes Namensschild. Dann musste er jede Wohnung überprüfen, bei verbleibenden 21 Wohnungen kein leichtes Unterfangen. Aber das passte nicht zu seiner Theorie. Die Russen hatten in den letzten Tagen improvisiert. Ein Haus wie dieses sucht sich kein Geheimdienst der Welt für einen Dauerunterschlupf. Zu hellhörig, zu heruntergekommen, zu schlecht gelegen.

Was nun? Wenn seine Grundannahme stimmte, blieb die Wohnung im dritten Stock. *Arkani.* Das Stöhnen. Warum eigentlich nicht? Die Männer hatten Kaul ruhiggestellt und schauten im Wohnzimmer Pornos. Die Idee gefiel Alex. Vor allem gefiel ihm die Vorstellung, zwei abgelenkte Männer leicht überwältigen zu können. Alex drückte auf den Liftknopf und entschied sich für den überraschenden Zugriff.

Er lauschte erneut an der Tür: Stille. Unschlüssig blieb Alex stehen und überlegte, was er tun sollte. Für einen Überraschungsangriff schien kein geeigneter Zeitpunkt, und mit zwei jungen Männern konnte er es nicht aufnehmen. Er musste warten, bis Lancaster und sein Komplize die Wohnung verließen. Vermutlich stand der Fluchtwagen in der Tiefgarage. Dort musste er den Agenten außer Gefecht setzen. Anschließend würde er Lancaster fertigmachen. Dann konnte er Kaul befreien, Olga informieren und Bolzen herbeirufen.

Vorsichtig zog er sich von der Wohnung zurück und stieg in den Keller. Der Zugang zur Tiefgarage stand offen. Alex schaltete das Licht an und musterte die abgestellten Fahrzeuge. Was für ein Auto fuhr ein spontan eingesetzter FSB-Agent? Einen Leihwagen, was sonst?

In einer schlecht beleuchteten Ecke stand ein Skoda mit Hamburger Kennzeichen. Im Innenraum keinerlei persönliche Gegenstände. *Das ist er,* freute sich Alex und postierte sich zwischen dem Wagen und dem Tiefgaragenzugang hinter einer Säule. Von hier aus konnte er das Überraschungsmoment nutzen, den Schattenmann überwältigen und sich danach Lancaster schnappen.

Sein Plan gefiel ihm, jetzt brauchte es nur noch Geduld. Kurz überlegte Alex, ob er Olga informieren sollte, dass sich seine Mission in die Länge zog, doch er verwarf den Gedanken und zählte auf ihre Loyalität. Olga würde nichts unternehmen, solange sie von ihm kein Signal empfing. Auf Olga konnte er sich verlassen.

Im Dunkeln gegen den Pfeiler der Tiefgarage gelehnt, ließ er seine Gedanken schweifen und gelangte zu jenen Wochen zurück, in denen seine Karriere als Kommissar im Landeskriminalamt zerschellt war.

Neununddreißig Jahre war er alt gewesen und als Kriminalhauptkommissar der Leiter einer Ermittlungsgruppe in einem umfangreichen Wirtschaftsbetrugsverfahren. Der Verdächtige war ein smarter, gebildeter und elegant auftretender Mittvierziger, der mit märchenhaften Renditeversprechen Ärzten, Zahnärzten und Steuerberatern reihenweise Warenterminkontrakte verkauft hatte. Trotz aller Bemühungen scheiterten die Ermittler daran, mit den vorhandenen Daten die Beweiskette zu schließen. Die meisten Geschäfte waren über eine Warenterminbörse in

Montreal abgewickelt worden und die dortigen Aufzeichnungen ließen auf sich warten. Allmählich drohte die Verjährung. Im Kollegenkreis wurde gemunkelt, Alex würde dieses Ermittlungsverfahren in den Sand setzen. Dahinter steckte, wie Alex zugetragen bekommen hatte, Rudolf Bolzen, der parallel an einem anderen Wirtschaftsdelikt arbeitete.

Bolzens Verdächtiger hatte lukrative Orangenplantagen in Florida an bayerische Steuerhinterzieher verkauft, wobei sich allerdings bald herausstellte, dass die fraglichen Grundstücksparzellen zwar tatsächlich existierten, es sich jedoch um Mangrovensümpfe handelte. Bolzen tat sich anhand der Grundbuchblätter leicht, den Tatnachweis gerichtsfest abzusichern.

Innerhalb der Dienststelle ging es nicht nur um den kriminalistischen Wettstreit, wer sein öffentlichkeitswirksames *White-Collar-Crime* rascher aufklärte, sondern auch um die Nachbesetzung der Leitung für das Sachgebiet Wirtschaftskriminalität und damit um die Chance, zum Ersten Kriminalhauptkommissar befördert zu werden. Subtil machte Bolzen Stimmung gegen Alex und stellte sich ins beste Licht.

Alex hielt Bolzen für einen Blender. Gut möglich, dass der smarte Speichellecker die Sachgebietsleitung übertragen bekäme, ärgerte sich Alex damals, aber den besseren Ermittlungserfolg gönnte er ihm nicht. Außerdem wollte seinen Betrüger nicht ungeschoren lassen.

Er wusste, wie er dem ans Leder konnte, hackte sich in dessen Kontodaten ein und besorgte sich all die Informationen, für die es keinen richterlichen Beschlagnahmebeschluss gab. Dann bereitete er alles wasserdicht auf und legte es seinem Staatsanwalt vor.

Dummerweise hatte Bolzen einen guten Freund im Rechenzentrum, der ihn auf die Tricks hinwies, die Alex verwendet hatte. Bolzen setzte den ermittelnden Staatsanwalt über das Verwertungsverbot in Kenntnis. Von einem Tag auf den anderen sah sich Alex mit Vorermittlungen für ein Disziplinarverfahren konfrontiert, das zur Entlassung aus dem Dienst hätte führen können. Ihm war keine andere Möglichkeit geblieben, als den Dienst zu quittieren. Wenige Monate später war Bolzen zum Sachgebietsleiter ernannt und befördert worden.

Während Alex im Dunkeln darauf wartete, dass Lancaster und der Schattenmann in der Tiefgarage erschienen, stieg die Wut von damals wieder in ihm hoch. Er musste Bolzen zeigen, wer der bessere Ermittler war. Er musste dieses Ding jetzt durchziehen.

Stunden später, Lancaster und der Schattenmann waren nicht aufgetaucht, wurde Alex unruhig. Hatte er sich verrechnet? Verfolgten die beiden einen anderen Plan? Alex beschloss, nochmals hinaufzugehen und die Wohnung bei *Arkani* zu überprüfen.

Im Treppenhaus blieb alles still. Etage um Etage stieg Alex nach oben, lockerte mit jeder Stufe ein wenig seine vom langen Warten steifen Muskeln.

Alex erschrak, als das Licht anging. Vom nächsten Stockwerk näherten sich Schritte. Er drehte um, stieg eine Etage tiefer. Über sich hörte er eine schwere Person die Treppen herabspringen. Alex beeilte sich, schlüpfte in den rechten Flur im ersten Stock und presste sich in die Dunkelheit. Die Schritte waren unmittelbar hinter ihm.

Alex tastete nach seinem Wurfmesser. Da packte ihn eine starke Hand am Genick, eine zweite an der Schulter. Er wurde herumgewirbelt und in das Treppenhaus hinausgezerrt. Alex erkannte den Halbstarken, dieser erkannte ihn.

»Du treibst dich hier rum«, giftete der Jugendliche.

Alex war zu langsam. Ehe er die Arme nach oben reißen konnte, traf ihn ein Faustschlag im Gesicht.

»Was haste hier zu suchen, Alter? Verpiss dich!«

Alex Maske füllte sich mit Blut. Er schnappte nach Luft.

»Bist wohl ’ne alte Spannersau, was?«, bellte der Angreifer und spuckte Alex ins Gesicht.

Alex wich zurück. Da traf ihn der nächste Faustschlag am Brustbein.

Alex verlor das Gleichgewicht.

31

»Wissen Sie«, begann Dorothee, nachdem sie mit Olga etwa zehn Minuten schweigend durch ruhige Nebenstraßen gelaufen war, »ich mag an Alex seine zupackende Art. Seine Kreativität bei Ermittlungen ist bewunderungswert. Und ich störe mich viel weniger, als er denkt, an seinen Methoden. Lediglich sein ausgeprägter Hang zu Alleingängen und seine Sturheit beunruhigen mich.«

»Er fühlt sich immer noch verraten«, erwiderte Olga. »Sein Gerechtigkeitsempfinden wurde erschüttert.«

»Kann ich verstehen. Vor allem aber war das damals eine narzisstische Kränkung für ihn. Trotzdem, da muss er endlich drüber wegkommen. Es muss mal Schluss sein mit den ollen Kamellen. Er verrennt sich, der sture Kerl. Aber«, wechselte Dorothee das Thema, »wie konnten Sie es zulassen, dass er dem Chinesen seinen Laptop stiehlt?«

Olga hob abwehrend die Hände. »Davon wusste ich nichts. Er ist impulsiv.«

»Ja, leider«, seufzte die Staatsanwältin. »Wissen Sie, welches Haus er in Obersendling im Visier hat?«

»Wenn ich es wüsste, hätte ich es Bolzen gesagt. Ich bin sehr in Sorge.«

»Das sind wir alle. Es geht um viel, vielleicht sogar um das Leben von Nina Kaul.«

»Da bin ich nach unseren jüngsten Erkenntnissen weniger sicher«, erwiderte Olga und blickte in Dorothees verdutztes Gesicht. »Überrascht Sie das? Sie haben Alex selbst aufgefordert, Kaul kritisch anzuschauen. Ihren Ratschlag hätten wir früher beherzigen sollen.«

»Sie nehmen allen Ernstes an, Kaul könnte selbst die Geheimnisverräterin sein und mit *RosLek* unter einer Decke stecken?«, fragte Dorothee.

»Könnte sein. Ich wollte, ich hätte Alex von meinem Verdacht informiert. Er glaubt, sie ist in Gefahr.«

»Scheiße«, entfuhr es der Staatsanwältin. »Was machen wir jetzt?«

»Hoffen, dass die Polizei fündig wird.«

Einige Minuten gingen sie schweigend nebeneinanderher.

»Wissen Sie«, flüsterte Dorothee schließlich, »trotz seiner Macken mag ich ihn wirklich.« Sie zog die Unterlippe zwischen die Zähne und knabberte nervös daran. *Vielleicht überlegt sich Alex das mit der Beziehung noch*, hoffte Olga und ergriff Dorothees Hand.

In diesem Augenblick klingelte deren Handy. »Hauber«, meldete sie sich geschäftsmäßig.

Gedämpft vernahm Olga eine aufgeregte Stimme.

Die Staatsanwältin wurde blass. »Wo, sagen Sie? In Ordnung, ich komme.« Sie drückte das Gespräch weg und zitterte. »Ein Taxi«, sagte sie, »wir brauchen ein Taxi.«

Vor dem Wohnhaus standen zwei Streifenwagen mit Blaulicht. Mehrere Beamte hantierten mit rot-weiß-gestreiftem Absperrband. Ein Notarztwagen rollte aus einer Hofeinfahrt und fuhr davon. Als Olga und Dorothee aus dem Taxi stiegen, kam ihnen Rudolf Bolzen entgegen. In seinem fahlen Gesicht zeichneten sich tiefe Augenringe ab. Er streckte ihnen die Hand entgegen und presste die Lippen aufeinander.

»Was ist passiert?« Die Staatsanwältin bemühte sich um einen ruhigen Ton, aber ihre Stimme kippte.

Bolzen zuckte resigniert mit den Schultern, drehte sich um und ging zum Haus. Olga und Dorothee folgten. Am Eingang stand Gerda Klitzke und senkte den Blick, als ihr Olga entgegenkam.

»Vor einer Viertelstunde wurde Sorger von einem Hausbewohner entdeckt. Dieser rief sofort die Polizei. Die Kollegen von der Funkstreife waren vier Minuten später vor Ort«, erläuterte Bolzen tonlos.

»Ist er …?« Dorothee stockte. Noch ehe Bolzen nickte, kamen ihr Tränen.

Olga wurde schwindlig, sie musste sich an der Hauswand abstützen. Dann schluchzte sie lauf auf. *Nein, nein, nein,* schrie es in ihr, *das darf nicht sein.*

»Der Notarzt hat den Tod festgestellt. Es tut mir leid«, flüsterte der Kriminalhauptkommissar. »Jetzt müssen wir auf die Spurensicherung warten. Sie wird jeden Moment hier sein. Danach können wir hineingehen, wenn Sie das möchten.«

Dorothee wischte sich die Augen, nickte mit versteinertem Gesicht und schnarrte: »Ich übernehme die Ermittlungsleitung, geben Sie dem Jour-Staatsanwalt Bescheid.«

Der Kopf lag in einer verschmierten Blutlache auf dem Treppenabsatz, der Köper halb verdreht mit einem angewinkelten Bein auf den Stufen. In seinem Gesicht zeigte sich ein Ausdruck von Erstaunen und Schreck, die Augen waren geschlossen. Mund und Nase waren blutverschmiert.

Olga nahm alles durch einen Schleier wahr, sie konnte den Tränen keinen Einhalt gebieten.

Dorothee drückte das Kreuz durch und bewahrte Fassung. »Was ist mit seinem Gesicht geschehen?«, fragte sie Bolzen.

»Er trug eine Maske und eine Perücke«, antwortete der Ermittler. »Die Spurensicherung hat ihm beides abgenommen. Wir hoffen, darauf DNS sicherzustellen. Seine Nase wurde gebrochen, vermutlich von einem Faustschlag.«

»Er wurde die Treppe heruntergestoßen?«

»Das nehmen wir an.«

»Hinweise auf den Täter?«

»Noch nicht. Wir befragen alle Bewohner, niemand darf das Haus verlassen.«

»Was ist das?« Dorothee deutete auf einen leicht verschmierten roten Fußabdruck.

»Haben wir gesichert. Könnte der Täter gewesen sein, der auf der Flucht in die Blutlache getreten ist.«

»Spricht nicht für einen Profi«, murmelte Dorothee.

Olga wandte sich ab, sie konnte Alex nicht mehr anschauen. Langsam ging sie nach unten und verließ das Haus. Sie setzte sich abseits auf einen leeren Fahrradständer, rief Sonja an und sagte ihr, was geschehen war. Dann schloss sie die Augen und versuchte, das Bild des toten Freundes zu verdrängen. *Warum*, fragte sie sich hilflos. Was war geschehen? Sie mochte es nicht glauben, wollte aus diesem Albtraum aufwachen. Doch die Realität ließ sich nicht verleugnen.

Olga weinte leise, bis sie endlich in den Arm genommen wurde. Sonja war angekommen. Sie hielten sich in den Armen und trösteten sich gegenseitig.

Von der Hektik rund um sie herum nahmen sie lange Zeit nichts wahr, bis Dorothee zu ihnen trat und mit belegter Stimme sagte: »Wir haben sie.«

Olga löste sich aus Sonjas Umarmung und schaute in das von roten Flecken gezeichnete Gesicht der Staatsanwältin.

»Wen?«

»Nina Kaul.«

»Ist sie in Ordnung?«

»Derangiert. Gleich kommt ein Krankenwagen.«

»Darf ich zu ihr?«

»Wenn Sie möchten. Wir befragen sie erst morgen. Wollen Sie nicht ins Bett gehen?«

Olga schüttelte den Kopf. Wie, um alles in der Welt, sollte sie jetzt schlafen können? Sie folgten dem Krankenwagen ins Klinikum und nahmen in einem Wartezimmer Platz. Nach einer Stunde teilte ihnen ein Arzt mit, dass Kaul ein Sedativum verabreicht worden sei. Sie müsse sich ausruhen und erholen, frühestens am späten Vormittag stehe sie für Gespräche zur Verfügung.

Olga erwachte von einem bleiernen Schlaf und wünschte, alles geträumt zu haben. Ein Blick in Sonjas Augen verriet ihr, dass das Wunschdenken war.

»Bist du schon lange wach?«

»Fast die ganze Nacht«, antwortete Sonja und streichelte Olga die Wange. »Ich musste deinen Schlaf bewachen.«

»Es ist schrecklich«, jammerte Olga.

»Umso wichtiger ist es, dass dieser Fall lückenlos aufgeklärt wird. Das sind wir Alex schuldig.«

Als Olga im Krankenhaus eintraf, saß Kaul in ihrem Zimmer bereits mit Dorothee Hauber, Rudolf Bolzen und Gerda Klitzke am Besuchertisch und schilderte ihre letzten fünf Tage. Als sie Olga sah, hellte sich ihr düsteres Gesicht ein wenig auf.

»Anwältin«, grüßte sie matt, »setzen Sie sich zu uns.«

»Geht es Ihnen gut?«, fragte Olga. »Fühlen Sie sich der Befragung durch Polizei und Staatsanwaltschaft gewachsen?«

Kaul nickte grimmig. Olga zog sich den letzten freien Stuhl im Zimmer heran, setzte sich und hörte der Aussage ihrer Mandantin zu.

»William sagte, er müsse mir etwas beichten«, fuhr Kaul in ihrer Schilderung fort, »und ich empfing ihn arglos. Er berichtete von einigen Datentransfers an eine russische Firma und wollte mir alle Details offenlegen. Ich ging in die Küche, um Kaffee zu kochen und Sorger anzurufen. Er ging dran, ich sagte ihm, ich hätte etwas Wichtiges, wollte ihm sagen, dass .... Da schlich sich William von hinten an und drückte mir ein Tuch auf Nase und Mund. Ich erwachte in der Wohnung, aus der Sie mich befreit haben. Ich war mit Handschellen ans Bett gefesselt. Irgendwann kam ein mir unbekannter Mann, gab mir zu essen und zu trinken und fragte mich über mein Projekt aus. Ob ich manipulierte Daten eingespeist hätte, wollte er wissen, und wie die Daten aussähen. Woran man erkennen könne, dass es sich um falsche Daten handle. Er ließ nicht locker, stellte die immergleichen Fragen. Es war anstrengend. Ich schwieg. Er ließ mich allein. Die Rollläden waren heruntergezogen, es fiel mir schwer zu erkennen, ob es Nacht war oder Tag. Die Zeit verging zäh. Irgendwann kam der Mann zurück und wiederholte seine Fragen. Ich stellte mich dumm. Er gab mir weniger zu essen, weniger zu trinken. Irgendwann kam William in die Wohnung. Er stellte mir die gleichen Fragen und ohrfeigte mich, als ich erwiderte, ich wisse von nichts. Dann zog er mich aus ...«

Kaul verstummte. Ihre Lippen zitterten. Sie schloss die Augen und flüsterte: »Es gab Sex ... Dann sind sie verschwunden.«

»Jetzt erholen Sie sich«, sagte Klitzke und gab allen ein Zeichen, den Raum zu verlassen. »Wir melden uns, wenn wir noch etwas wissen wollen.«

Dorothee und die Polizisten verließen den Raum. Olga blieb. Sie studierte das ausgemergelte Gesicht.

»Finden Sie die Schweine«, forderte Kaul mit kratziger Stimme.

Ihre Augen loderten über dunklen Tränensäcken wie bei ihrer ersten Begegnung. Sie reckte das Kinn vor.

Hat sie die Wahrheit erzählt, fragte sich Olga und zweifelte. *Was ist wirklich geschehen?* War Kaul tatsächlich das Opfer einer Entführung oder steckte sie mit Lancaster unter einer Decke? Olga rätselte über die Ungereimtheiten, die ihr in den letzten Tagen aufgefallen waren.

Woher bezog Kaul die Software zum Schutz ihrer Computer und Festplatten? Wieso gab es zwischen Kaul und *RosLek* in den zurückliegenden Monaten verschlüsselten E-Mail-Kontakt? Was hatte Kaul für eine Vergangenheit? *Wer bist du wirklich,* fragte sich Olga und studierte Kauls Gesicht.

Die hatte die Augen wieder geschlossen, aus ihrem Gesicht war jegliche Spannung gewichen. Sie lag bleich und kraftlos im Bett, das Gesicht einer erschöpften Frau.

Olga spürte eine tiefe Verunsicherung, schwankte zwischen Mitleid und Zweifel. Sie erinnerte sich an die ersten Sätze Kauls in der Kanzlei: *Ich will das Spiel betrogener Betrüger spielen. Es geht um höchsten Einsatz.* Kaul war zu allem entschlossen gewesen. Was für eine Rolle spielte sie wirklich?

Olgas Gedanken wirbelten durcheinander, ihre Gefühle fuhren Achterbahn. Was war geschehen? Alex war tot. Ging sein Sturz auf das Konto von Lancaster und seinem Komplizen? Hatte er sie an der Flucht hindern wollen und ihnen im Weg gestanden? Hatten sie ihn brutal die Treppe hinuntergestoßen? Steckte Kaul mit ihnen unter einer Decke? *Alles so surreal, ich fasse es nicht,* grübelte Olga und kämpfte mit den Tränen.

Kaul öffnete die Augen und fragte: »Hat Sorger etwas über Ascher herausgefunden?«

Olga zuckte zusammen.

»Ascher ist die Spinne im Netz, Sorger muss ihr das Handwerk legen.«

Wusste Kaul noch nichts von Alex' Tod?

»Nach unseren Recherchen gibt es keine Anhaltspunkte, die für ein Fehlverhalten von Frau Professor Ascher sprächen«, antwortete Olga matt.

»Aschers Methoden stinken zum Himmel«, ätzte Kaul und richtete sich halb auf.

Wie bitter das klingt, bedauerte Olga und blieb in ihrem Zwiespalt gefangen, was sie von Kaul halten sollte. *Ich muss mit ihr reden,* forderte Olga von sich selbst und fand keine Worte. Sie sah das leblose Gesicht von Alex auf der Treppe und sie sah das sterbende Gesicht Marcos. Der Schmerz drückte ihr den Atem ab.

Mühsam kämpfte sie gegen aufsteigende Tränen. Sie wollte

nach Hause, zu Sonja, in die Geborgenheit. Die Tränen verschleierten ihren Blick auf Kauls verzweifeltes Gesicht.

»Weinen Sie mit mir«, flüsterte Kaul. Ihre Lippen bebten. Kaul weinte auch. Es wurde still in dem Krankenzimmer.

Schließlich wischte sich Olga die Augen trocken und griff nach Ninas Hand. Sie war eiskalt. Olga drückte sie. »Haben Sie mir etwas zu sagen?« Olga legte so viel Wärme wie möglich in ihre Frage.

»Später«, antwortete Kaul leise. »Jetzt wäre ich gern allein.«

Als Olga das Foyer am Haupteingang des Klinikums betrat, kam Dorothee auf sie zu und fragte, ob sie gemeinsam Kaffee trinken wollten. Die Staatsanwältin war blass, die Augen gerötet. Sie verließen das Krankenhaus und gingen einige hundert Meter zu einem kleinen Café, das spärlich besucht war. Sie fanden einen Tisch in der Ecke, bestellten und schwiegen, bis Kaffee und Kuchen gebracht wurden.

»Ich kann es immer noch nicht glauben«, fing Dorothee an und bemühte sich vergeblich um eine feste Stimme. »Er war ein fescher Bursch, ich hab ihn mögen. Der erste Mann seit Jahren, mit dem ich Spaß g'habt hab.«

Hat sie nicht geahnt, dass Alex auf dem Absprung war? Vielleicht hätten die beiden mehr miteinander reden müssen, grübelte Olga, *vielleicht wäre es ihm dann weniger wichtig gewesen, Bolzen zu zeigen, wer der Bessere von ihnen ist.*

»Er wird uns beiden fehlen«, flüsterte Olga und fand, es klang hohl und oberflächlich. Wo bis vor wenigen Stunden Alex Sorger gewesen war, der Fünfzigjährige mit dem kugeligen Bauch und den verschmitzten Augen, den vielen Ideen und dem tiefgründigen Humor, war nun ein schmerzhaftes Loch. Aber das konnte sie Dorothee nicht sagen, oder? Olga hatte Angst davor, ihren Gefühlen Ausdruck zu geben. Alex war gestorben, mitten aus dem Leben gerissen. Irgendwie sinnlos. Olga konnte es noch nicht fassen. Die letzten Jahre hatte er zu ihrem Leben gehört, mehr vielleicht, als ihr bewusst gewesen war.

»Wir kriegen die Täter!« Dorothee klang trotzig und entschlossen. Dann wechselte sie abrupt das Thema: »Was hältst du von Kauls Story? Hat sie dir noch etwas erzählt?«

Olga schmunzelte über das unverhoffte Du und streckte Dorothee die Hand hin: »Wurde Zeit – ich bin Olga.«

»Oh, ja, stimmt, es ist echt an der Zeit«, stotterte Dorothee. »Jetzt sag, was hältst du von Kauls Story?«

»Ich bin hin- und hergerissen. Sie wollte wissen, ob wir etwas über die Ascher herausgefunden haben. Sie ist besessen von dem Gedanken, Ascher sei die Verräterin.«

»Wir müssen die E-Mails entschlüsseln, die Kaul mit *RosLek* gewechselt hat.«

»Spielt sie uns etwas vor?«

»Was denkst du?«

»Keine Ahnung«, antwortete Olga unsicher. »Es gibt Ungereimtheiten. Ich will später noch mal mit ihr sprechen. Sie hat keine Ahnung, dass Alex tot ist, oder?«

»Darüber haben wir sie nicht informiert. Hast du es ihr gesagt?«

Olga schüttelte den Kopf.

»Gut. Bei der nächsten Vernehmung können wir ein Überraschungsmoment gebrauchen.«

»Wann wird das sein?«

»Unmittelbar nach ihrer Entlassung aus der Klinik. Wir müssen am Ball bleiben. Dank der Hinweise deiner Freundin arbeiten die IT-Spezialisten im LKA mit Hochdruck an der Entschlüsselung von Kauls E-Mails. Die könnten der Schlüssel zu diesem Fall sein. Außerdem habe ich drei Leute d'ran gesetzt, jeden Stein in Kauls Vergangenheit umzudrehen.«

»Wenn du fündig wirst, gibst du mir Bescheid?«

»Sicher. Im Übrigen läuft die Fahndung nach Lancaster auf

Hochtouren. Die IT-Spezialisten unternehmen alle Anstrengungen, Aschers Erpresser dingfest zu machen. Ich schwöre dir, wir bekommen sie.«

»Wollen wir es hoffen«, erwiderte Olga. Es klang wenig zuversichtlich.

Sonja saß mit versteinerter Miene vor ihrem Monitor und tippte ab und zu einen Befehl in die Tastatur. Ihre Augen waren gerötet. Als Olga eintrat, blickte sie auf.

»Es tut mir sehr leid.« Sie erhob sich und nahm Olga in die Arme. »Komm«, sagte sie, »lass uns ins Bett gehen. Du musst Schlaf nachholen.«

»Ich kann nicht schlafen. Trinken wir 'nen Espresso.«

Während das Mahlwerk des Vollautomaten knarrte, hupte Sonjas Computer.

»Das klingt nach einem Treffer«, erklärte Sonja und lief aufgeregt ins Arbeitszimmer. Beinahe zeitgleich meldete sich Olgas Handy.

Dorothee war am Apparat. »Wir haben den Täter. Willst du vorbeikommen?«

Olga und Dorothee standen im Beobachtungsraum und schauten durch den Spanischen Spiegel in das hell erleuchtete Vernehmungszimmer. Mit dem Gesicht zu ihnen saß ein muskelbepackter Heranwachsender Kommissarin Klitzke gegenüber und nestelte nervös an den Ärmeln seines Kapuzenpullovers.

»Warum bist du weggelaufen?«

»Mensch, hab so 'nen Schrecken gekriegt, dass der Alte da so rumliegt plötzlich. Glaubt mir ja keiner, dass ich nix gemacht hab.«

»Herrn Sorger war die Nase gebrochen, Tim. Du hast ihm einen Schlag versetzt, oder?«

»War am Spannen im Haus, der Alte. Hab ihn erwischt, übrigens das zweite Mal an dem Abend. Hat blöd geglotzt und so, hab ich ihm eins aufs Maul gegeben.«

»Mit der Faust, mittenrein ins Gesicht?«

»War ein Versehen, wollt nicht arg dreinschlagen. Hat mich wütend gemacht. Was will so ein Penner in unserem Haus?«

»Du hast ihn zweimal gesehen?«

»Stunden vorher schon mal. Hat g'sagt, er geht zum Willy. Kenn aber keinen Willy bei uns.«

»Kennst du alle im Haus?«

»Die meisten.«

»Später hast du ihn noch mal gesehen?«

»Ist rumgeschlichen, wollt sich verstecken vor mir. Da hab ich ihn ins Treppenhaus gezogen und ihm eine verpasst. Einfach mal rein in seine blöde Fresse. Hab 'ne Wut gehabt, blöder Tag war das. Es war ein Unfall, glauben Sie mir. Kannste nicht ahnen, dass der Alte von einem einzigen Schlag so 'nen Abgang macht.«

»Der Faustschlag war eher kein Unfall, Tim. Erzähl mal von Anfang an.«

In einer Mischung aus Trotz und Angst, stockend und abgehackt, entwickelte sich die Geschichte eines Schicksalsschlags und wühlte sowohl Olga als auch Dorothee auf.

»Wie hat man den gefunden?«, fragte Olga die Staatsanwältin, als der jugendliche Täter seine Schilderung beendet hatte.

»Er ist heute Vormittag in sein Elternhaus zurückgekommen. Eine Nachbarin hat ihn gesehen und die blutigen Turnschuhe bemerkt. Sie hat die Polizei verständigt.«

»Passt das Profil?«

»Die Spuren werden gerade analysiert. Schuhabdruck, DNS-Abgleich des Blutes. An der Maske fanden sich Hautpartikel des Täters, die lassen wir ebenfalls analysieren. Vermutlich bekommen wir wasserdichte Indizien. Sein Geständnis ist Dreingabe.«

»Klingt nach einem schicksalhaften Zufall«, sagte Olga.

»Körperverletzung mit Todesfolge. Was für ein sinnloser Tod.«

32

»Mist«, schimpfte Michael Wondrak, nachdem er sein Handy eingeschaltet und die Telefonliste gesehen hatte. »Die wollten mich die halbe Nacht erreichen. Ich muss ins Amt.«

»Jawohl, Herr Kommissar«, lachte Cleo und sah ihm zu, wie er nackt aus ihrem Bett sprang.

»Sag ja nicht, ich soll an meinem Benehmen arbeiten«, flehte er scherzhaft, »nur weil ich nicht zum Kaffee bleibe.«

»Eigentlich bin ich froh, wenn meine One-Night-Stands ohne Frühstück Leine ziehen.«

Wondrak hielt mitten im Strümpfeanziehen inne. »One-Night-Stand?« Es klang besorgt.

»Ach Herzchen«, schnurrte Cleo, richtete sich langsam auf und genoss seine begehrlichen Blicke. »Die warten auf dich, aber lass dir nicht zu lange Zeit.«

»Die warten wirklich, wird Stunk geben«, ächzte Wondrak und zog sich an.

Wie schön ist die deutsche Sprache, wie gemacht für Zweideutigkeiten. Nur schade, wenn sie nicht verstanden werden. Mit diesem Gedanken tastete Cleo nach ihrem BH und verpackte ihre Brüste. Sollte sich der ungestüme Kriminaler ruhig auf seine eigene Wäsche konzentrieren. Außerdem wünschte sie ihm Erfolg bei der Verbrecherjagd, schließlich musste er mithelfen, ihren Erpresser dingfest zu machen.

Den Vormittag verbrachte Cleo damit, ihren Aufsatz zum Bluttest-Projekt ein letztes Mal zu korrigieren und einige Verbesserungen anzubringen. Den Triumph, diesen Artikel an eine international herausragende Zeitschrift zu senden, kostete sie einige Sekunden aus, ehe sie die Enter-Taste drückte. Ein Hochgefühl durchströmte sie, beinahe besser als die Wellen, denen sie sich in der Nacht mit Michael Wondrak hingegeben hatte. Seine animalische Kraft hatte ihr gefallen, mehr sogar als Leopolds Zauberhände. Sie nahm sich vor, in den nächsten Wochen von beidem zu genießen. Später mochte sich weisen, was Bestand hatte.

Cleo fühlte sich auf dem Höhepunkt ihres bisherigen Lebens. Die Lektüre mehrerer Online-Zeitungen beflügelte dieses Gefühl. Kaum ein Medium brachte die Meldung von dem sensationellen Bluttest aus München nicht auf der ersten Seite; die Rettung der Frauen vor dem Brustkrebs vermochte zwar die politischen Schlagzeilen nicht zu verdrängen, aber ein kleines Kästchen auf Seite eins und der Hinweis auf den ausführlicheren Bericht weiter hinten unterstrichen die Bedeutung ihrer Forschung.

Meiner Zuwahl in die Bayerische Akademie der Wissenschaften steht nichts mehr im Wege, frohlockte Cleo, als sie die vielen Gratulations-E-Mails las, die sie von Wissenschaftlern erreichten. Und der Zuruf McBannisters, der Wert ihrer Spin-off-Firma gehe heute schon steil, erfreute ihr ökonomisches Herz.

Er hat es verdient, räumte Cleo ein, als sie McBannisters Nachricht las, *mich gestern gehabt zu haben. Außerdem: Einmal ist keinmal.* Sie hoffte, der Investor werde kein zweites Mal danach verlangen, dass sie ihm zu Willen sei. *Wissenschaftlich und wirtschaftlich,* nahm sich Cleo vor, *werde ich ihm gern noch intensiver zuarbeiten.*

Am frühen Nachmittag fühlte sich Cleo begehrt wie selten, denn zuerst gratulierte ihr Leopold telefonisch ein weiteres Mal zu ihrem Erfolg und lud sie zu einem romantischen Dinner ein, dann meldete sich Wondrak zum Nachmittagskaffee an. Das gab ihr einen ersten Vorgeschmack auf künftige Terminplanungen, denn selbstverständlich konnte Cleo an diesem fulminanten Samstag zu keinem der beiden Nein sagen.

»Wir haben Frau Kaul«, war das Erste, was der Kommissar Cleo mitteilte, als er ihre Wohnung betrat. »Die Forschungsspione sind international zur Fahndung ausgeschrieben. Wir hoffen, dass damit die gegen dich gerichteten Erpressungen enden.« Er nahm sie kraftvoll in die Arme und küsste sie leidenschaftlich.

Mein Kriminaler ist unersättlich, freute sich Cleo und zog Wondrak ins Schlafzimmer.

Doch er löste sich aus der Umarmung. »Ich bin im Dienst«, bedauerte er. »Aber die neuesten Entwicklungen könnten dich interessieren.«

»Also tatsächlich Kaffee?«

Er nickte.

»Erzähl«, forderte sie ihn auf und schaltete die Maschine ein.

Wondrak berichtete von der Befreiungsaktion in Obersendling, von dem Tod des Privatermittlers und den Erkenntnissen, die sie über Lancaster und dessen Komplizen gewonnen hatten. Cleo hing an seinen Lippen und atmete hörbar auf, als er ihr mitteilte, dass Lancasters Komplize derjenige sei, der sie in den vergangenen Tagen beschattet habe.

»Dieser Schattenmann«, endete Wondrak, »dürfte dein Erpresser sein. Die beiden sind untergetaucht. Früher oder später fassen wir sie. Dein Albtraum ist vorbei.«

»Gott sei Dank«, entfuhr es Cleo. »Brauche ich dann keinen Polizeischutz mehr?«

»Jedenfalls nicht offiziell«, grinste der Kommissar und küsste sie erneut.

Diesmal sah Cleo davon ab, ihn ins Schlafzimmer ziehen zu wollen. »Dann gebe ich dir für heute Nacht frei«, gurrte sie stattdessen, »und erwarte deinen Schutz morgen Abend.«

Betrunken vor Stolz und Zufriedenheit genoss Cleo die folgenden Tage. Selbst die Aufgeregtheiten am Institut rund um die Entführung von Nina Kaul, die Fahndung nach William Lancaster, die Ermittlungen wegen des Cyber-Angriffs auf das Institut und die Entlassung von Fang Guangzhao und Pihla Meskanen trugen zu ihrem Hochgefühl bei. Am *BaRCOSI* wurde aufgeräumt. Kauls Arbeitsgruppe wurde geschwächt und damit auch Lantenschwiers Abteilung. Cleos Stellung erfuhr eine weitere Aufwertung. Nun war sie der Star am Münchner Institut. Lantenschwier lag ihr zu Füßen. Cleo hatte alles unter Kontrolle. Beruflich und privat.

Geschmeidig arrangierte sie die Treffen mit ihren beiden Liebhabern und erlebte in diesen Tagen eine Erfüllung ihrer sich täglich steigernden Lust, wie sie es niemals für möglich gehalten hätte. So und nicht anders musste es sich anfühlen, wenn eine Frau nach den Sternen griff.

Der Schock kam am Donnerstag, dem letzten Donnerstag in diesem September, einem Tag, der München bei bester Laune antraf, denn das Wetter war gut und das Oktoberfest friedlich. Nach einer erfüllten Liebesnacht mit Leopold nahm Cleo beschwingt die U-Bahn, als ihr die Schlagzeile jener Boulevardzeitung entgegenschrie, die noch am Samstag die »Weltsensation« ihres Bluttests groß herausgebracht hatte: *Forschungsbetrug am BaRCOSI!*

Cleo kaufte die Zeitung und überflog den reißerischen Artikel. Dem mit übertriebenem Eigenlob angekündigten Bluttest zur Früherkennung von Brustkrebs fehle die wissenschaftliche Grundlage, stand da zu lesen. Es mangele nicht nur an publizierten Ergebnissen aus klinischen Studien, sondern auch an der notwendigen Zuverlässigkeit. Eine gründliche Überprüfung durch unabhängige Wissenschaftler habe einen sehr hohen Anteil an sogenannten »Falsch-positiv-Ergebnissen« ergeben, insbesondere bei älteren Patientinnen. Der Test sei unbrauchbar und sogar gefährlich, weil er bei gesunden Frauen unberechtigt die Angst erzeuge, an Brustkrebs erkrankt zu sein.

Mit rasendem Puls las Cleo den Vorwurf, sie und das Institut hätten bewusst ein großes Medienecho ausgelöst, um sich zu bereichern. Ihre Beteiligung an dem Spin-off-Unternehmen, über das der Test produziert und vertrieben werden soll, wurde in dem aggressiven Artikel völlig überzogen skandalisiert. Die finanzielle Verstrickung von Forschern, Ärzten und einer Pharmafirma hätten den PR-Coup vom vergangenen Freitag begünstigt, die nun offen zutage liegenden Interessenkonflikte würden ein Schlaglicht auf die fragwürdige Praxis der medizinischen und pharmazeutischen Forschung werfen.

Cleo atmete gegen ihr Herzrasen an. Der Artikel war vernichtend und enthielt einige Details, die kein Außenstehender wissen konnte. Ihr wurde heiß und kalt. Die Enge in der U-Bahn nahm ihr den Atem, die Welt stürzte auf sie ein. Das Glashaus ihres Erfolges zerbarst.

Ihre Schritte waren wacklig, als sie vom U-Bahnhof zum Institut hinüberging. Sie kam an stummen Zeitungsverkäufern vorbei und bemerkte zu ihrer Erleichterung, dass die anderen Boulevardzeitungen ihren Bluttest zumindest nicht auf der ersten Seite brachten. Je näher der Institutseingang kam, umso langsamer ging Cleo. Da hupte ihr Smartphone; eine SMS war eingegangen. Sie fingerte das Gerät aus der Handtasche, entsperrte es und las: *Triumph genossen? Viel Spaß beim Absturz! Es ist noch nicht vorbei.*

In den Fluren des Instituts herrschte gespenstische Stille. Alle Türen waren geschlossen, niemand ließ sich blicken. Als Cleo ihr Vorzimmer betrat, wagte es ihre Sekretärin kaum, hinter dem Bildschirm hervorzuschauen. Der Gute-Morgen-Gruß kam leise und gequält, ebenso die Bitte, sie möge umgehend zum Institutsdirektor kommen. Cleo widersetzte sich diesem Wunsch und betrat ihr Büro.

»Einen doppelten Espresso«, befahl sie ihrer Sekretärin barsch und fuhr den Computer hoch. Erst würde sie sich einen Medienüberblick verschaffen, bevor sie bei Lantenschwier zum Rapport erschien. Sie scrollte durch die Online-Ausgabe des wichtigsten deutschen Wochenmagazins; zum Glück war ihr Bluttest kein Aufmacher, aber leider im Wissenschaftsteil eine Meldung wert. Sie hatte also Boulevard und Seriosität gegen sich.

War das schon nicht geeignet, ihren Puls zu beruhigen, beschleunigte dieser sich beim Lesen ihrer E-Mails noch mehr. McBannister befahl sie umgehend zu einer Krisenschalte und der *Peer* von *Nature Medicine* bat sie, ihren Aufsatz bis zur Klärung der erhobenen Vorwürfe zurückzuziehen. *Woher zum Teufel,* fluchte Cleo, *weiß der bereits davon?* Doch erst danach folgte der eigentliche Nackenschlag: *Um 10:30 Uhr wird der Link übermittelt. Pünktliche Lieferung oder die nächste mediale Bombe platzt.*

Sofort rief sie Michael an. Er versprach, so schnell wie möglich zu kommen. Cleo spürte eine Mischung aus ohnmächtigem Zorn und Angst. Allmählich wuchs die Erkenntnis in ihr, von einem Tag auf den anderen vor den Scherben ihrer Karriere zu stehen. McBannister wäre der Erste, ihr den schwarzen Peter zuzuschieben, da konnte sie sich für die Videokonferenz auf etwas gefasst machen. Und Lantenschwier? Würde er ihr noch aus der Hand fressen?

»Hast du wirklich eine ganze Reihe von Einzelergebnissen geschönt?«, fragte der Institutsdirektor, kaum hatte sie sein Büro betreten.

»Ich habe statistische Anpassungen vorgenommen, Andreas, das wusstest du. Wir müssen unsere Modellrechnungen feinjustieren. Was gibt es daran auszusetzen?«

»Cleo, hier geht es nicht um kleine Stellschrauben. Hier geht es um den Vorwurf von Forschungsbetrug. Hast du deine Daten manipuliert? Hast du gefälschte oder erfundene Daten verwendet?«

»Ich habe die Kohorte begradigt und dich darüber im Rahmen der Erpressung, deren Opfer ich geworden bin, informiert.

Außerdem habe ich die Ergebnisse mit statistischen Methoden geglättet und dort, wo es notwendig war, ergänzt.«

»Hör auf mit deinen Euphemismen«, brüllte Lantenschwier. »Hättest du mir gesagt, wie tief du in deine Daten eingreifst, hätte ich dir niemals die Hand gereicht für diese Pressekonferenz.«

»Wirklich?«, fragte Cleo mit schneidender Stimme. »Warst nicht du es, der mich angetrieben hat, rasch einen großen Erfolg vorzuweisen? Stand dir nicht das Wasser bis zum Hals wegen dieses Hackerangriffs und weil du Angst um unsere Sponsoren hattest? Warst nicht du es, der sofort zugegriffen hat, als McBannister einen Anteil an dem Spin-off in Aussicht gestellt hat?«

»Alles unter der Bedingung tadelloser Wissenschaft. Du hast ein ungeheuerliches Fehlverhalten an den Tag gelegt. Das wird Folgen haben.«

»Wir müssen uns verteidigen. Gemeinsam. Wir sitzen im selben Boot.«

»Nein, Cleo«, verneinte Lantenschwier, »das tun wir nicht. Du sitzt im Beiboot und ich auf der Brücke des Tankers. Ich habe bereits mit dem Dekan der medizinischen Fakultät gesprochen. Er wird eine unabhängige Expertenkommission berufen, die deine Projekte evaluiert. Wir werden streng nach den Regeln für die Untersuchung wissenschaftlichen Fehlverhaltens vorgehen. Bis wir die Ergebnisse haben, werden deine Studien auf Eis gelegt. Und du beantwortest keine einzige Presseanfrage; das regeln wir ausschließlich über unsere Pressestelle. Am besten ist es, du nimmst dir einige Tage frei.«

Die Videokonferenz mit McBannister verlief noch frostiger als Cleos Gespräch mit Lantenschwier, und als Michael endlich eintraf, saß Cleo verzweifelt vor ihrem Computer und wartete auf den Link des Erpressers. Sie zeigte dem Kriminaler die E-Mail und die SMS.

Nachdenklich kratzte er sich am Kinn und murmelte: »Der Kerl ist kaltschnäuzig, das muss man ihm lassen.«

»Hört das denn nie auf?«

»Erst, wenn er hinter Gittern sitzt«, gab Michael resigniert zu und legte seinen Arm um ihre Schulter. »Siehst du, du brauchst eben Polizeischutz.«

Sie lehnte sich an seine Schulter und beobachtete die Computeruhr, die unaufhaltsam auf 10:30 zulief. Es war ein Fluch, dass sie bei den Einstellungen die Sekunden mit gewählt hatte. Dann war es so weit, und die Forderung war ein weiterer Schock: Jetzt wollte er sämtliche Rohdaten für die Patentanmeldung. War das sein eigentliches Ziel und die bisher erpressten Daten lediglich Spielmaterial? Cleo lief es eiskalt den Rücken hinunter.

»Was soll ich machen?«, fragte sie verzweifelt.

»Was hat er noch gegen dich in der Hand?«

»Keine Ahnung.«

»Was könnte er haben? Wo bist du verwundbar?«

»Meine Güte. An vielen Stellen, auch wenn ich nicht glaube, dass irgendjemand meine ...« Sie stockte.

»Fehler?«, fragte Wondrak.

»Ja«, nahm sie die Vorlage dankbar an. »Ich glaube nicht, dass jemand meine Fehler finden kann.«

»Vermutlich ein Irrtum. Mach die Augen auf, Cleo. Wenn er dir noch mehr schaden kann als das, was dir heute widerfahren ist, dann erfülle seine Forderung.«

»Und deine IT-Spezialisten?«

»Hoffnungslos, über diesen Link finden wir den Erpresser nicht.«

Cleo lud ihre Rohdaten auf den angegebenen Server. Anschließend informierte sie Lantenschwier und McBannister und verließ mit Michael das Institut.

Sie setzten sich in die hinterste Ecke eines Sushi-Restaurants, bestellten eine große Sushi-Platte und Jasmintee und hielten sich an den Händen. Die kräftige Hand ihres Kommissars schenkte Cleo Trost. *Wenigstens einer,* seufzte sie, *der zu mir hält.*

»Gibt es jemand, der ein persönliches Interesse daran haben könnte, dich zu vernichten?«, fragte Michael.

»Die Kaul«, antwortete Cleo prompt.

»Wieso das?«

»Sie mag mich nicht. Außerdem ist sie hyperehrgeizig und hätte allzu gern meinen Job. In ihrer Gruppe haben sich einige zwielichtige Elemente getummelt. Es kann kein Zufall sein, dass Lancaster der Forschungsverräter ist und wir auch Guangzhao und Meskanen entlassen mussten. Wenn du mich fragst, ist Kaul die Spinne im Netz und keineswegs das bemitleidenswerte Opfer, als das sie sich stilisiert.«

»Interessant«, bemerkte Michael und steckte sich ein Sashimi in den Mund.

»Sie ist die Einzige«, flüsterte Cleo verschwörerisch, »die intelligent genug ist, meine kosmetischen Korrekturen in den Studien zu entdecken. Ich habe sie bei meinen Überlegungen, wer mich erpresst, stets oben auf meiner Liste der Verdächtigen gehabt.«

»Eigentlich darf ich darüber nicht mit dir reden. Es gibt sowieso Stunk, wenn herauskommt, dass wir beide etwas miteinander haben«, begann Michael zögerlich. »Wir haben in der Tat eine Verbindung zwischen Kaul und *RosLek* herausgefunden, können deren Qualität jedoch nicht einschätzen.«

»Was hat die mit *RosLek* zu tun? Allein das ist verdächtig. Mit wem steht sie denn in Kontakt?«

»Mit dem deutschen Pharmareferenten der Firma.«

Cleo schlug sich die Hand auf den Mund und erstickte im letzten Moment einen Aufschrei. »Viktor Morosow? Ich habe dich schon vor Tagen auf ihn aufmerksam gemacht, da hast du abgewiegelt. Jetzt ist mir alles klar.«

»Ich fürchte nein«, widersprach Michael. »Wir haben uns

vom Berliner Verfassungsschutz Informationen besorgt: Morosow ist sauber. Kaul hat in den E-Mails, die wir sicherstellen konnten, jeden Versuch Morosows, mit ihr eine Kooperation einzugehen, rundheraus abgelehnt.«

»Das verstehe ich nicht.«

»Wir auch nicht, denn es gibt einen Widerspruch in der Korrespondenz. Trotz der ablehnenden Haltung Kauls erscheint uns der Ton der Kommunikation eigenartig vertraut. Andererseits herrscht zwischen den beiden seit rund vier Wochen Funkstille.«

»Sie hat ihm niemals Daten übermittelt?«

Michael schüttelte den Kopf. »Keine der E-Mails hatte Anlagen, keine einzige.«

In dem Moment schlug sich Cleo die Hand an die Stirn. »Kaul war vor fünf Wochen auf einem Kongress in Berlin.«

Jetzt schien der Kommissar hellwach. »Du meinst, da hatte sie persönlichen Kontakt?«

»Da hat sie ihm Daten in die Hand gegeben, darauf wette ich.«

»Warum dann die ganze Aktion mit Lancaster?«

»Vielleicht«, überlegte Cleo, »hat das eine gar nichts mit dem anderen zu tun.«

33

Ein schwarzer Schatten flog von hoch oben auf sie zu, ein Stein, groß wie ein Kürbis. Im letzten Moment sprang sie zur Seite und stürzte neben dem vorbeischießenden Felsbrocken in die Tiefe. Klirrend sprang die erste Zwischensicherung aus der Wand, der Sturz beschleunigte sich. Alles drehte sich, es ging hinab ins Bodenlose ...

Wieder einmal erwachte Olga von ihrem Albtraum schweißgebadet. Als sie die Augen aufschlug, war sie umfangen von Sonjas Armen. Olga kauerte sich in die Geborgenheit und weinte.

»Es ist gut«, flüsterte Sonja. »Du bist in Sicherheit. Keine Angst. Es ist gut.«

So erging es ihr jeden Morgen, einmal mit, einmal ohne vorherigen Albtraum. Sie trauerte um Alex, der einen sinnlosen Tod gestorben war, und in diese Trauer mischte sich stets die neu erwachte Trauer um Marco. Am liebsten hätte sie jeden Morgen wieder die Augen geschlossen in dem Wunsch, alles nur geträumt zu haben. Aber die Wachheit ließ sie unerbittlich erkennen, dass da zwei bittere Leerstellen waren in ihrem Leben. Zwei Menschen fehlten. Das war unabänderlich. Wie wohltuend empfand sie daher Sonjas Trost. Olga rieb sich die Augen, schniefte, blickte Sonja an und flüsterte ein zärtliches Danke.

Heute war ein Tag, an dem sie des Trostes noch häufiger bedurfte, denn für elf Uhr war die Beerdigung auf Münchens Westfriedhof angesetzt, der letzte Gang mit Alex Sorger. Es würde ein schmerzlicher Abschied von einem lieben Freund und das betrübliche Adieu von einem Weggefährten werden. Wie gern hätte sie sich mit ihm weiterhin ausgetauscht, gerade über ihren aktuellen Fall, der voller Rätsel steckte, und der, wenn auch mittelbar, zu Alex' Tod geführt hatte.

Als sie am Frühstückstisch saßen, drehte Olga den Brief in

ihrer Hand hin und her, den ihr Alex vor einer Woche gegeben hatte mit der Bitte, ihn zu lesen. Es war Alex' Versuch, seiner Tochter Lisa wieder näherzukommen. *Was soll ich mit diesem Brief machen*, fragte sich Olga und wusste, dass sie keine Alternative dazu hatte, als diesen unfertigen, an manchen Stellen ungelenk formulierten Brief der Tochter zu überreichen. Während sie ihre dritte Crema schlürfte, legte sie den Brief vor sich auf den Tisch und glättete das zerknitterte Papier, das sie tagelang mit sich herumgetragen hatte.

Liebe Lisa,
Du bist im Zorn gegangen und hast Dich bewusst entschieden, mit mir nichts mehr zu tun zu haben. Du hast Deine Telefonnummer gewechselt, mich aus Deinen Facebook-Freunden gelöscht und mir Deine neue Adresse verschwiegen. Du willst von mir in Ruhe gelassen werden. Das akzeptiere ich.
Trotzdem tut es mir weh.
Jetzt, wo Du seit drei Jahren weg bist, gibt es einen leeren Platz, den Du früher ausgefüllt hast. Dieser leere Platz wird allmählich zu einem ausgetrockneten Brunnen, in den man wehmütig hineinblickt, bis auf den steinigen Grund, weil das Wasser fehlt. Das Wasser, das sind die Erinnerungen, die mit Dir und der Zeit, die ich als Vater erlebt habe, verbunden sind. Diese Erinnerungen verblassen, wie Wasser verdunstet: langsam und unbemerkt. Eines Tages ist der Brunnen versiegt und die Erinnerungen sind verschwunden.
Noch sehe ich die Schatten der Vergangenheit, sehe das 15 Monate alte Mädchen die ersten Schritte laufen, sehe das dreijährige Mädchen in einem blauen Badeanzug die ersten Schwimmzüge ohne Styroporklotz ausführen, sehe die Vierjährige ohne Stützräder Fahrrad fahren. Seltener, aber immerhin, sehe ich die 17-jährige mit meinem Auto das Anfah-

ren und Bremsen auf dem verlassenen Parkplatz üben. Noch erinnere ich mich an eine Bergtour mit Dir, die uns in ein verlassenes Nebental oberhalb der Baumgrenze führte; unvermittelt bist Du stehen geblieben und hast gesagt: »Hier ist es ganz still!«

Diese Erinnerungen sind das Wasser im Brunnen. Ohne Wasser kein Leben. Mir werden die geteilten Erinnerungen fehlen. Trotzdem werde ich versuchen, das Verdunsten des Wassers zu verlangsamen und das Versiegen des Brunnens hinauszuzögern.

Wir sollten einander weder um Verzeihung bitten noch einander Schuldvorwürfe machen. Aber wir sollten miteinander reden.

Olga faltete das Papier zusammen und legte den Brief, dem die Unterschrift fehlte, weil es nach Alex' Vorstellung nur ein erster Versuch war, beiseite. Sie hatte nicht mehr mit ihm über die Formulierungen sprechen, hatte ihm keinen Ratschlag mehr erteilen können. Sie hätte ihm einige Retuschen empfohlen, doch so, wie das Papier nun einmal beschrieben war, konnte und durfte sie nichts daran ändern. Lisa musste den Brief als das verstehen, was er war: ein Gesprächsangebot. Leider eines, das sie nicht mehr annehmen konnte.

Olga graute davor, Alex' Tochter diesen Brief zu überreichen. Es widerstrebte ihr, einem Menschen, den sie nicht kannte, ein Schriftstück eines Menschen, den sie sehr gemocht hatte, in die Hand zu drücken. Mehr als je zuvor spürte sie, dass Alex in ihr einen Ersatz für den Verlust seiner Tochter gesehen hatte.

Olga musste schlucken, um die aufsteigenden Tränen zu unterdrücken. Was auch immer in wenigen Stunden geschehen würde, sie würde Alex heute als seine Adoptivtochter begleiten und ihm versprechen: *Mein Brunnen der Erinnerung wird nicht austrocknen.*

Die Aussegnung fand in einem würdigen Rahmen statt, für den zu Olgas Freude viele ehemalige Kollegen aus dem Bayerischen Landeskriminalamt durch ihr Erscheinen sorgten. Rudolf Bolzen hatte ganze Arbeit geleistet und jeden, der nicht zwingend im Dienst gebraucht wurde, zum Besuch dieser Andachtsstunde motiviert. Die alten Rivalitäten waren vergeben und vergessen. Auch Dorothees leitender Staatsanwalt Wilhelm Vogler, der vor zehn Jahren Alex gedrängt hatte, den Dienst zu quittieren, gab ihm das letzte Geleit. Der Priester sprach über Gerechtigkeit, ein Leitmotiv im Leben des Verstorbenen, sprach klug und ausgewogen über die Unerreichbarkeit dieses Ideals in einer menschlichen Welt. Klar und deutlich benannte er die Fehlbarkeit des Menschen und benannte den Kern der Gerechtigkeit des Jüngsten Gerichts: Verstehen und Verzeihen. Er gipfelte in seiner Ansprache bei einem Gedanken, den Olga auf diese Weise noch nie gedacht hatte und der sie in ihrem Innersten anrührte.

»Wir Menschen«, sagte der Priester, »bedürfen der Dankbarkeit, und wir bedürfen für die Dankbarkeit eines Adressaten. Wenn das Leben zu Ende geht, braucht es dieses Wort: Danke für das gelebte Leben. Und um einen Adressaten für dieses Danke zu haben, dafür gibt es Gott.«

Sonja und Olga folgten gemeinsam mit Dorothee dem Sarg, jede von Ihnen warf eine weiße Rose ins Grab und jede von ihnen kondolierte einer schmächtigen jungen Frau, die allein als Erste dem Sarg gefolgt war. Das also war Lisa Sorger. Verloren stand sie da, irgendwie fehl am Platz.

Olga empfand Mitleid mit ihr und brachte es nicht über sich, ihr in dieser Situation den Brief ihres Vaters in die Hand zu drücken. Dorothee, die sich um alles gekümmert hatte, hatte bewusst auf ein anschließendes Essen und Beisammensein verzichtet. Die Trauergemeinde löste sich rasch auf, während Olga, Sonja und

Dorothee gemeinsam zu Sonja fuhren, die ein Mittagessen vorbereitet hatte.

»Wir sind es Alex schuldig, Licht ins Dunkel zu bringen«, ging Dorothee zur sachlichen Dimension der Trauerbewältigung über. »Wir prüfen die Einleitung eines Ermittlungsverfahrens gegen Frau Kaul.«

»Sie stand bis vor fünf Wochen mit dem Referenten von *RosLek* in Kontakt«, bemerkte Sonja, »aber sie hat jeden Versuch von Viktor Morosow, sie für eine Kooperation zu gewinnen, abgeblockt. Das macht sie unverdächtig.«

»Wir haben Grund zu der Annahme, dass sie Morosow vor einigen Wochen bei einem Kongress in Berlin getroffen hat. Möglicherweise hat sie Morosow mit dem Material versorgt, das geeignet war, Ascher gefügig zu machen.«

»Du hältst Morosow für den Erpresser?«

Dorothee nickte. »Das macht Sinn, wenn wir die Grundannahme beibehalten, dass *RosLek* hinter dem Angriff auf das *BaRCOSI* steckt. Die haben es mit allen Mitteln versucht und sind jetzt im Besitz sämtlicher relevanten Informationen, um das begehrte Krebsmedikament und den Bluttest herstellen zu können.«

»Der Bluttest ist ein Fehlschlag, wie wir seit gestern wissen«, warf Sonja ein.

»Noch funktioniert der Test nicht«, räumte Dorothee ein. »Wenn ihn die Russen weiterentwickeln, ist er vermutlich in absehbarer Zeit einsatzfähig. Dann rollt der Rubel.«

»Wie passt da der Vernichtungsfeldzug gegen Ascher hinein?«, wollte Olga wissen.

»Das Münchner Institut und die Spin-off-Firma sind vom Markt gefegt, *RosLek* kann in diese Lücke hineinstoßen. Außerdem könnte Morosow aus gekränkter Eitelkeit einen Rachefeldzug gegen die Professorin geführt haben.«

»Wie das?«, fragte Sonja überrascht.

»Ascher hatte mit Morosow eine kurze Affäre, danach hat sie ihn abblitzen lassen. Das verträgt nicht jeder Macho.«

»Wo wäre Kauls Gewinn?«

»Du weißt selbst, Kaul ist Ascher spinnefeind. Wenn Ascher weg ist, hat Kaul gute Chancen, Aschers Position zu bekommen. Ein starkes Motiv.«

»Das begründet keinen Anfangsverdacht für ein Ermittlungsverfahren«, wandte Olga ein. »Habt ihr Erkenntnisse zu Kauls Vergangenheit?«

Dorothee schüttelte bedauernd den Kopf. »Dazu werden wir sie befragen müssen. Zunächst wollten wir sie nicht kopfscheu machen. Wir bräuchten deine Hilfe, Olga.«

»Ist das nicht Parteienverrat?«

»Rede einfach mit ihr. Wenn sie gute Erklärungen hat, gibst du mir Bescheid und ich beerdige die Akte.«

»Wenn nicht?«

»Dann verschweigst du dich und ich forciere die Ermittlungen. Du hast bis nächsten Mittwoch Zeit.«

»Gut«, zeigte sich Olga einverstanden. »Ich versuch's. Habe sie seit dem Krankenhaus nicht mehr gesehen. Schade, dass sie nicht auf der Beerdigung war.«

»Sie ist ein eigenartiger Mensch«, sagte die Staatsanwältin. »Lässt kaum jemand an sich heran. Aber vielleicht hast du Glück.«

Das hoffe ich auch, dachte Olga.

»Sie versucht, es cool wegzustecken«, stellte Sonja fest, nachdem Dorothee gegangen war. »Aber es nimmt sie unglaublich mit. Ich fürchte, sie sucht in Kaul den Sündenbock.«

»Vielleicht hast du recht«, stimmte Olga traurig zu. »Kaul ist eine schwierige Person. Das Einzige, was ich möchte, ist, Alex gerecht zu werden, und das bedeutet, das Rätsel zu lösen und mitzuhelfen, Schuldige zu bestrafen und Unschuldige zu schützen.«

»Leichter gesagt als getan. Lancaster und der Schattenmann sind über alle Berge. Sollte Morosow seine Finger im Spiel haben, wird er Berlin auch bald verlassen.«

»Dann wäre uns vermutlich wieder einmal der Drahtzieher entwischt.« Olga klang resigniert.

»Sollten wir dann nicht nachhelfen?«

Olga winkte ab. »Nein, zu gefährlich, und …« Sie zögerte und schien lange zu überlegen, ehe sie weitersprach. »Es wäre falsch.«

Die große Boulevardzeitung marschierte vorneweg und alle Tageszeitungen folgten mit mehr oder weniger reißerischen Artikeln. Der Münchner Bluttest-Skandal war in aller Munde. Von der Publicity-Sucht des Institutsdirektors und seiner überehrgeizigen Abteilungsleiterin war ebenso die Rede wie von der Habsucht der Beteiligten bei der Ausgründung der eigens zur Vermarktung des Tests gegründeten GmbH und falschen Leistungsanreizen im Wissenschaftssystem. Ob Boulevard oder seriöse Tageszeitung, für alle schien die Hauptschuld eindeutig bei der *medienbewussten, auf Geltung bedachten* Professorin Cleo Berenike Ascher zu liegen, die bezeichnenderweise für Interviews nicht zur Verfügung stand.

Olga hatte ihre samstägliche Zeitungslektüre kaum beendet, als sich Nina Kaul mit einer SMS meldete und um einen Termin bat.

Eine Stunde später saß sie bei Olga im Besprechungszimmer. »Anwältin, ich brauche Ihre Hilfe.«

»Worum geht es?«

»Alles, was ich Ihnen erzähle, unterliegt Ihrer Schweigepflicht?«

»Soweit sie es mir als Ihrer Anwältin erzählen.«

»Ich werde am Institut gemobbt.«

»Wie das?«

»Ascher streut das Gerücht, ich wäre die Verräterin von Institutsgeheimnissen und würde mit Lancaster unter einer Decke stecken.«

»Hat sie recht?«

»Natürlich nicht! Das wissen Sie genau. Ich wollte den oder die Verräter finden und die Einzige, die meine manipulierten Daten heruntergeladen hat, war Ascher. Sie sehen an dem Bluttest-Skandal, mit welchen Methoden sie arbeitet.«

»Lassen Sie mich ehrlich sein«, steuerte Olga auf die wesentlichen Punkte zu, die sie interessierten. »Ihre Entführung gibt diverse Rätsel auf. Die Staatsanwaltschaft hegt den Verdacht, Sie könnten das Ganze vorgetäuscht haben.«

»Unverschämtheit«, wehrte sich Kaul. »Glauben Sie das?«

»Ich weiß nicht, was ich glauben soll. Erzählen Sie es mir.«

»Angefangen hat alles vor einem halben Jahr, als mich auf einem Kongress Viktor Morosow, der Pharmareferent von *RosLek*, nach meinem Referat über eines unserer Projekte im Bereich der interventionellen Immunologie ansprach. Er war an einer Kooperation interessiert. Zunächst war ich nicht abgeneigt und besprach das nach meiner Rückkehr mit Lantenschwier. Ein weiteres Drittmittelprojekt für mich und meine Arbeitsgruppe hätte mir gutgetan, schließlich erwartet man von uns, dass wir Drittmittel einwerben. Aber *RosLek* schien Lantenschwier unattraktiv. Er bat mich, auf die Kooperation zu verzichten, und bot mir stattdessen eine Zusammenarbeit mit *ImmuGenPharm* an, die dann auch zustande kam. *ImmuGenPharm* hängt mit dem Hauptsponsor unseres Instituts zusammen, dem profitorientierten Dominic McBannister.«

Olga nickte. »Der Name ist mir schon untergekommen.«

»Dann wissen Sie auch, was McBannister und Ascher verbindet? Ihre gemeinsame Oxforder Vergangenheit.«

»Ja.«

»Es überrascht Sie also nicht, dass Ascher und Lantenschwier möglichst alles, was lukrativ ist, McBannister zuschieben. Nun denn, ich kooperierte mit *ImmuGenPharm* und stockte mein Drittmittelkonto auf. Mit Morosow hielt ich lockeren E-Mail-Kontakt. Man weiß ja nie, für was jemand in der Zukunft nützlich ist. Er versuchte, mich mehrfach zu einer Zusammenarbeit zu bewegen, und bot mir Geld und Forschungsmöglichkeiten. Er warb intensiv um mich und zeigte großes Interesse an mir, meiner Arbeit und meiner Karriere. Trotzdem habe ich alle Avancen abgelehnt. Anfang August traf ich ihn bei einem Onkologie-Symposium wieder. Dort bedrängte er mich, ich solle ihm Informationen über Ascher zuspielen, am liebsten kompromittierendes Material. Obwohl ich das sehr verlockend fand, habe ich abgelehnt und den Kontakt zu Morosow abgebrochen. Bald danach hatte ich erstmals den Verdacht, dass wir am Institut einen Verräter haben. Weil ich vermeiden wollte, dass Ascher davon Wind bekommt, habe ich gegenüber der Institutsleitung geschwiegen und mir überlegt, wie ich dem Verräter auf eigene Faust auf die Schliche komme. Von einer befreundeten Nephrologin erfuhr ich von Ihnen. Da ich keinen anderen Weg gesehen habe, als dem Verräter eine Falle zu stellen, habe ich Sie kontaktiert.«

Bis hierher erschienen Olga Kauls Ausführungen schlüssig und sie war geneigt, ihrer Mandantin zu glauben. Doch bisher fehlten die Antworten auf die entscheidenden Fragen. Gespannt wartete Olga, was Kaul noch erzählen würde.

»Neben Mitarbeitern meiner eigenen Arbeitsgruppe hatte ich von Anfang an Ascher in Verdacht, krumme Dinger zu drehen. Allerdings fand ich keine Anhaltspunkte für einen Geheimnisverrat, wohl aber Hinweise auf Verstöße gegen gute wissenschaftliche Praxis. In ihrem zentralen Projekt, das jetzt auf diesen Bluttest hinausgelaufen ist, gibt es verfälschte und erfundene Daten. Außerdem hat sie ihre Untersuchungskohorte manipuliert. Darauf hatte es Morosow abgesehen. Vermutlich habe nicht nur ich Aschers wissenschaftliches Fehlverhalten entdeckt. Was jetzt geschehen ist, das musste geschehen. Jedenfalls weiß ich seit einigen Wochen, in welcher Gefahr unser Institut schwebt. Diese Gefahr hält an. Daher musste ich mich so gut wie möglich schützen. Das betraf in erster Linie meine Daten. Mithilfe eines Freundes, der zu den weltbesten IT-Spezialisten gehört, habe ich Sicherungsmaßnahmen auf unserer Datenbank implementiert und meine privaten Rechner geschützt. Das wurde mir zum Verhängnis, denn meine Entführer konnten mit dem gestohlenen MacBook nichts anfangen. Von meinen Leuten hatte ich neben Guangzhao früh Lancaster in Verdacht, obwohl ich mich gerade dagegen sträubte.« Kaul atmete schwer und erzählte zunehmend stockend. Jetzt schien sie an einem Punkt angelangt, an dem es ihr schwerfiel, weiterzuerzählen.

Olga beobachtete Kauls Mienenspiel genau und schwieg. Plötzlich lag eine bleierne Stille im Raum.

»Lancaster ist die größte Enttäuschung seit zehn Jahren …« Kaul bekam feuchte Augen. »Trotzdem habe ich letzte Woche freiwillig mit ihm geschlafen.«

Olga war fassungslos. In was für Abgründe musste sie blicken? Sprach das für eine kriminelle Zusammenarbeit von Kaul mit Lancaster? Olga empfand Mitleid mit ihr. *Irgendetwas ist hier katastrophal schiefgelaufen.* Olga spürte, dass sie der Forscherin beistehen musste.

»Er war so smart und ich habe mich in ihn verliebt. Ich habe ihn gefördert, wo ich konnte«, erzählte sie stockend. »Er war seit Jahren der erste Mann, den ich wieder an mich herangelassen habe, und dabei hat er mich nur ausgenutzt …« Sie reckte ihr Kinn vor und gab ihrer Stimme einen grimmigen Klang. »Wenn er mich gebeten hätte, hätte ich ihm alle Daten freiwillig gegeben. Und ja, ich habe ihm von Aschers Fälschungen erzählt. Als er mich mit seinem Freund in seine Gewalt gebracht hat, wusste ich, dass er an allen Angriffen auf unser Institut beteiligt war. Trotzdem habe ich in dieser Wohnung mit ihm geschlafen. Zum Abschied ...«

Olga war sprachlos und schwieg lange. Schließlich raffte sie sich auf und stellte die Frage, die ihr schon lange auf den Nägeln brannte. »Was hat es mit Ihrer Vergangenheit auf sich? Wer sind Sie?«

»Wie meinen Sie das?«

»Sie waren nicht immer Nina Kaul«, antwortete Olga schmallippig. »Wer sind, wer waren Sie?«

Die Ärztin nickte nachdenklich. »Sie haben gründlich recherchiert«, flüsterte sie. »Das hätte ich mir denken können.«

Die beiden Frauen blickten sich in die Augen. Für einen Moment fühlte sich das Schweigen zwischen ihnen bleiern an. Dann berichtete Kaul in dürren Worten: »Nina Kaul ist das Produkt eines Zeugenschutzprogramms. Bis zu meinem achtzehnten Lebensjahr hieß ich Julia Ostrach, nach meinem Stiefvater, der mich mit dem Einverständnis meiner Mutter seit meinem vierzehnten Lebensjahr an fremde Männer verkauft hat. Ostrach war der führende Kopf eines Mädchenhändlerrings. Als seine Machenschaften aufgeflogen sind, habe ich mich als Zeugin zur Verfügung gestellt. Man hat mir ein neues Leben beschafft. Inzwischen ist Ostrach tot.«

Olga blieb noch lange in ihrem Büro sitzen. Sie musste das Gehörte verdauen, die Vorgeschichte der jungen Nina und das Geständnis, am letzten Tag freiwillig mit ihrem Entführer geschlafen zu haben. Sie hatte Lancaster mit ihrem Verhalten erst ermöglicht, Zuträger für *RosLek* zu werden, und war doch keine Mittäterin. Sie wollte die Opferrolle, die sie sich nicht ausgesucht hatte, sie wollte aus der Gemengelage ihren persönlichen Vorteil ziehen, aber sie war trotzdem nicht Täterin.

Olga tat sich schwer, Nina zu begreifen. Sie war das Opfer

rücksichtsloser Machenschaften, und die großen Gewinner blieben im Hintergrund. Vermutlich würde man keinen der Hintermänner zur Rechenschaft ziehen können, und wenn Lancaster es geschickt anstellte, entkam auch er einer gerechten Strafe. Olga schluckte ihren Ärger hinunter und fügte sich ins Unabänderliche. Sie beschloss, Nina Kaul beizustehen und sandte Dorothee eine SMS: *Kaul ist unschuldig.*

Das musste genügen.

Danksagung

Der Leserin und dem Leser, die es ohne Auslassungen bis zu dieser Seite geschafft haben, gilt mein herzlicher Dank – für diese Menschen, also für SIE, habe ich diesen Roman geschrieben. Sie haben sich mitnehmen lassen auf eine »Kriminalreise« voller Irrwege und Rätsel, und Sie haben akzeptiert, dass es keine endgültigen Antworten und Wahrheiten gab. Mit diesem Band ist die Trilogie rund um Alex Sorger abgeschlossen. Allen, die von der ersten Seite von »Bodenloser Fall« bis zur letzten Seite von Olgas 3. Fall dabei waren, ein umfassendes Dankeschön.

Wissenschaft und Forschung sind geprägt von vielen Fragen und von neugierigen Menschen, welche diese Fragen stellen. Die allermeisten tun dies mit einem hohen Maß an Verantwortung, im Bewusstsein, der Gesellschaft zu dienen. Die Forscherinnen und Forscher stehen in einem harten Wettbewerb um Stellen und Mittel und oft um den eigenen Arbeitsplatz. Der Erfolgsdruck ist groß, ebenso die Verführung, dem Erfolg »unter die Arme zu greifen«. Manch ein Wissenschaftler erliegt dieser Versuchung, und so kommen Irrtum und Fälschung in die Welt. Doch das sind und bleiben Einzelfälle. Sie erschüttern manchmal das Vertrauen in die Wissenschaft, aber sie können dieses Vertrauen nicht zerstören. Danken wir allen aufrichtigen Forschern für ihren Einsatz auf der Suche nach den Antworten auf die uns bewegenden Fragen.

Stellvertretend für alle Menschen in Wissenschaft und Forschung, denen ich in den zurückliegenden 30 Jahren beruflich begegnen durfte, danke ich Thomas O. Höllmann, der mir als Präsident der Bayerischen Akademie der Wissenschaften umfassende Einblicke in den akademischen Olymp gewährt hat.

Schade, dass ich die Laudatio auf Cleo trotzdem selbst erfinden musste.

Meine Probeleserinnen und -leser haben geholfen, das Manuskript so zu verbessern, dass ich es dem Verlag anvertrauen konnte. Das Team des Bookspot-Verlags hat sich liebevoll des Textes angenommen und mir mit Johanna Gerhard eine vertraute Lektorin geschenkt sowie Titel und Cover aus dem Kreativhut gezaubert. Die sensible und gründliche Bearbeitung durch meine Lektorin hat aus dem Manuskript dann einen Roman gemacht, für dessen Fehlerfreiheit als Korrektor Andreas März einsteht. Für das Erscheinen als Buch ist *last but not least* der Verleger verantwortlich; Burkhard P. Bierschenk ist selbst ein Mann der Künste und ermöglicht mit den Imprints von Bookspot viele schöne Bücher in diesem feinen unabhängigen Verlag. Ihnen allen ein herzliches Dankeschön.

Die Entstehung des Manuskripts war eine Achterbahnfahrt, auf der mich meine liebe Frau unbeirrt begleitet hat. Auch den Hinweis auf das zugrundeliegende Problem zweifelhafter Diagnose-Methoden in der Medizin verdanke ich ihr. Als Ärztin, Forscherin und Hochschullehrerin kennt sie die Herausforderungen der medizinischen Forschung. Danke, liebe Jeannine, dass Du daneben die Energie hast, den Schriftsteller an Deiner Seite zu begleiten.

Georg Brun, München 2023

Georg Brun

Bodenloser Fall
Ein München-Krimi

Edition 211, ein Imprint des
Bookspot Verlags
ISBN 978-3-95669-164-5
288 Seiten
Klappenbroschur mit Lesezeichen
14,80 Euro
Auch als E-Book erhältlich!

Dieser Krimi hat es in sich: Das faszinierende Verwirrspiel beruht auf einem wahren Fall.

Georg Brun

Gewissenlose Wege
Ein München-Krimi

Edition 211, ein Imprint des
Bookspot Verlags
ISBN 978-3-95669-178-2
304 Seiten, Taschenbuch
14,80 Euro
Auch als E-Book erhältlich!

True Crime vom Feinsten: Dubiose Geschäftsmodelle rund um illegale Organtransplantationen beschäftigen Olga in ihrem zweiten Fall.

Georg Brun

Spüre meinen Zorn

Edition 211, ein Imprint des
Bookspot Verlags
ISBN 978-3-95669-188-1
336 Seiten, Taschenbuch
15,95 Euro
Auch als E-Book erhältlich!

Von zahlreichen Messerstichen zerfetzt und in Blut getränkt: So findet die Polizei einen auf grausame Weise getöteten Mann vor. Der frischgebackene Leiter der Mordkommission Wolfgang Stöhrl erkennt sofort, dass dieser das Opfer ungezügelter Raserei wurde. Zunächst vermutet er eine Beziehungstat, doch als ein weiterer Mord geschieht, werden die Ermittlungen kompliziert.

Beide Toten nutzten Dating-Plattformen, um nach unverbindlicher Lustbefriedigung mit einem speziellen Kick zu suchen. Trotzdem glaubt Stöhrl weiterhin an seine ursprüngliche Fährte. Als er sich immer mehr verrennt, stellt sein pensionierter Vorgänger auf eigene Faust Nachforschungen an. Denn Nathan Weiß hat ohnehin noch eine Rechnung offen: Seinen letzten Fall konnte er nicht lösen. Bald offenbart sich ihm eine Welt voller Hass und Begierde, die ihn auf die Spur einer Serienmörderin bringt. Doch woher stammt ihre blinde Wut? Und wie kann sie gestoppt werden?

»Spüre meinen Zorn« blickt tief in die Abgründe einer gequälten Seele – düster, verstörend und packend bis zur letzten Seite!

Das ist der erste spannende Fall des pensionierten Kommissars Nathan Weiß!